ENEMY OF ALL MANKIND

スティーブン・ジョンソン
STEVEN JOHNSON　山岡由美 訳

世界を変えた「海賊」の物語

海賊王ヘンリー・エヴリーとグローバル資本主義の誕生

A TRUE STORY OF PIRACY, POWER, AND HISTORY'S FIRST GLOBAL MANHUNT

朝日新聞出版

アレクサに

ENEMY of ALL MANKIND

A True Story of
Piracy, Power, and History's
First Global Manhunt

by Steven Johnson

This edition published by arrangement with Viking,
an imprint of Penguin Publishing Group,
a division of Penguin Random House LLC through Tuttle-Mori Agency, Inc., Tokyo

ブックデザイン
水戸部 功＋北村陽香

アレクサンドロス大王に捕えられたある海賊は、大王に対して優雅にかつ真実に、次のように答えたのである。すなわち、王がこの男に向かって、どういう了見でお前は海を荒らし回っているのかと尋ねたところ、その男は何らはばかることなく次のように豪語した、「あなたが全世界を荒らし回っているのと同じ了見です。わたしはそれをちっぽけな船舶でしているから海賊と呼ばれているのですが、あなたは大艦隊でやっているから、皇帝と呼ばれているのです」と。

——アウグスティヌス

『神の国　上』（金子晴勇ほか訳、教文館）

海賊を黙認すれば世界の通商は途絶える。

——ヘンリー・ニュートン

世界を変えた「海賊」の物語　目次

第2部

反乱

・原文でEnglandになっている箇所は、地理的概念としてのイングランドを明確にする必要があるとき、また史料からの引用の場合のみイングランドとし、それ以外はイギリスと訳した。
・現代では差別語とされる表現を、歴史用語として使用した箇所がある。

The Route of Captain Every and the Fancy
エヴリー船長とファンシー号の航路
1693-1696年
ガンズウェイ号攻撃
スーラト
ボンベイ
ペリム島
メイド
赤道
コモロ諸島
セントオーガスティン湾
レユニオン島
© 2020 Jeffrey L. Ward

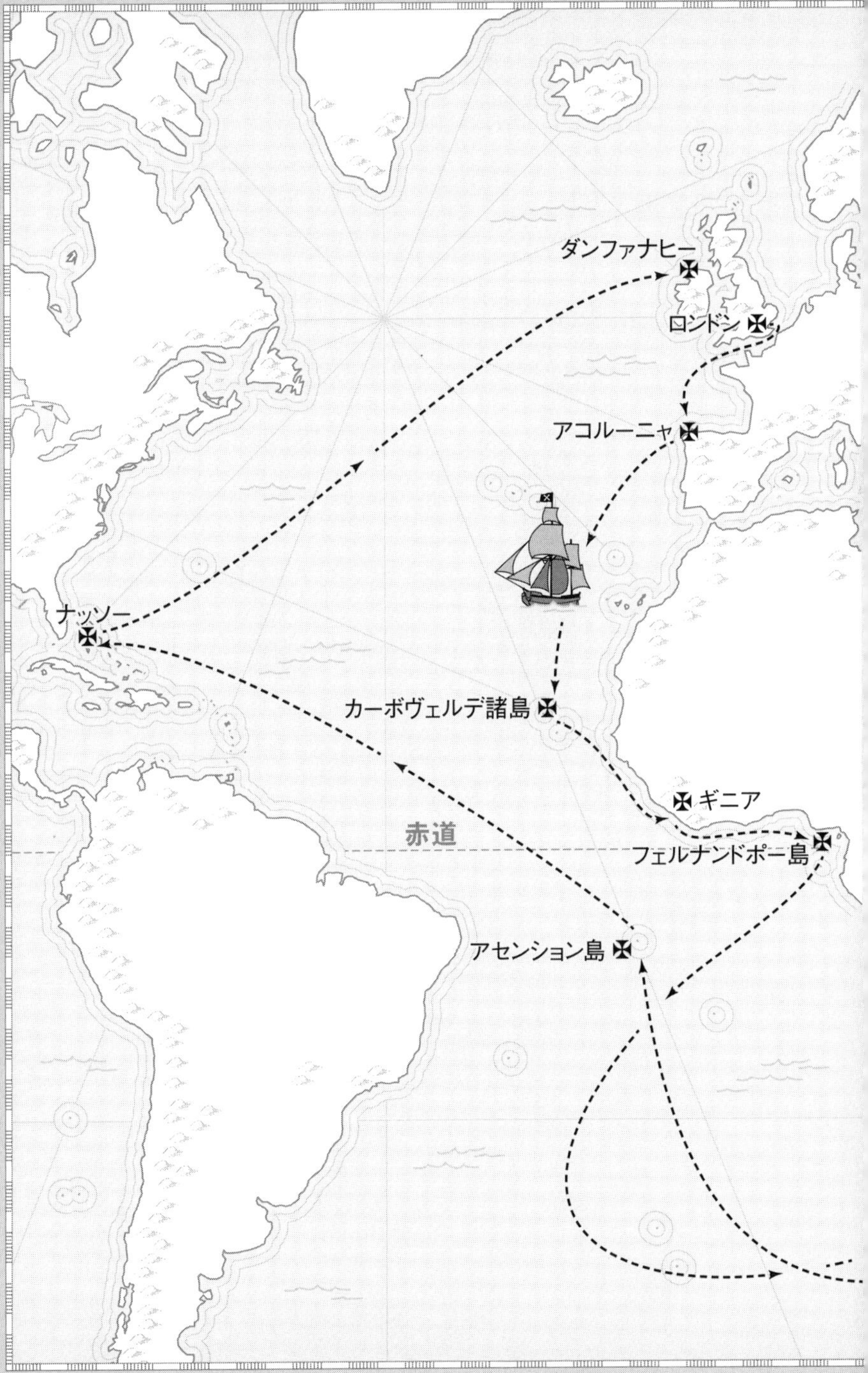
ダンファナヒー
ロンドン
アコルーニャ
ナッソー
カーボヴェルデ諸島
ギニア
赤道
フェルナンドポー島
アセンション島

はじめに

インド洋、スーラト西方沖
一六九五年九月一一日

とるに足らない小さなミス

ムガル皇帝の宝物船の見張り番は、よく晴れた日なら、四〇フィートの主檣《しゅしょう》〈訳注：メインマスト〉のてっぺんから一〇マイル先にある水平線でも目視できる。でもいまは晩夏。そして、ここはインド洋、熱帯の海だ。空中に漂う湿気が望遠鏡の視界を霞《かすみ》のカーテンでさえぎってしまう。見張り番からイギリス船が見えたときには、相手船はすでに五マイルのところまで近づいていた。

イギリス船がこの海域にいるのは少しも珍しいことではない。ほんの数日で着く場所に、東インド会社の拠点が最初に置かれた繁栄きわめるインド有数の港湾都市、スーラトがあるのだから。それゆえに、相手船が視界に入った瞬間でも、見張り番は警報を鳴らす必要さえ感じないのだ。

それでも何秒かたち、望遠鏡を通して船の輪郭がおぼろげに見えてくると、見張り番は接近船に引っかかりを覚える。その旗にではなく、速さに。船が追い風を帆に受けている様子が見える。進み方が速く、最低でも一〇ノットか、もう少し上回っているかもしれない――宝物船の二倍ではきかない速さだ。こんな速度で海上を疾走する船など、見張り番はいままで目にしたことがない。

見張り番が下にいる乗組員に合図したときには、イギリス船は裸眼で見えるまでになっていた。インド船の後甲板で様子を眺めていた船長には、接近船がどんなに速かろうと、恐れる理由はないと言っていい。なぜなら、砲列甲板には八〇門の大砲を搭載しているし、四〇〇丁のマスケット銃と一〇〇〇人近い乗組員の下支えがあるからだ。一方で、船長の見る限りでは、イギリス船はせいぜい五〇門程度の大砲とわずかな人員しか乗せていない。たとえ相手船に乗っているのが攻撃態勢を整えた海賊だとしても、船長はそれまでの何カ月間を何事もなく過ごしてきたのだ。海賊の巣窟として悪名高い紅海の出入り口ですら、滞りなく航行してきた。そして、いまは母港スーラトを目前にしている。この水域で、しかもそんな貧弱な火力で、わざわざ争いをしかけてくる海賊なんていないるだろうか。

けれど船長は、この二隻の船が長い歴史の糸でつなぎ合わされたことを知らない。イギリス船に乗っている男たちが何千マイルもの距離を移動し、想像を絶するほどの財宝を積んで、いま、母港に戻らんとする自分たちの船に、やっとたどり着こうとしていることを。ほかならぬこのときを、彼らが一年以上前から待っていたことを。また、この連中がどんな力をもつのか、そして、どんな罪を犯してきたのかも。

目前に迫る未来を、彼は想像だにしていなかった。ふたつの信じがたい出来事が立て続けに起きて、優位に置かれている自らの立場が覆えされてしまうことを。

ことはささいな失敗から始まった。まだ経験の浅い砲手が、大砲の薬室に火薬を一オンスか二オンスほど余分に詰めたのだ。でなければ、彼が数日か数週間前に行なった掃除が行き届かず、薬室に火薬が残ったままになっていたのだろう。あるいはことの発端はずっと前にあったかもしれない。インド某所の高炉で鋳鉄《いてつ》製大砲の「薬室覆い」、つまり点火薬室を包む部分を製造する過程で、小さな傷ができた可能性も考えられる。その傷が何年も気づかれないまま放置され、大砲が発射されるたびに劣化が進んで、この日にとうとう壊れてしまった、という仮説も立てられるだろう。

自爆装置に変わった大砲

大砲は単純な技術でできている。多方向に分散する爆発エネルギーを砲腔《ほうこう》に集め、一方向に送る。標的に向かう砲弾の通り道となる長いシリンダーから送り出すのだ。このように非常に素朴な仕組みだからだろう。およそ一〇〇〇年前に人類が硫黄と木炭、硝酸カリウムの混合物——要は火薬――をつくるのを思いついて、ほどなく発明された。大砲と比べて複雑な構造の内燃エンジンや手榴弾《しゅりゅうだん》、水素爆弾など、物質の燃焼や爆発を使ったほかの装置が登場するのは何世紀もあとのことだ。大砲は、火薬のもつ爆発エネルギーが発見されたことの論理的な帰結と言えるのではないか。人類は爆発を起こす方法を見つけるやいなや、そのエネルギーを活用して重い砲弾を高速で飛ばす方法を解き明かしたのだ。

大砲は単純な仕組みなのに効力があったので、何百年ものあいだ基本的な設計や運用が変わらなかった。その仕組みはこうだ。火薬を砲身の先端《マズル》から点火薬室に流し込み（これをマズルローディングと言う）、詰め物《ワッド》（通常は紙）で押さえる。それから砲弾をワッドのところまで押し入れる。薬室からは、火門と呼ばれる砲身上の小さな穴の箇所まで短い管が延びていて、その火門からは、薬室に届く長さの導火線が差し込まれている。

通常作動時には、砲手が導火線に点火すると数秒後に火薬が発火して、筒のなかでエネルギーの強大な爆発を起こす。爆発エネルギーのほとんどが砲身の外に放出され、砲弾を押し出す。薬室を覆っているのは、鉄と炭素をしっかり結合させた鋳鉄だ。鋳鉄の結晶組織は強いものの、目に見えない不純物などのせいで弱くなることがある。とくに炭素と鉄の混合比がきちんと守られていないと、最悪の失敗が起こりやすい。もっと言うなら、点火薬室にかぶさった鋳鉄製の覆いが壊れれば、大砲は大砲でなくなる。爆弾に変わるのだ。

そして、「こと」は起きた。薬室覆いが木っ端みじんになり、大砲の横にいた四人の砲手は、爆発音が耳に届かぬうちにこときれた。でも四人はまだ運がいい。火薬の爆発によって、薬室内の気圧は急上昇する。通常は一五ｐｓｉのところが、ほんの数ミリ秒で一〇〇〇ｐｓｉを超えてしまうのだ。爆風が秒速二万フィート以上、音速の一〇倍の速さで全方向に放出された〈訳注：原文のまま〉。風はかたわらにいた砲手の胴から手と脚を切り離し、内臓を破裂させる。熱と圧力が重なって眼球を溶かす。さらに圧力波エネルギー、いわゆる衝撃波が放たれ、大砲の破片が超音速で飛ばされたときには砲手の存在は幻と化していた。衝撃波と大砲の破片はまるで現代のくぎ爆弾のように、遠くにいたほかの砲手の身体に食い込む。腕や耳、脚は吹き飛ばされ、生命維持器官には穴が開く。数秒のうちに、船の砲列甲板は血液や人体の組織片で覆い尽くされる。続けて、爆発で生じた真空空間に爆風が逆流、木製の船板が燃えあがった。

当てずっぽうの命中

数百フィート離れたイギリス船の砲列甲板では、大砲の近くに集まった乗組員に火薬係《パウダーボーイ》の少年が武器を配って回っていた。船上は混乱しているようで、よくよく見ると、機械のごとく規則正しい秩序が保たれている。掌砲長が砲手の一団を隅から隅まで見渡し、決まった間隔を置いて号令を飛ばす。「砲撃用意」と掌砲長が吠えると、乗組員は砲門のところに大砲を固定していた綱をゆるめる。「水平に構えて……砲栓を開けろ……砲を突き出せ」。号令のたびに、乗組員は一斉に全速力で走り、ぴたりと止まる。戦闘状態の船で演じられる命賭けのダンス。「点火薬をまけ」のかけ声とともに、火薬の細い線が火門まで引かれる。乗組員はインド船の甲板で爆発が大惨事を引き起こしたことに気づいていない。もっとも難しい掌砲長の号令に集中している。点火前最後の号令だ。「目標を狙え」

一七世紀の船で大砲の照準を合わせるのは科学原理とは無縁で、技巧でどうにかなるものでさえなかった。空中を時速数百マイルで飛ぶ砲弾の軌道を計算するなど、陸上でも難しかったのだ。というより、弾道の計算ほど長いあいだ数学的英知を触発してきた課題はない。微分方程式の基本定理の一部は、大砲の砲弾の軌跡を予測する目的で編み出されている。第二次世界大戦中に開発されたコンピューターの原型は、大半がロケット弾の弾道を計算するためのものだった。けれど一六九五年のインド洋に浮かんで船に揺られながら五〇〇ポンドの大砲を引きずり、小さな砲門に砲口をなんとか設置するという状況にあって、目標を正確に狙おうと考えるのはほとんど噴飯ものだろう。数学の計算をしている場合ではない。相手船がいるであろうだいたいの方角に砲口を向け、耳を澄まして掌砲長の号令を待ち、最善を祈るのだ。

大砲そのものは命中率が不正確だったが、ときたまいろんな力学が働いて、完璧な一撃を叩き込むことがあった。インド船上での爆発からわずか数分後、一斉に放たれた砲弾のひとつが船と船とのあいだを飛び、インド船の主檣の根もとを直撃する。一発の砲弾で与えうる唯一最大の痛撃。主檣は倒れ、もつれた綱や帆のかたまりが甲板を激しく叩く。横帆《おうはん》がなければ、インド船は風の力を使えず、ほんの数秒前まで使えた能力を発揮できなくなってしまう。大砲の爆発で炎と血に覆われたままの宝物船は、いきなり無防備になるのだ。何分とたたないうちに、イギリス人が乗り込んできた。

歴史の物語は砂時計の形をしている

こんなふたつの出来事が同時に起きる確率はどれくらいなのだろう。暴発は大砲技術が生まれたときから設計上の難題であり続け、近代に入っても未解決のままだった（一八四四年、大砲の試射中に起きた爆発事故では合衆国海軍長官と国務長官が死亡し、ジョン・タイラー大統領は死のふちに立たされている）。が、その一方で大砲が発射時に爆発する確率自体はきわめて低かった。たぶん五〇〇分の一より低いだろう。一発の砲弾が主檣の下半分に命中する確率もあまり高くはなかった。主檣に使われる材木は直径が二フィート、船の長さは二〇〇フィート超だ。一斉砲撃の射角が低すぎると、砲弾は海に落ちるか砲列甲板に降り注ぐ。主檣の下半分に当たるのはせいぜい一〇〇発中の一発といったところだ。ちょうどこのころブレーズ・パスカルが考え出した理論のおかげで、無関係なふたつの出来事が同時に起きる確率を計算するにはそれぞれの確率をかけ合わせればよいことを私たちは知っている。かりにこの場面を五〇〇〇回繰り返すことができたとしても、大砲の爆発と主檣への着弾が重なる事態は二度と起きないことを、この計算式は教えてくれる。

両方が起きるケースと起きないケースの違いをいろんな角度から見てみよう。薬室覆いの鋳鉄の混合比を正確にすれば、あるいは砲撃時に大砲を一インチほど左に移動させれば、インド船は戦力の劣る攻撃者を難なくかわすことができる。けれど大砲の爆発ひとつとってもわかるように、見た目では気づかない違い――数オンス多めの火薬とか――が、複雑きわまりない結果を招くことがある。インド洋でにらみ合う二隻の船について言うと、こういうほとんどミクロレベルの要因がさまざまな働きをし、世界に波紋を広げることになるのだ。この種の対決のほとんどは、歴史を俯瞰《ふかん》すると、きらめいては消える火花のような小競り合いにすぎない。でもときどき誰かがマッチを擦って、地球全体を煌々《こうこう》と照らし出す。これはそんなマッチの一擦りについての物語だ。

この物語は砂時計に似た形をしている。砂時計のくびれた部分、つまり真んなかに来るのが、一六九五年にインド洋で起きた、この数秒間の出来事。大砲の爆発と主檣の倒壊だ。くびれから上では、このたぐいまれな変事が生じるもとになった出来事、つまりいくつもの〝原因〟が歴史の層をつくっている。くびれから下には、この変事によって引き起こされた広範囲にわたる、まさに地球規模の出来事、つまり〝結果〟の鎖がとぐろを巻いている。

物語の、とくに砂時計の上半分を正しくとらえるには、原因と結果をつなぐ鎖の時間尺度がそれぞれに異なり、別々に動いていることを押さえなくてはならない。ある出来事の原因は近い過去に存在する。あの大砲の爆発や、主檣への直撃のように。一方で他の出来事の原因はもっと遠い過去にある。たとえば、ムガル皇帝の船に莫大《ばくだい》な財宝を積み込せまるにいたった要因や、何人かの人間の背中を押して海賊に転身させた要因がそうだ。これらを余すところなく完全な形で説明するには、時代史や一般的な人物伝の枠外に踏み出す必要がある。事実を正確につかむためには、時間軸を行きつ戻りつしなければならない。時間の流れに沿って出来事を並べれば、多くの人になじみやすい物語になりそうだが、それでは歴史を深いところで動かす要素をとらえそこねることもある。いくつかの要因は直近の過去にあって、すぐそこに因果関係がみつかる。またいくつかの要因は、遠くで起きた衝撃波の反響だ。それは一〇〇年後——いやひょっとすると一〇〇〇年後——になっても、消えずに残っている。

極悪非道の犯罪者と社会制度の関係

ひとことで言うと、これはならず者の海賊と、彼が手を染めたセンセーショナルな犯罪の物語だ。海賊行為そのものは太古の昔から脈々と続いているが、歴史上もっとも有名な海賊たちが登場するのは、この本に記す出来事からおよそ二〇年後のこと。けれどそうした「黄金時代」の海賊——黒髭《くろひげ》〈訳注：イギリスの海賊エドワード・ティーチの俗称〉やサミュエル・ベラミー、キャラコ・ジャックーーは、本書で明らかにするもろもろの蛮行や、それによってつむぎ出された数々の言い伝えから多大な影響を受けているのだ。

この物語の中心にいる海賊は、いまでは黄金時代の偶像的海賊ほど有名でなくなったものの、黒髭やその仲間に比べずっと意味深い影響を世界の〝進路〟におよぼした。本書の狙いはその影響の大きさを調べ、輪郭を描くことにある。

一六九五年九月の出来事のあと、突如訪れた危機。この本はそこに巻き込まれた人々の運命をたどる物語だが、まったく次元の違うことも描いている。さまざまな社会組織や制度、さらに新しく登場したメディア・プラットフォームなど、一段階高い次元にあることだ。そのうちのひとつはムガル朝の専制神権政治で、海賊の活動と同じように古い歴史をもつ。ほかには、多国籍企業、大衆活字メディア、そして一八世紀半ばにインドを支配することになる帝国の行政機構など、ちょうどこのころに芽を出したばかりのものだ。

本書はまた、人生の一時期に海賊へと転身し、短いながら激動の日々を送ったじつに不埒《ふらち》な男についての本でもある。その人生は掘り下げるほどに、私たちの興味をかき立て、謎は深まる。

本書はさらに、人間のそれとは異質な時間を生きるものについても語っている。それは、近代以降きわめて強い力を振るってきた諸制度が、どんないきさつで未熟な状態から世界を席巻するにいたったのか、という物語だ。そうなる可能性は大いに秘めていたが、必然ではなかったのだ。もっとも、本書でそれらの制度の出現について網羅的に語るつもりはない。むしろ、その確立を危うくするほどの脅威を招いた数々の問題に焦点を合わせようと思う。私たちはどうも、企業とか帝国とかの巨大組織を、人間の意図によって生み出されたものと考えがちだ。ちょうど、立派な建物が手順を踏んで着実に設計されていくように。けれど制度の最終的な形は、優れた技師があらかじめ書いた設計図にもとづいているわけではなく、制度の外から投げかけられる問題によって少しずつ彫り刻まれてできたものなのだ。たとえるなら、絶えず打ち寄せる小さな波によって削られ、形づくられる海岸線に似ている。

長く受け継がれる制度の理念的な核をはじめに形成するのは、既成の歴史物語の表舞台に立つ開拓者や先覚者で、これはしごく当然だろう。でもその組織が最後にどういう仕組みに落ち着くか——どれだけの能力を備え、どんな経路でその制度を行使するようになるのか——は、特殊状況《エッジケース》によって、つまり組織の地理的・概念的な枠の外からぶつけられる問題によって決まることが多い。

衝突はときに、互角の力をもつ組織のあいだで起きる。たとえば本書の大半を彩るムガル帝国とイギリスとの衝突がそうだ。一方で、ずっと小さな力が大きな衝突を媒介することもある。二〇〇人に満たない乗組員を乗せ、インド洋を進む船のように。船を率いるのは、二年近く前からこのときを待っていた人物だ。

一六九五年九月の惨劇に先立つこと一六カ月、乗組員らは船をファンシー号と名づけた。一方で、この船の船長は、いくつもの名前で呼ばれていた。

第1部

遠征隊

Ⅰ　生い立ち

デヴォンシャー、ニュートンフェラーズ

一六五九年八月二〇日

むち打ちか強制徴募か

一六七〇年ごろのこと、イングランドはウェストカントリーのデヴォンからやって来た若者が、王立海軍に入った。彼はそれからの人生を海の上で送ることになるが、そこからすると、この入隊は自発的なものだったかもしれない。また志願者に与えられる経済的特典も、彼の背中を押したことだろう。まず、海軍は二カ月分の報酬を前払いしていた（もっとも新兵は、船中で使うハンモックなどの備品を自弁することになっていたのだが）。さらに、負債を抱えている志願者の場合、負債額が二〇ポンド未満なら債権者から逃げることができた。でも王立海軍の水兵は、ほぼ半分以上が無理やり入隊させられていた。それはもっぱら、当時とくに悪評紛々だった「強制

徴募」のせいだった。

一七世紀イングランドの若者、わけても裕福でない若者にとって、生きるとは、つねに強制徴募の恐怖を背中に感じながら暮らすことを意味していた。若者たちは、王立海軍のために影のエージェントを務める巡回隊、俗に「プレス・ギャング」と呼ばれる一団への恐怖と背中合わせの日常を送っていたのだ。強制徴募は、近代の徴兵制と国家公認の誘拐をかけ合わせたようなものだった。だからこんなことも、当時は珍しくなかった。想像してみよう。一七歳の少年が街角で物思いにふけっていると、やぶから棒にプレス・ギャングが飛び出してきて、映画『ゴッドファーザー』のマフィアよろしく有無を言わせぬ究極の選択を突きつけるのだ。「海軍に志願するか、それともより悪い条件で軍務を強制されるか。お前はどちらを選んでも構わない――最終的に、海軍船に乗り組むのならな」

入隊させられた新米水兵は、警備艇に乗せられ、すぐさま暗い現実を目の当たりにすることになった。具体的な配属先が決まらない待機中の水兵は、警備艇に留め置かれたのだ。一八世紀に出版されたパンフレット『水兵の代弁者』は、そうした船のなかの様子を明らかにしてくれる。「一隻の警備艇にたいていは六〇〇とか七〇〇、あるいは八〇〇人以上が乗り組み、衣食住の便がない環境でひとしなみに扱われていた。毎度のごとく誰もが中甲板に寝かされた。乗組員は与えられたものを食べるしかなく、それもまともに調理されていることはめったになかったから、病気が発生して一日に六人、八人、一〇人と死んでいった。一部の者は警備艇からの脱出を試みて溺れ死に、溺死体の多くが川に浮かんでいたものだ……」

強制徴募が行なわれるようになったのは、ひとつには大航海時代に生み出された海上労働力の需要が、ふつうの金銭報酬では満たせないほど高かったからだ。が同時に、これは陸上での変化のせいでもある。後期封建制が前期農業資本主義へと移り変わり、大崩壊が起きたのだ（この動きは一八世紀以降、大都市群の成長を後押しすることになる）。ある階級に属するすべての人――小規模な資産を共有して働いていた農村家内労働者――が故郷から叩き出され、さすらいのフリーランスになってしまった。

一六世紀後半には浮浪者が激増、この人々は社会の敵ワーストワンとみなされ、グーテンベルクの活版印刷技術が登場したとき以来の風紀の乱れをもたらした。いたるところに浮浪者がいたし、経済環境が変わるなかで多くの家族が姿を消した。かつて農奴は締めつけの強い、だが秩序ある封建制に足場をもっていた。ところがいつの間にか、前期資本主義の奔流にもてあそばれるがらくたに変わっていたのだ。奔流を川岸で眺めている人の目に、この変化はまるでファンタジー、ゾンビ襲来ものの小説のように見えたにちがいない。なにしろ、ある朝目覚めると、町なかの通りが宿なしの人々で埋め尽くされているのだから。家がないというだけでなく、その先の人生がまったく見えない――どこに居場所を求めればいいのか見当がつかない――人々が。

一五九七年、議会はホームレス問題を解決しようと浮浪者取締法を可決した。その規定には読んだだけで吹き出してしまいそうなリストが書き添えられ、当時のイギリスの道や広場をうろついていたさまざまな種類の人が挙がっている。

物乞い浮浪学生。難船者。ゲームや占いで悪知恵を使う遊民。偽《にせ》の徴税官もしくは斡旋《あっせん》業者、あるいは募金活動を装う者。剣術師、熊いじめ師、大道芸人、吟遊楽人。手品師、鋳掛屋《いかけや》、行商人、呼び売り商人。身体壮健な浮浪者、一般的な賃金で働くことを拒む労働者。浮浪兵。火事被害を偽装する浮浪者。エジプシャン〈訳注：「ジプシー」の語源とされる〉あるいはジプシー。

浮浪者取締法は各地の役所に、次のようなメッセージをはっきりと伝えた。誰であれこの種のやからは「上半身を裸にし、公の場で身体から血がしたたり落ちるまでむちで打ち、生まれ故郷か最近まで定住していた場所に戻さねばならない」と。その一方で、この法律はプレス・ギャングの権限を強めてもいた。物乞い浮浪学生や手品師は、上半身を裸にされ、公の場でむち打ちにされたくないのなら、いつでも王立海軍に入ることができる、とされたのだ。封建制の秩序が崩れて行き場を失った避難民を路上から一掃するのに、〝海〟へと追いやるほどいい方法があるだろうか。

デヴォンシャーの水兵

王立海軍への入隊が志願によるものかプレス・ギャングに強制されたものかはともかく、このデヴォンシャーの水兵は、船乗りにまつわる物語が深く根づいた文化のなかで育ったと思われる。ブリストル海峡と英仏海峡に挟まれ、大西洋のなかに突き出ているウェストカントリー。荒涼とした湿原《ムーア》が広がるこの地方は、イギリスのどこよりも海の冒険譚《ぼうけんたん》と深い縁でつながっている。たとえばエリザベス朝の有名な海の猛犬《シードッグ》は、ほとんどがこの地方から人生の船出をした〈訳注：一六世紀後半の海の掠奪者はシードッグと呼ばれることもあった。現在では老練な船乗りという意味もある〉。ウォルター・ローリーもフランシス・ドレイクも、デヴォンシャーの生まれだ〈訳注：ローリーは軍人・海洋探検家。エリザベス一世の寵臣だったが私掠にも従事。北米大陸で英植民地建設を企画。後年、遠征中にスペイン植民地を攻撃したかどで処刑される。ドレイクについては七四ページ参照〉。ウェストカントリー出身の船乗りは、スペイン無敵艦隊を破った一五八八年の戦いなど、数々の海戦で王室のために戦っているが、海賊に転身した者も多い（一八世紀の二大海賊「ブラック・サム」・ベラミーも黒髭《くろひげ》も、ウェストカントリーで生まれ育った）。

この地方の船乗りが冒険に走りがちなのは、地勢に原因がある。ウェストカントリーは英仏海峡の出入り口に面しているため、ヨーロッパ海運網への接続という点でこの地の船長たちは格段に恵まれていたし、小さな湾や入り江の入り組んだ海岸は、密輸船には申し分ない地勢だったのだ。デヴォンシャーと海賊とのつながりは、三〇〇年以上前にデヴォンシャーの一少年が海軍に入ったころから脈々と生き続けている。たとえば、私たちはいまでも海賊の決まり文句をまねることがある。「ええいっ、ちくしょうめ」（アァ、シヴァー・ミー・ティンバーズ）という、あのなまった言い回し〈訳注：標準的発音は、ミーではなくマイ〉。じつのところ、私たちはそうとは知らず、軽快で個性豊かなウェストカントリー方言を模倣しているのだ。

デヴォンシャーの水兵の生涯をめぐる最初の謎は、その名前にからむものだ。彼の活躍を記した一七〇九年出版の最初の伝記のなかで、彼はジョン・エイヴリーと呼ばれている。若いころに一時期、ベンジャミン・ブリッジマンなる偽名を名乗ったこともあるらしい。もっとも「ロング・ベン」というあだ名をもっていたことから、本名がブリッジマンでエイヴリーが偽名なのではと考える歴史家もいる。

ともあれ、おおかたの学者の一致した見方では、イングランド南西岸のデヴォンシャーはプリマスの近くで彼は生を受けたようだ。一六九六年に知人が行なった宣誓証言によると、当時この船乗りは四〇歳くらいだったというから、生まれは一六五〇年代後半だろう。プリマス南東、ヤーム河畔にあるニュートンフェラーズ村の教区簿冊《ぼさつ》には、一六五九年八月二〇日にジョン・エイヴリーと妻アンのあいだに子どもが誕生、と記されている。たぶんこの子が長じて、悪名高いヘンリー・エイヴリー、世界最悪のお尋ね者になったのだろう。

でなければ、本物のエイヴリーは同じころにウェストカントリーの別の村で生まれたのかもしれない。彼の誕生する何世紀も前からデヴォンシャーにエヴリー姓の有力地主がいたこともあって、経歴に触れた文書の多くがヘンリー・エヴリーという表記を使っている。なんらかの形で彼の名に触れている英語の法的史料はほぼおしなべて「エヴリー」と記載しているし、現存する直筆の書簡には「ヘンリー・エヴリー」のサインがある。この人物が世界で札つきの悪党になってから、もっとも人々の口の端《は》にのぼるようになった名前はエヴリーだった。それひとつとっても、彼のことはヘンリー・エヴリーと呼ぶのがいいように思う。

海賊になる下地

ヘンリー・エヴリーの子ども時代について、わかっていることはほとんどない。一七二〇年刊行の自伝でも、幼少期は厚いベールで覆われている。「この本で、私は出生や幼少期、青年期などに関わるいっさいのことを捨て置いた。私自身、その時期を自分の人生においてもっとも無意味と思うのだから、読者が知ろうとしてもまったく無意味だ。そもそも私の出生から青年期には特筆するような点も、他人のためになることもいっさいない」。これが自伝に見せかけたフィクションであることはほとんどまちがいなく――じつはダニエル・デフォーの著作だという説が唱えられている――子ども時代についての細かい描写がないのは、エヴリーの生い立ちが無価値ということではなくて、史料が乏しいことの裏返しだろう。

ヘンリー・エヴリー（あるいはエイヴリーだかブリッジマンだか）は小さいころからドレイクやローリーの冒険物語を聞いていたにちがいない。ドレイクもローリーも、海賊と私掠《しりゃく》者のボーダーラインにいた人物だ（あとで見るように、当時の法的取り決めでは、両者の境界線をあえてぼかしていた）。くだんの自伝もどきによると、主人公の父は王立海軍で補給船長をしていたらしい。デヴォンシャーのエヴリー家の系図には、船長が少なくとも数人含まれている。細いことはどうあれ、エヴリーはこの自伝風フィクションにもあるように、「幼いころから船乗りになるべくしつけられた」ようだ。やはりと言うべきか、エヴリーの経歴に関するもっとも古い——ニュートンフェラーズの教区簿冊を除いた——史料は、彼が一〇代で王立海軍に入ったことをうかがわせる。

このデヴォンシャーの水兵を包む霧と同じくらい、彼の死を取り巻く霧も深く濃い。有り体《てい》に言えば、彼がいつどこで生まれたかも、本名が何なのかもわかっていないのだ。もっとも、ルーツに少しはぼやけたところがあったほうが、ヘンリー・エヴリーには似つかわしい。よく知られる伝説はどれも、出だしに何人もの語り手がいたり、幾重ものプロットが風聞や風説の糸で一枚に縫い合わされていたりするし、（これは避けられないことだが）世代から世代へと語り継がれるうちに微妙に変わったりしている。ヘンリー・エヴリーはかつて、伝説上の誰にも劣らないほど広くその名をとどろかせた。ある人にとっては英雄や発想源、またある人にとっては残酷な人殺し。船上反乱の首謀者であり、労働者階級のヒーローであり、国家の敵であり、海賊王だった。

そして最後に、彼は幽霊になるのだ。

2　テロの行使

紀元前一一七九年
ナイル川デルタ地帯

海の民

ラメセス三世葬祭殿にあるメディネト・ハブ。その外壁北西側に並ぶ碑文は、一部のエジプト考古学者にしか読み解くことができず、ふつうの現代人には判読不能だ。けれども、壁に浮き彫りされている図像の絵解きなら楽にできるだろう。そこには恐ろしい大虐殺の一場面が描かれている。槍《やり》や短剣を手にし、盾やエーゲ地域風の甲冑《かっちゅう》で防御した戦士が、雨あられと降り注ぐ矢をかわしていたり、エジプト風の兜《かぶと》をかぶった将校が、倒れた敵の首をいまにもはねようとしていたり……。そしておびただしい数の死体が、侵攻軍の壊滅を物語っている。

この図像と碑文は、古代世界で最大級の海戦について教えてくれる。エジプト軍と、現在は海の民と呼ばれるさすらいの侵略者との戦闘だ。ラメセス三世をはじめとするエジプトの王たちは、ラメセス三世葬祭殿やピラミッド、それにツタンカーメンの宝物など、古代のさまざまな驚くべき事物を後世に残し、古くから歴史の息づかいを伝えてきた。そのおかげで、いまでは小学生の子どもであっても、古代エジプトの王、ファラオについて話すことができる。

かたや海の民は、後世の人にとって、こうした存在にはなりえなかった。なぜなら、全盛期を通じて海上生活に徹したからだ。彼らは祭殿や記念碑を残したりせず、滅亡から三〇〇〇年後に旅行者の目を驚かすことはなかった。新しい農耕技術を生み出すことも、哲学を書き記すことも、また文字史料を残すこともまったくなかった。けれど現代人が古代世界の記憶を呼び起こすとき、海の民は大きな姿になって立ちあらわれる。彼らは最初の海賊だったからだ。

海の民がどこから来たのかについては、いまも歴史家のあいだで意見が分かれている。有力な説によると、海の民はミケーネ出身の雑多な難民の集まりだったという。難民たちが文化的まとまりのある集団になったのは青銅器時代。彼らの一部は正規兵や傭兵だった。また平凡な労働者もいて、この人々はほとんど奴隷並みの賃金で雇われ、ペロポネソスの道路網やピュロスの水深深い港など、ミケーネ時代の黄金期を彩る重厚な土木建設物や城塞を築いた。

海の民の起源がはっきりしないのも無理はない。というのも、海の民はやがて、いろいろな民族の混成集団に変わったからだ（以来、それが海賊のつねとなる）。彼らは特定の都市国家とか皇帝とかへの忠誠心ではなく、自らが選び、自らの形づくった水上コミュニティへの強い思いで結びついていた。故国は地中海であり、その海を航行する船だった。また、自らを海の民たらしめる習慣やしきたりをはぐくんだ。独特な角《つの》つきの兜をかぶり――この兜はラメセス三世葬祭殿の図像にはっきり描かれている――船のへさきは鳥の像で飾った。でもこの人々が格別変わっているのは、まさに根なし草だったこと。陸の故国を去ったのもそうだし、根をおろす間もなく移動し続けたのもそうだ。

権力にさからい、権威を拒絶する

このような根なし草状態は、ひとつの政治スタンスのあらわれと考えられる（そして何世紀かのちの過激きわまる海賊も、同じスタンスをとった）。海の民は陸地に興《おこ》った地中海沿岸の政権を権威と認めず、領域国家の法に縛られることはなかった。この点はとくに大切で、そもそも海の民こそが、海賊というあり方を最初に形づくったのだ。

海の民が登場するまで、海上には海賊行為など存在しなかったことだろう。もちろん、人類が船を使って何か価値あるものを運ぶようになったばかりのころも、他人の船の行く手を阻んで積荷を盗み取る不届き者はいたにちがいない。でも真の海賊は、銀行強盗やこそ泥などとは違って、犯罪者の範疇《はんちゅう》には入らない。現代人が犯罪者とみなす者のほとんどは、違法行為をそれとわかって犯す反面、ほかのところでは規範としての法を認めているのだ。犯罪者は運転免許をとっているし、税金は納めているし、選挙で投票もする。何かしらの法律を破ってはいるが、自分は市民だと考えている。

真の海賊であることは、もっと多くを否定することに等しい。国家や帝国がすみずみにまで行き渡らせようとする権威を、海賊は拒絶する。だからこそ海賊旗は——最後に本格使用されたのは何世紀も前だというのに——いまではどんな小学生でも海賊の旗だとわかるし、シンボルとして強烈な存在感を放っているのだ。海賊は自分の属するならず者国家の旗を掲げて海を行く。ホメロスは『オデュッセイア』でこのようにうたう。

海賊は「なりゆきまかせに海原を放浪し、みなを餌食にする」と。

むろん海賊だからといって、誰もが国家への忠誠心を捨てていたわけではない（ヘンリー・エヴリーの短い海賊生活のなかでも、あからさまな反逆と愛国心との緊張関係が見られることが多々あった）。でも海賊は国家権力の設ける法的・地理的な枠を無視するような態度をとったから——それともちろん掠奪欲のせいでもあるが——中央の権力を敵に回すことがしばしばあった。はしっこく、法や道徳の枠も役人も顧みない海賊には、国家という強大な敵に比べて有利な点がたくさんあった。ただ中央権力から総攻撃を受ければ、さすがに鉄壁とはいかない。

紀元前一一七九年、海の民はナイル・デルタでラメセス三世の軍を襲撃した。だがファラオはこうした攻撃に備えるため、海上戦力に恵まれた海の民を標的に、特別な船を設計していたのだ。さらに斥候網を敷いて侵略船の有無を監視させ、デルタに豊かな実りをもたらしてくれる河道の、人目につかないところに新しい船からなる船隊を停泊させた。メディネト・ハブのレリーフは、海の民がオールをもたずにガレー船に乗っている様子を描いていて、彼らが奇襲攻撃を受けたことをうかがわせる。この場面は、さながら第二次世界大戦中のノルマンディー上陸作戦のようだ——おびただしい数のボートがばらばらに岸へと打ち寄せ、あわてた男たちが波のなかに逃げ込むも、離れたところからエジプトの射手《いて》に狙い撃ちされている。男らの多くが浅瀬で失血死した。

今度という今度は、さすがの海の民も無慈悲な軍隊の憤りをいやというほど思い知らされた。「[陛下の軍は] 一味の船を引いて転覆させ、浜にさらした。船尾から船首までを破壊し尽くし、破片を堆《うずたか》く積みあげた。積荷という積荷を海に捨てた」と、ラメセス三世はメディネト・ハブの壁に刻ませている。葬祭殿の別の碑文にも、「陛下は一味のほうへと嵐のように突き進み、競走者のように戦場で戦った」とある。「陛下に対する畏怖と恐怖が一味の体に入り込み、船はその場で腹を見せて転覆した。一味の心は取り去られ、魂は飛び去った」

碑文は、当時その書き手が認識していた以上に、未来をしっかり見抜いたものだった。ナイル・デルタで敗北を喫した海の民は、やがて世界史の舞台から姿を消したのだ。学者のあいだでは、海の民の謎多き起源と同じく、末路についても意見が分かれている。デルタの戦い後に処刑を逃れた者はエジプトの東方辺境や、一部はパレスチナ沿岸地域に離散したようだ。だが——遍歴傾向こそあれ——まとまった集団としての海の民は、ラメセス三世が暗殺とおぼしき事件によって死を遂げた紀元前一一五五年時点で姿を消している。そして海の民のこういうところも、以後数世紀にわたる後世の海賊によって脈々と受け継がれるのだ。栄光の炎に包まれたまま消えていく海賊もいれば、絞首台の露と消えた者もいた。そして、忽然《こつぜん》と姿を消した者も。

「非対称」戦争

海の民が残した遺産には、エヴリー時代の海賊文化の形成につながる大きな要素がほかにもあった。派手な暴力とテロを周到に行使するということだ。海の民に包囲されたウガリト（現シリアの一地方）のアムラピ王は、キプロスの君主に書簡で窮状をこう伝えている。「我が国の都市は焼き討ちを受け、［海の民は］国じゅうで悪逆非道の限りを尽くした。……敵船七隻が襲来し、我々は著しい被害にあった」。ラメセス三世葬祭殿の碑文も、まったく同じ口ぶりで海の民の襲撃を伝える。「国々は一斉になぎ倒された。……アムルに駐屯地が設けられたが、民は追い立てられ、この国はまるで最初から存在しなかったかのようになった」

こうした殺戮《さつりく》行為は、海の民が最盛期にあった紀元前一三世紀から紀元前一二世紀にかけて苛烈をきわめ、栄華を誇っていた青銅器時代の地中海文明にたいへんな危機をもたらした。今日、これは「後期青銅器時代の崩壊」と呼ばれている。技術の発展がくるりと逆向きになってしまう、歴史にはよくある現象だ。海の民が地中海沿岸の都市を破壊し尽くすと、ギリシャやレヴァントの偉大な宮殿社会は崩れ去り、村落文化のゆるやかな集まりへと姿を変えた。彼らは理不尽なまでに激しい暴力を行使し、陸地に築かれた社会と自分たちとのあいだに、けっして埋めることのできない溝をつくった。陸地に攻め込んだのは、領有権を得るためでも、財宝や奴隷を奪うためでもない。青銅器時代のすばらしい都市を焼き払ったのは、それが焼け落ちるさまを見るためにほかならなかった。

海の民は陸地の敵とは違い、軍隊や城塞こそなかったが、テロを戦略的に使うことで、いまで言う「非対称」戦争を実行したのだった。戦力で劣る側がはるかに勝《まさ》る相手に戦いを挑み、成果をあげたのだ。

海賊が登場したころから、その活動は、人々の心をくぎづけにするという意味でも、法的定義のうえでも、近代以降のテロと通底していた。この言葉が英語の文章で使われた初期の例として知られるものに、アメリカの駐仏大使ジェイムズ・モンローがトーマス・ジェファーソンにあてて書いた一七九五年の書簡がある。ロベスピエールの処刑から一年後、パリから送った書簡のなかで、モンローはジャコバン派が「王政でなくテロリズム」を復活させようとしていた、と述べている。この表現はたちまちのうちにアメリカの政治エリートのあいだに広まったようだ。モンローの書簡のわずか数週間後には、ジョン・クィンジー・アダムズが「ロベスピエールの影響下にある一派」を「テロリスト」と呼んでいる。

「テロリズム」の語源

照準を定めたうえで衆目を集める形で暴力を使い、過激な政治的価値観を広げる。そのための道具としてのテロリズムという感覚は、言葉の本来の意味にも含まれていたし、現代の用法にも含まれている。けれどもある大事な一点で、現代の定義と本来の定義のあいだにはずれがある。二〇世紀に入るまで、テロリズムはフランス革命期の統治機構（公安委員会など）による活動に原型を置いていた。言い換えると、テロは国家機関の側が使う政治戦術だった。ところが一世紀たち、無政府主義者《アナーキスト》が活発に活動するにおよんで初めて、非国家アクター（ここでは、巨大な政府や軍隊と自らの支持勢力との代理戦争の一手段として殺戮や爆発物を使い、市民生活を壊す小規模グループ）とテロリズムの概念が関連づけられるようになった。

ロベスピエールのテロは、国家による合法的な暴力独占のきわみだった。もともと強い支配者の力をいっそう強くするための手段だ。現代のテロリズムは、これの真逆を行く。小さな反乱者グループや裏ネットワークに、規模の小ささに不釣り合いなほどの力を与えるのだ。今日のおびただしい武力紛争に特有の非対称戦争では、超大国が数千分の一の人員や軍事力しかもたない敵と戦うはめに陥る。つまりこれは、テロリズム本来の意味を裏返しにしたところから出発している。現代のテロは戦力増強装置だ。数百万人の心に苦痛を植えつけるのに、大規模な常備軍や航空母艦をそろえる必要はない。適切な場所に置いた爆発物——なんならカッターナイフでも——

と、攻撃作戦を拡大して伝えるメディア・ネットワークがありさえすればいい。

「テロリズム」の本当の語源はロベスピエールの治世に由来するものの、今日のような形でのテロ、つまりメディア報道を通じて不釣り合いなほど大きな影響をおよぼす、非国家アクターによる過激な暴力行為を最初に実行したのは海賊だった。そしてこの戦略が役に立つこと——一握りの人間でも、異様な蛮行を何度か働きさえすれば、国じゅうの人をまんまと人質にとれること——が説得力をもって最初に示されたのが一六九五年、ファンシー号とムガル皇帝の宝物船が衝突したときだ。

この戦略的テロには、もちろん原型があった。伝説にも残る海の民の蛮行だ。が、血塗られた歴史のパイオニアはほかにもいる。

一四世紀最初の年に生を受けたフランスの貴族女性、ジャンヌ＝ルイーズ・ド・ベルヴィルだ。フランスとイギリスによる百年戦争のさなか、彼女はふたり目の夫オリヴィエ・ド・クリッソンを失った。夫は反逆のかどでフィリップ六世に処刑されたのだ。彼の頭部は槍に刺した状態で、クリッソンの所領があるブルターニュ地方のナントで衆人の目にさらされた。ジャンヌは王の仕打ちに怒りをたぎらせ、復讐《ふくしゅう》を果たすことを決意する。土地と財産を売り払い、三隻の船で小さな船隊を組んだ。演出効果を狙って船には黒い塗装を施し、血のように真っ赤な旗を掲げた。伝説によると、ジャンヌは手足となるふたりの息子とともに一三年のあいだ英仏海峡を漂い、フランス船を襲ってフィリップ支持者の首をはねたという。そしていつも何人かは生かしたまま本土に帰し、「ブルターニュの雌獅子《めじし》」のうわさを流した。

「死人に口なし」は、海賊が敵の殺害を正当化するときの決まり文句だが、クリッソンとその系譜に連なる海賊にとって、この言葉はまた別の意味合いをもつ。つまり船の外に放り投げられた死人には、凶暴で残忍な海賊のうわさを広めることができない、ということだ。ヘンリー・エヴリーに続くいわゆる黄金時代の海賊のあいだでは、海上でのテロに関する話を故郷にもち帰れるよう、幸運な幾人かに目こぼしをするのがならいだった。ブルターニュの雌獅子が生きていたのはグーテンベルク前のことだったから、メッセージを伝えるにしても、その範囲は宮廷のうわさ話や個人の手紙のなかにとどまっていた。

対して、エヴリーとその末裔《まつえい》には力強いメディアがあり、それを使って自分たちの残虐行為を発信できた。当時ヨーロッパやアメリカ植民地の都市で世論形成に大きな役割を果たしたパンフレットや新聞、雑誌、書籍だ。しばしばでっちあげを織り交ぜながら拙速になされるセンセーショナルな暴力事件報道を、現代人は「タブロイド」メディアの定石とみなしているが、そうした報道はこのころに始まったものだ。

メディアは、自分たちから遠く離れたところでヘンリー・エヴリーやあとに続く一八世紀前半期の海賊が働いた悪行を利用し、もうけを得たのだった。つまり全盛期のエヴリーはオデュッセウスのような神話上の船乗りの末裔であると同時に、違うタイプの伝説的人物のさきがけでもあった。自らの猟奇的な犯罪によって国民全員の心をとらえて離さない、ジョン・ウェイン・ゲイシー、「サムの息子」、チャールズ・マンソンのような殺人鬼の祖だ〈訳注：どれも二〇世紀アメリカの著名な連続殺人犯〉。

喫茶店記事

私たちは啓蒙時代のパンフレット書きやジャーナリストを洗練された知識階級と考えがちだ。ロンドンはストランド街はずれのコーヒーハウスから、《タトラー》紙にウィットに富んだ記事を書き送っていたのだと。ところが活字メディアは草創期においてさえ、センセーショナリズムに満ちていた。進取の気性に富む版元は、ぞっとするような犯罪の詳細な実録を餌に、公開処刑の場でブロードサイド（後述）を呼び売りしていた。切り裂きジャックが有名連続殺人犯になる二世紀近く前から、パンフレット書きはすでに凶悪犯を派手にもちあげ、楽な商売をしていたのだ。そして、どんなたぐいの犯罪者よりも大衆の心を強くとらえたのが海賊だった。

今日のどれだけ過激な連続殺人報道でも、この時代に出版された海賊拷問集には太刀打ちできない。たとえばフランソワ・ロロネというフランスの海賊は「ある捕虜の胸をカトラス〈訳注：そり身の短剣〉で切り裂き、心臓を取り出してかじると、別の捕虜の顔面めがけて放り投げた」。またアメリカ植民地時代初期の新聞《アメリカン・ウィークリー・マーキュリー》紙は、イギリスの海賊エドワード・ロウにまつわる衝撃的な話を伝えている。ロウは自分の捕まえた商船長から、金貨の詰まった袋を海に投げ捨ててやったと聞くなり、「船長の唇を切り取って本人を前にあぶり焼きにし、三二人の乗組員全員を殺害した」。後年に書かれた別バージョンは現代のハンニバル・レクターものの小説めいていて、そのなかでこの偏執的海賊は船長の切り取った唇を焼くと、船長自身に食べさせている。

こういう文章の多くが、売るために話を膨らませていたことはたしかだ。とはいえ、海賊の残虐行為に関する記事は、裁判の筆記録をもとに書かれていた。これらの出版物は――たいてい判決の言い渡しから数日以内に刊行されているが――裁判沙汰になったスキャンダラスな事件をメディアが拡散するという、長く続く慣習の草分けだった。このジャンルでもとくにおぞましいのが「ブリストルのジーン船長」の話だ。ジーンは船長室にあったラム酒を少しばかり失敬した一〇代の給仕を、拷問のうえ殺害したという。本の題は『比類ない残酷さ』だが、なぶり殺しにされる少年の描写に比べれば、表現としておとなしすぎるように思う。少年は九日間にわたり主檣《しゅしょう》に縛りつけられ、むちで打たれ、船長の尿を飲まされるなど、さまざまな虐待を受けている。

ジーン船長によるサディスティックな暴力事件は、本人にとってよろしくない結末を遂げた。この海賊は死刑判決を受けて、御多分に漏れず残酷な方法で絞首刑に処されている。首からつるされて一八分後に死んだという。

海賊の凶暴さを語る伝説は、彼らの異常な精神状態を伝えるにとどまらない。ロンドンやボストンのパンフレット書きが金銭欲から残酷なバッカニア〈訳注：一六世紀半ば以降、カリブ海で活動していた海賊〉の物語に力を入れたと言えるなら、海賊自身もそうだった。冷血な性格や暴力に関するうわさを広めることで、海賊は仕事の手間を省いたのだ。自分の身体の一部を無理やり食べさせられた商船長の話を読んだ別の船の船長が、黒い旗が見えたとたんに船を明け渡そうとしても不思議ではないだろう。別の言い方をすると、異常な行為のうちにも理屈があったのだ。経済史家のピーター・リーソンは、海賊たちの守っていたきわめて奥深い経済システムに関する著書のなかで――『見えざるフック』というインパクトある題がついている（『海賊の経済学』山形浩生訳、NTT出版）――海賊の過激な行為には一種の記号めいた働きがあったと説明する。

捕虜たちが……貴重品を隠すのを防ぐため、海賊は残虐さと野蛮さの評判を必要とした。そしてこれから述べるけれど、この海賊的な評判に狂気を加えるのも効果的だった。海賊が、熾烈さと狂気を海賊ブランド名に仕立てた方法は、メルセデスベンツが使う方法と同じで、口コミと宣伝だ。海賊は雑誌に派手な広告は打たなかった。でも野蛮さや狂気を広く宣伝し、その評判が強化されて広まるようにはした。さらに海賊たちは、一八世紀の一般向け新聞で宣伝を受けた。新聞報道は意図せずして海賊たちの傍若無人さのブランド名に貢献し、間接的に海賊の利潤を増やしたのだった（山形浩生訳）。

ロンドンやアムステルダム、ボストンの進取性あふれる出版人の多くは、何千マイルもの海原を挟んで海賊と隔てられてこそいたが、その相手ともたれ合いの関係にあった。版元にとっては、生きた人間の胸部から心臓がえぐり出される話が販売部数を伸ばすために必要だったし、海賊の側は自分たちの餌食となるかもしれない連中に恐怖を植えつけるには、そういう話をできるだけ広い範囲に伝えてもらう必要があったのだ。海賊の黄金時代が印刷文化の出現とほぼ重なるのは偶然ではない。一四世紀のジャンヌ・ド・クリッソンが自力で有名になったのは、およそ一〇年にわたり英仏海峡に出没していたからかもしれないが、一般論を言えば、メディアの拡散力のないところで海賊をするのは難しい。海賊業で食べていくには、嗜虐《しぎゃく》趣味が役立った。さらに名前を知られているなら、鬼に金棒だ。

3　ムガル帝国の台頭

紀元六六三年
ボーラーン峠

イスラーム勢力のインド侵攻

現在のパキスタン中央部を貫く中央ブラーフイー山脈は、標高一万フィートを超える山がほとんどなく、北東方向にあるヒマラヤ山脈ほどの魅力はない。でも石灰岩からなるブラーフイー山脈の山肌のあいだを走る五五マイルの峠道や峡谷は、インダス川流域の農村群やその向こうに続く広大なインド亜大陸とアラブ世界とをつなぐパイプ役を何世紀も果たしていた。ボーラーン峠——数千年にわたる侵食で峠を形づくった川の名が冠されている——は、いまなら自動車や列車で越えることができるが、昔はそう簡単に近づける場所ではなかった。一八四一年にはイギリス陸軍の士官が、王立地理学会にあてた手紙のなかでこう述べている。「標高の高い場所に雨が降ると、なんの前触れもなく川から大量の水がほとんど真横に流れ、あらゆるものを奪っていく。私の友人の経験もまさにそのとおりで、人間とウマ、ラクダの一隊が、全財産もろとも押し流された。……三七人前後が水にさらわれたという」

預言者ムハンマドの死からわずか三一年後の紀元六六三年、ムスリムの軍勢がボーラーン峠を越え、ブラーフイーの丘陵地帯を通ってインド亜大陸にたどり着いた（そのなかにはムハンマドから直々に教えを受けた弟子が何人かいたかもしれない）。ムスリム兵士がインドのヒンドゥー文化に接したのは、このときが初めてだった。ムハンマドの死から三一年続いていた征服戦でボーラーン峠を行軍するのは、当時にあっては当たり前の成り行きだったろう。

イスラームは一般に、ムハンマドがメッカを脱出した紀元六二二年に始まったとされる。紀元六五〇年には、ムスリム軍はローマ帝国の残骸を蹴散らし、現在のシリアやエジプト、イラク、イラン、さらに北アフリカの一部、アフガニスタンの大半を掌握していた。その流れで、イスラームの軍勢がインドに進むのはほぼ避けられないと思われた。すでにインド西部の港町ではムスリム商人が商いを始めていたし、彼らの船は一〇〇〇年後のヘンリー・エヴリーとまさに同じ航路を走っていた。

だが六六三年にボーラーン峠を越えた兵士たちが征服者となることはなかった。そのころシンド地方を支配していたチャチュという名のバラモンに、たちまち撃退されたのだ。ところが半世紀後、ムハンマド・ビン・カーシム〈訳注：ウマイヤ朝軍の将軍〉がやって来て、シンド地方とインダス川流域を征服してしまった。それから数世紀のあいだ、この地はイスラーム勢力による占領と在来勢力による支配とのあいだを揺れ動いたが、侵略者の支配がインド北部以外におよぶことはなかった。やがてムスリム侵略者はムレッチャと呼ばれるようになるが、これは劣った者という含みのある蔑称で、恐るべき存在という意味ではなかった。その理由の一端は、現在パキスタンとインドの国境をなすタール砂漠が、ムスリム勢力の占領を阻む自然の要害になっていたことにある。

他方で交易については、ふたつの文化のあいだに相互依存の網が着々と張りめぐらされていった。イスラームは世界史上初めて真の意味でのグローバルな貿易ネットワークをつくり出し、それは西アフリカからはるかインドネシアに続いていた。そのなかでどこよりも実入りの多かったのが、インドのスパイスと木綿の対価として、アラブ産のウマを届けるための道だった。

インドはグローバル貿易のおかげで、イスラーム勢力が帝国を広げようとしてもかなわないほど裕福になった。紀元一年から一五〇〇年にかけての（中国を含めた）世界の全地域で、インドはもっともGDPが高かった。潤沢な真珠やダイヤモンド、象牙、黒檀《こくたん》、スパイスが、インドに一〇〇〇年分の貿易黒字を約束していた。そして何よりも世界じゅうの人の心を強くとらえ、金欠に陥らせもしたのが染色した木綿布で、これはインドの歴史においてきわめて大事な役割を果たすことになる。

木綿とインド亜大陸とのつながりは太古にさかのぼる。パキスタンのインダス川流域で行なわれた発掘調査では、染色した綿織物の付着した銀製のつぼが出土している。この織物は紀元前二三〇〇年ごろにつくられたと考えられ、加工された木綿としては世界で知られる限り最初期のものだ。ヘロドトスが書いたところによると、インドには「ウールの一種」を実らせる木が自生していたのだとか。「このウールは美しさも質も、羊の毛より優れている。インド人はこれを用いて服をつくる」という。綿は人間と出会うやいなや、技術イノベーションを後押しした。有名なアジャンター石窟寺院のフレスコ壁画はヘロドトスの時代とほぼ同じころのものだが、ここにはローラーを一個使った綿繰り機が描かれている。綿の種と繊維を分けるための機械で、イーライ・ホイットニーが発明した綿繰り機《コットン・ジン》の遠い先祖にあたる。

インド綿の魅惑

もっとも、この亜大陸に、そして世界の他の地域との関係に何より大きな変化を起こしたイノベーションは、種と繊維を分ける技術とは関係なかった。綿を栽培して織物に利用するようになった地域は、どこであれ一種の綿繰り機を考案している。

インド木綿のユニークさは、糸自体ではなく、その色にあった。木綿繊維をアカネやシコウカ、ウコンなどの染料に染まりやすくするのは、どんな機械を発明するかの問題ではなく、化学的な工夫の問題だった。綿繊維のセルロースにはろう質が付着しているので、植物染料をはじいてしまう。アイの深い青――インディゴという名前自体、これが染料として最初に使われたインダス川流域地方に由来する――だけは、触媒を用いなくても木綿になじむ。アイ以外の染料でもいろいろな階調に染まるよう綿を加工する工程を「動物化」と言うが、これはたぶん家畜の排泄物《はいせつぶつ》を使う場合が多いためだろう。まず、染め手が繊維を酸乳で漂白する。次に、ヤギやラクダのふん、血液などを使って精練。それから金属塩と染料を混ぜて媒染剤をつくり、繊維のなかまで染料を染み込ませる。これで、さまざまな色に染まり、何度洗っても色あせない繊維ができあがる。

この技術がいつ生まれたのかはわからない。ひとりの意欲的な染め手が発見したのではなく、数世紀のあいだ試行錯誤が繰り返されるなかで進歩していったのだろう。アレクサンドロス大王がインド侵攻作戦を始めた紀元前三二七年には、染色した綿織物もずいぶん目につくようになっていて、将軍の何人かは作戦について説明するなかで、綿織物のことを特筆大書した。ギリシャの歴史家ストラボンは将軍たちの言葉として、こう書き残している。「インドには何房ものウールを実らせる木があった」。「この物質からつくられる織物のきめ細かさや白さはほかをしのぐ。……この国は色鮮やかな品々を産する」

アレクサンドロス軍の人々がインドから戻って奇跡の布の話をすると、インド綿への情熱に火がつき、やがてそれは世界を覆うまでになる。この情熱が花開いたのは、繊維が柔らかい、鮮やかな柄を施せる、洗っても退色しないという三つの特性を、インド綿が合わせもっていたためだった。それまでの人類の歴史には、この特性をすべて備える布は存在しなかった。アレクサンドロスの遠征からファンシー号と宝物船との戦いにいたるおよそ二〇〇〇年のあいだに、希少な金属の採掘・貿易、また砂糖やコショウなどの貴重な食品の生産・販売を通じてさまざまな富が築かれていった。けれど、インドの染色綿織物ほど大きな富を生み出した工芸品や加工品はなかった。

インドはローマ時代から大航海時代まで、グローバル貿易を左右するほどの力を維持していたが、自国の産品を動かして世界各地に送るうえでは微々たる役割しか果たしていない。歴史家ストラボンの記録によれば、エジプト系ギリシャ人の乗ったローマ船が毎年一二〇隻、インド南西岸に向かい、金銀や木綿、宝石、香料の交易を行なっていたという。第一千年紀末、つまり西暦一〇〇〇年ごろには、この輸送網をムスリム商人がほぼ独占するようになった。こうして、工芸に秀でたヒンドゥー社会の人々が貴重な品を生産し、それをイスラームの人々が囲い込むという地理的・経済的システムができあがる。イスラームの商人や船員は、商品と世界市場をつなぐ港町に集まっていた。

閉じたインド、開かれたイスラーム世界

インド自らが貿易ネットワークを開拓しなかったのはなぜか。この問いを立てると、世界史の「もしも」に関する、きわめて壮大な思考実験をしたくなる。インド亜大陸の潤沢な天然資源と

技術面の独創性が、それに引けをとらないほど強い海上交易志向と結びついたとしたら、イギリスが経済の大躍進を遂げる一八世紀より前にこの国は産業化を果たし、世界の覇権を握る道を歩んでいただろう。

インドで交易が嫌われていた一因に、ヒンドゥーの教えが海上の往来を禁じていたことがある。『バウダーヤナ・スートラ』では、「海を移動する」者はみな、自分のカーストを失うとされる。罪から救済されるには、こと細かに決められた苦行をこなさなければならなかった。「四度の食事はすべて少量にとどめ、献酒の際（朝、昼、晩）には沐浴《もくよく》し、日中は立ち続けて夜間は座り続ける。そうして三年たてば罪をはらうことができる」。禁止事項の説明はたった数行だが、償いの苦行は延々と続いた。

一部の歴史家によれば、紀元後数百年のあいだ、インドには、禁忌こそ設けられていたものの、通説で言われてきた以上の海事の専門知識が蓄積されていたという。ただ理由はなんであれ、第一千年紀が終わるころにはすでにムスリムの貿易船が到来し、インド亜大陸の物品の輸出入を一手に握るまでになっていた。

その時代、インドは内向きだったが、イスラーム世界は外の世界とさかんに交易をしていた。そもそもムハンマドその人が商人だったし、弟子たちもまた、人々の求める品を売ることが、改宗に結びつくような人間関係の形成に大いに役立つことを早い時期に悟っていた（今日のイスラーム圏は一〇〇〇年前にムスリム商人が交易をしていた場所とほぼ重なる。一方そのころにイスラーム軍が征服していた地域は、占領軍がいなくなると、イスラームを打ち捨てている）。

　西暦一〇〇〇年ごろの世界宗教のなかで、イスラームはほかとは比べものにならないほど広い世界的視野を備えていた。ムスリムたちは異質な文化や宗教伝統と――たいていは商活動に後押しされる形でだが――出会うことに、誰よりも前向きだった。港町で島国根性に接すると、彼らは当惑したものだ。一一世紀イスラーム世界の学者、ビールーニーはこんなことを書いた。「自分たちの国は別格で、民は別格で、王は別格で、宗教は別格で、科学は別格だとヒンドゥー教徒は思い込んでいる。……この高慢さのせいで、ホラーサーンやペルシャの科学や学者の話をする人は、無知なうそつきと思われてしまう。だが旅をして異邦人と関わると、ヒンドゥー教徒はすぐに考えを改める」

　互いに違いはあっても、ヒンドゥー文化とムスリム文化は第二千年紀が始まるころまで、つつがなく共存していた。けれど、いつまでも安泰とはいかなかった。西暦一〇〇一年、ガズニー朝〈訳注：現アフガニスタン地域のガズナに都を置く〉の君主マフムードがインド亜大陸への攻撃を開始した。異教徒を倒し、さらに王宮や寺院に侵入して財宝を奪い、帝国版図をさらに広げるのが目的だった。これを皮切りに、三〇年にわたって一六回の攻撃が続く――マフムードは三年後にインダス川を越え、一〇〇八年にはカングラの砦《とりで》を襲撃、金塊一八〇キロ分と銀塊二トン分をもち去った。

　マフムードは強欲なだけでなく、ヒンドゥー教の偶像《アイコン》に容赦ない攻撃を加えた（非常識な人間を意味する婉曲表現として使われている「アイコノクラスト」という言葉は、もとは宗教シンボルの破壊者を指していた)。マフムードが死去する一〇三〇年には、その軍隊はずっと南方のガンジス平原に到達している。それから二世紀もしないうちに、ゴール朝のムハンマド・ゴーリーの将軍、クトゥブッディーン・アイバクが新しい王朝を建てた。この奴隷王朝に始まる歴代のデリー・スルターン朝は版図を広げていった。そしてインド亜大陸は、数世紀にわたってムスリムの支配下に置かれることになる。

イギリスのインド支配の萌芽

ムスリムによるインド支配がどのようなものだったかについては、いまも論争中だ。世界史でもまれなほど激しい集団殺害とみなす向きもある。歴史家のフェルナン・ブローデルは『文明の文法I——世界史講義』(松本雅弘訳、みすず書房)のなかでこう説明している。

イスラム教徒は……もっぱら徹底的な圧制政策をとって国を支配した。残酷な出来事などは日常茶飯事であった。火事、裁判ぬきの処刑、磔刑《たっけい》や串刺し刑、流血好きの気まぐれがよく見られたのである。ヒンドゥー教寺院は破壊されてモスクに変えられ、時には力づくで改宗が強要されることもあった。暴動がおこっても、すぐさま容赦なく鎮圧された。家々は焼きはらわれ、国は荒らされ、男は打ち殺され、女は連れ去られて奴隷にされたのだった(松本雅弘訳)。

かたや、もっと寛容なものとしてムスリムによる統治を描く人もいる。なかでも一五二六年にバーブルが建てたムガル帝国は、寛容の傾向が強かったという。ムガル朝全盛期には――一六世紀後半のアクバル大帝の治世とほぼ重なる――インドでは経済活動がさかんになり、宗教による差別も一定程度にとどまった。アクバル自身が世界の文芸を学ぶ人で、多くの異教徒を官吏に据えたほか、ヒンドゥー教徒に対する人頭税を廃止している。それだけではない。イスラームとヒンドゥーのさまざまな要素を混ぜ合わせた「神聖宗教」、ディーネ・イラーヒーまでつくり出した。

そして、束縛らしい束縛を受けずにインドを統治できた最後のムスリム皇帝が即位したのが一六五八年のことだった。ヘンリー・エヴリーの誕生から何年もたっていない。皇帝の正式称号は、アブー・ムザッファル・ムヒーウッディーン・ムハンマド・アウラングゼーブ・アーラムギールという。けれど外の世界では簡単な呼び名、アウラングゼーブで知られていた。

一六五〇年代後半の世界を分割スクリーンで表示してみよう――イングランドはウェストカントリーの平凡な家に赤ん坊が生まれ、そこから五〇〇〇マイル離れたところでは、ムガル皇帝の玉座に新しい後継者が初めて座る。これほど共通点が少なく、また地理的にも、文化や宗教、言語の面でもかけ離れたふたりの人間を思い浮かべるのは難しい。ただ、このときはありえないように思えたかもしれないが、やがて次々と起こる出来事によって、偉大なるアウラングゼーブとヘンリー・エヴリーは激しい対決に追い込まれるのだ。

およそありえないと思われたこのめぐり合わせは、ふたりの人生とは次元の違うところに甚大な影響をおよぼした。一六五〇年代後半にエヴリーの誕生とアウラングゼーブの即位を分割スクリーンで見ている人には、インドのイスラーム時代が崩れ去ってこの国がイギリス帝国主義の軍門にくだり、それから二世紀ものあいだ支配を受けることになるなど、とうてい信じられなかっただろう。イギリスによるインドの占領は近代以降の歴史を決定した史実だから、これとは別の展開を想像するのは難しい。けれどヘンリー・エヴリーの人生が異なる道筋をたどっていたら、そもそもイギリスがインドを占領することはなかったかもしれない。

4 全人類の敵

一六七五年前後
アルジェ

エヴリーは反海賊だった？

ゆくゆくは世界でもっとも凶悪な海賊との悪評を受けるヘンリー・エヴリーだが、王立海軍からキャリアを始めたそもそもの動機は、深刻な海賊被害を一掃したい、という思いだったかもしれない。アドリアン・ファン・ブルックの書いた伝記によると、エヴリーは「アルジェにあった海賊の巣窟を掃討する軍艦」に乗り、「プリマスをあとにした」。ファン・ブルックは一九世紀にはやった海洋冒険小説でおなじみのストーリー展開をなぞり、エヴリーは船上でめきめきと頭角をあらわしたとする。いわく、「海に関する仕事で、若いエヴリーの右に出る者はいない」。「乗り組んでいた王立海軍レヴォルーション号の士官だけでなく、ローソン少将からも才能を見込まれた。……エヴリーが人並み外れた生気と活力を発揮すると、アルジェはイングランド海軍に恐れをなしたのだった」

ファン・ブルックの文章にあるもろもろのことがらは史実をもとに書かれている。現実にはジョン・ローソン中将という人が砲数五〇門のフリゲート艦レゾルーション号を指揮し、アルジェやチュニス、トリポリの沖合で活動するバルバリア海賊からイギリス商船を守る仕事を数年にわたり担っていた。問題は、ローソンが地中海での任務に服していたと言えるのが一六六〇年代前半で、しかも彼自身が一六六五年にオランダとの海戦中、サフォーク沖で戦死していることだ。そのうえレゾルーション号は翌年、セントジェイムズ・デイの戦いで沈没している。

ヘンリー・エヴリーが一六五九年にニュートンフェラーズで生まれたのが本当なら、一六六〇年代前半にジョン・ローソンの部下としてアルジェで働いていたとすると、異常に早熟だったことになる（「生気と活力」を発揮できたのは、当時まだ三歳児だったからかもしれない）。もちろん、王立海軍船にはいつも一〇代の少年が乗り組んでいたし、ファン・ブルックの説明によるとエヴリーは一六五三年生まれだから、七歳か八歳のときに給士としてローソンとともにレゾルーション号で旅立った可能性が、ごくごく薄いとはいえ残される。けれど王立海軍の基準から見てもそれではやけに幼いし、どんなに「生気」いっぱいだろうと、その年齢の子どもが将官になんらかの印象を残したとは、まず考えられない。

二代目のレゾルーション号――七〇門の砲を装備する三等級の後継艦――は一六六七年に進水、

やはりバルバリア海賊対策のため一六六〇年代終わりごろに配備されているが、ローソンは乗り組んでいない。でもエヴリーが一六五九年に生まれ、長じて何かの海戦に参加し、そのときアルジェが「イングランド海軍に恐れをなした」ことを信じるなら、もっとも考えられそうなのは、エヴリーが一六七〇年代前半に海軍に入り、当時バルバリア海岸で何度も行なわれた攻撃作戦に加わった、という筋書きだろう。

全人類の敵

ことの順序が実際どうだったにせよ、バルバリア海賊を震えあがらせてやろうという誘い話にのってエヴリーが海軍に入ったと考えるのは、自然かもしれない。イングランド南岸で生まれたエヴリーの子ども時代には、悪夢やおとぎ話のなかで、北アフリカの伝説的海賊が、ひときわ大きな存在感を放っていたことだろう。バルバリア海賊は一世紀以上前から地中海でイギリス商船を襲っていたが、イングランドやアイルランドの沿岸地域に住む人々にとっては身近な脅威だった。

一六三一年には、アイルランドはコーク州のボルティモア村にバルバリア海賊が夜襲をかけ、一〇〇人近くをさらっていった。その半分は子どもで、アルジェで奴隷として売り飛ばされている。一四年後には、コーンウォールの海岸近くに住むイングランド人二四〇人が拉致され、奴隷になった（議会が身受け金を払ってくれたおかげで、数年後に帰国を果たした人も多い）。このころ流れていたうわさでは、アルジェやトリポリの奴隷市場向けの商品をできるだけたくさん手に入れようと、六〇人ものバルバリア兵が英仏海峡を活発に回っていたとか。

一七世紀を通じて、イングランドやアイルランドの沿岸地域に住まう家族は、なんの警告もなしにさらわれ、北アフリカの牢獄《ろうごく》に放り込まれるという現実の危険にさらされていたのだ。一六四〇年に議会が設けたアルジェに関する委員会の見積もりによると、五〇〇〇人ものイングランド人が北アフリカで奴隷にされていたという。この見積もりからは、ごくふつうのデヴォンシャー住民がバルバリア海賊の手でいきなり奴隷にされる危険性は、今日の欧米諸都市でテロの被害にあう危険性より高かったことがうかがえる。

イギリス人から見れば、こういう拉致行為を働くバルバリア海賊は、伝統的法解釈で言う「ホスティス・フマニ・ゲネリス」なのだった。これは国際法の古い用語のひとつで、「全人類の敵」を意味する。海辺の家々を襲って家族全員をさらい、奴隷として売り飛ばすのは、通常犯罪とは次元が違った。人類に対する罪を犯したバルバリア海賊は、その行為ゆえにふつうより厳しい刑罰を受けねばならなかった。何世紀ものあいだ、全人類の敵は海賊だけを指す言葉とされてきたが――そしてエヴリーと手下たちはアルジェが「イングランド海軍に恐れをなした」ときから二〇年後に、そう呼ばれることになるが――それは海賊の残虐行為が通常犯罪の範疇を出ていたためで、なおかつ法的管轄権のはっきりしない国際水域で行なわれたからでもある。海賊を「全人類の敵」と宣言すれば、たとえ地球の反対側での行為であろうと、陸地の官憲はその犯罪を裁くことができた。

けれど二〇世紀になると、全人類の敵に含まれる無法者の範囲が広がる。戦争犯罪者や拷問犯、テロリストは、ひとつの古い箱に入れられた。9・11テロの直後、アメリカ司法省顧問で法律家のジョン・ユーは、全人類の敵という昔ながらの用語をもち出し、テロとの戦いのためなら敵の戦闘員をきわめて残酷に扱ってもよいと正当化している。グアンタナモ収容所やアブグレイブ刑務所での虐待行為の法的土台は、もともとは国際水域で海賊が犯した特異な犯罪を取り扱うためにつくられたものだった。

海賊養成所

一七世紀のイギリスはバルバリア海賊を全人類の敵と非難していたが、ここには偽善があふれていた。世界で札つきの海賊のなかにはイギリス人がいたし、海賊は王室をたしかな後ろ盾にして仕事にいそしんでいたのだ。このころイギリスの法律では、海賊と私掠者の区別を抜け穴として使うことで、明らかな矛盾を消し去るための企てがなされていた。

行動だけ見れば、私掠者は海賊とほとんど区別がつかなかった。町を荒らし、金銀財宝を分捕り、船を乗っ取り、一方で拷問や殺人におよぶ。ところがその行動には政府のお墨つきがあった。

それはたいてい、他国船を攻撃する権限を認める「私掠免許状」の形をとっていた。歴史家のアンガス・コンスタムによれば、「こうした法的保護の見返りに、私掠免許状を発行した国家の側は利益の何割かを受け取った。私掠船員の場合は、規則を守って私掠免許状に挙がっている敵船だけを攻撃していれば、海賊として縛り首に処されることも、ガレー船で生涯にわたり労役に就かされることも、略式処刑の憂き目にあうこともなかった」。

ふつう私掠者が攻撃してよいのは公式に敵国と認定された国、つまり宣戦布告の相手国が保有する船に限られていた。ところが多くの場合、境界線はぼやけていた。戦闘行為が正式に終わっても、バッカニアの流儀にすっかりなじんだ私掠者は、それまでのやり方をなかなかやめようとしなかったのだ。海賊史の草分け的存在であるチャールズ・ジョンソンは『海賊列伝』（日本語翻訳版は朝比奈一郎訳、中公文庫）のなかで、「戦時の私掠船は、平和が訪れるまでのあいだ海賊を育てる養成所」（本書訳者訳）だったと述べている。

正式に委託された活動としての私掠は、エドワード一世の時代に起源をもつ。当時、海賊に襲われたイギリス商船は「報復委任状」――私掠免許状のルーツ――を与えられ、他国の船を自らの手で拿捕《だほ》する権利を得ていた。この取り決めは厳密には、正確な意味での報復を行なうために考えられたものだった。つまり私掠者が拿捕できるのは、自分たちの船に対して盗みを働いた海賊と同じ船旗を掲げた船だけだったのだ。ところが実際には、私掠者はあまり区別にこだわらなかったし、多くの場合もともとの損失をはるかに上回る財宝を巻きあげていた。

私掠の英雄　フランシス・ドレイク

一六世紀、イギリスとスペインの関係が険悪になってゆき、私掠は本格化する。ダグラス・バージェスも述べているように、「正当な貿易と積極的な商活動、あからさまな海賊行為が混じり合って区別がつかなくなった」。スペインのガレオン船〈訳注：大型帆船。軍艦・商船として使われた〉はとてつもない量の金銀や香料をアメリカ大陸からセビリアに運んでいたし、私掠免許状のおかげで海賊の汚名を避けることができたから、私掠は立派な家柄のイギリス人がキャリアを積むための道へと変わった。

そういう人のなかで誰より有名なのがフランシス・ドレイクだ。デヴォンシャーの牧師の家に生まれ、一五八〇年には世界一周を果たし、のちには中米の港町に次々と猛攻を加えた。その冒険によって莫大《ばくだい》な富と名声を得、エリザベス一世からナイト爵を受け、デヴォンのバックランドアビーに堂々たるマナーハウスを構えた。そしてこの邸宅は、現在ナショナル・トラストが維持管理している。バージェスの言葉を借りれば、「大成功を収めたおかげで、ドレイクは英雄になると同時に、ひとつのモデルになった——あとに続く海賊が判定を受ける際や自己評価する際の、物差しになったのだ」。

こういう歴史を見ると、王立海軍とともにプリマスをあとにした若き日のヘンリー・エヴリーのなかに、はっきり異なるふたつの海賊モデルがあったことが想像される。人として歩むべき道を外れ、全人類の敵と呼ばれるバルバリア海賊。そしてドレイクをはじめとする、成功した立派な私掠者。後者はたいへんな冒険や危険を乗り越え、苦労の末に莫大な富をつかみ取っている。対して海賊として生きることは、軽蔑のまなざしにさらされると同時に、成功につながる――そしてうまくすればナイトにさえなれる――スリルいっぱいの道を進むことを意味した。

この両極端な海賊像は少なくとも一世紀にわたり、人々の心のなかで不協和を起こすことなく両立した。理由は明々白々。バルバリア海賊は（おもに）北アフリカ出身者からなり、罪のないイギリス人の家々を襲うのに対して、ドレイクたちはアメリカ大陸のスペイン植民地を掠奪の標的にしていたからだ。一方は不埒《ふらち》な外道《げどう》で、他方はナイト爵にふさわしいという感覚は、ちょうどスポーツイベントでホームチームを応援するときのそれと同じだ。

もっとも、船に乗り組んだころのヘンリー・エヴリーには知るよしもなかったが、彼の振る舞いはふたつの海賊モデルを真っ向から衝突させた。そしてイギリス人は、賛辞を贈るべきバッカニアの一員が、じつは怪物にすぎなかったのではという問いに直面することになる。

5　二種類の富

一六〇八年八月二四日
インド、スーラト

動き出した東インド会社

　ガレオン商船ヘクター号は、ロンドンを出たのち、食糧補給地のシエラレオネとマダガスカルにとまり、アフリカの角《つの》を周《まわ》ってインド西岸のタプティ川河口に錨をおろした。出航から一年以上を経た、一六〇八年八月下旬のことだった。タプティ川にヨーロッパの商船が浮かぶ光景は、川沿いに住むインド人にとっては珍しくもなかったろう。河口から一四マイルほど上流には、紅海貿易の中心的な港湾都市、スーラトがあるのだから。

　けれど鋭い感覚の持ち主なら、ヘクター号に少し変わったところを見つけたはずだ。当時はヨーロッパ人の対インド貿易をポルトガル人が独占していたが――ヴァスコ・ダ・ガマが一四九九年に完了した航海以来、そういう時代がずっと続いていた――ヘクター号の到着は、インドとヨーロッパの関係に大きな転機をもたらすことになる。イギリス旗を掲げた船がインド亜大陸に到達したのは、このときが初めてだったのだ。

ヘクター号に乗っていたのは東インド会社のウィリアム・ホーキンズ。新たなインド貿易ルートを開くことが可能かを探るため、会社から派遣されていた。一六〇四年にロンドン条約が結ばれて英西戦争が終わり、それまでの緊張状態がほぐれると、会社はポルトガルが自らの独壇場だったインドの港を他国の商人に開放するかもしれないと考え始めた。しかも同社は香料諸島でトラブルに見舞われたばかりだったので、役員は市場の新規開拓に前のめりだったのだ。ホーキンズはジェイムズ国王がムガル皇帝ジャハーンギールにあてた親書を携えていた。「一定の安全と利益が得られるよう、通商の自由と特別な待遇」を与えてほしいとする内容だ。

スーラトでホーキンズがはじめに聞かされたのは、知事は「体調不良」のため、話し合いはできないということだった（ホーキンズは日記に、体調不良ではなくアヘンによる意識障害のせいではないかと記している）。代わりにスーラトのシャーバンダル（税関長のこと）が対応した。日記によると、ホーキンズは「スーラトに商館を構えることが訪問の目的だと伝えた」。「そのためイングランド国王陛下からこの国の王にあてた親書をもっている、とも。陛下は貴国王と修好を結ぶことをお望みで、他のあらゆる国と同じように、陛下の臣民が自由に行き来し、物を売り買いできるようになさりたいのだと。さらに、私の船は当地向けの売り物を積んでいることも伝えた」

ホーキンズの呼びかけは、一見よい反応を引き出したかに思えた。税関長との話し合いの翌朝、知事の体調が回復し、会見も可能であることがわかった。そこでホーキンズは銀モールの刺繍《ししゅう》が施され、朱色に輝くタフタ織の服をまとう。一国の代表らしい風格を醸し出すためロンドンで特別に仕立てた服だ。ホーキンズは知事に贈り物を捧げると、ジャハーンギールの国と通商関係を結びたいとの要望を繰り返した。彼は記す。「知事はじつに手厚く、きわめて親切にもてなしてくれ、心のこもった歓迎の挨拶をすると、この国で好きにしてよいと私に言った」

だが、そんな歓迎ぶりも長くは続かなかった。スーラトの商人たちに売却しようともち込んだ「売り物」の何割かが、税関吏のムカッラブ・ハーンに没収されたうえ、残りもポルトガル人に奪われたのだ。しかも「インド海域はポルトガルが専有している」との理由で、部下の身柄を押さえられてしまった。ホーキンズはそれから何度か殺されそうになったが無事にかわし、ふたりのお供を従えてはるかアーグラへと陸路で逃げることにした。うまくすると、皇帝はジェイムズ国王や東インド会社の貿易商との「修好」をもっと前向きに考えてくれるかもしれないと期待したのだ。

ジャハーンギールとホーキンズ

ホーキンズの粘り腰は最後の最後に報われた。アーグラは地域特有の赤砂岩《せきさがん》を使った要塞や宮殿を擁する、豪華絢爛《ごうかけんらん》たる建築物の街だった（ちなみにアーグラでもっとも有名な建築物、ドームがのった白大理石のタージ・マハルが築かれるのはおよそ四〇年後のことだ）。八角形の池とあずまや、霊廟《れいびょう》を備え、草木を茂らせた熱帯の庭園が、ヤムナー川の岸に連なっていた。「労力と苦行、数々の危険」を伴う旅路の果てに行き着いたアーグラは、きっと夢のような場所に見えたにちがいない。

ジャハーンギールの宮廷でホーキンズが受けたもてなしは、はじめにスーラトの人々と対面した際の待遇とは比べものにならないほどの成功を物語っていた。「売り物」を税関吏やポルトガル人に奪われてしまったために、ホーキンズがムガル皇帝に献上できるものは「ごく少量の」織物だけだった。だがジェイムズ国王の親書はジャハーンギールの心の琴線に触れた。「皇帝はじつに優しい口ぶりで私に語りかけた」とホーキンズは振り返る。「そして、国王が親書に書いたことはすべて認めるし、陛下がそれ以上を求めるなら希望に添うと神に誓った」。おまけにふたりともトルコ語を操ることがわかって、ヨーロッパのいろいろな国の話に花が咲き、しだいに友情が芽生えていった。一筋縄ではいかないこの関係は、それからほぼ二年続く。

スーラトからの逃避行の際に、ホーキンズは持ち物をほとんど失い、命を落としかけたこともたびたびあったが、一夜にしてムガル皇帝から目をかけてもらえるようになり、いきなり豪勢な暮らしぶりに変わった。ジャハーンギールはホーキンズをアーグラ「駐在大使」に据えると告げた。さらに、ホーキンズは「ウマ四〇〇頭を束ねる騎兵大尉に取り立てられて手当てをたっぷりもらい、アメリカ人の乙女をめとり、宮廷貴人の仲間入りを果たした」と歴史家のウィリアム・フォスターは記している。くたびれたタフタ織の一張羅を脱ぎ捨て、ホーキンズは「マホメット教貴族の衣装」を身に着けるようになった。

ホーキンズはアーグラ滞在中、いにしえの「東洋趣味《オリエンタリズム》」文学に大きな貢献をしている。そこに描かれたのは、インド社会エリートの、目を疑うほどの贅沢《ぜいたく》ぶりに対するヨーロッパ人の感嘆だ。インド滞在中にホーキンズが書いた日記の後半は、ムガル皇帝の贅沢な暮らしを伝える細かな描写であふれている。「皇帝の財宝を以下に記す」という言葉に続き、ホーキンズは「金貨」や「ありとあらゆる宝石」、「金細工の宝飾類」、「いろいろな獣」、さらには宝石の施された宮廷の調度品にいたるまでを数えあげる。

玉座は五脚あって、うち銀製のものが三脚で金製が二脚。ほかの椅子一〇〇脚は金銀でできている。しめて一〇五脚。高級眼鏡が二〇〇本。宝石をあしらった非常に美しく豪華な酒つぼは一〇〇個。杯は五〇〇個だが、そのうち五〇個はじつに高価で、バラスルビー一個を使ったものやエメラルドのもの、イーシム〈訳注：中国語の玉石（イーシー）がなまったもの。翡翠《ひすい》か〉のもの、トルコ石のものなど、さまざまある。真珠や各種宝石でできた輪、高価なダイヤモンド、バラスルビー、ルビー、年代もののエメラルドの指輪は無限にあり、数を知るのは保管係だけだ。

ホーキンズはムガル皇帝の莫大な財宝にたいそう驚いているが、ここで思い出されるのが、この時代には、ある大事な概念的枠組みがヨーロッパとインドとの出会いのあり方を方向づけていたことだ。多くのヨーロッパ人は、自分たちよりもインドのほうが豊かだと思い込んでいた。奢《しゃ》侈品《しひん》の生産量だけを物差しにすれば、インドは次元が違った。今日の経済学者の見方によると、一六〇〇年前後のインドの一人当たりGDPはヨーロッパの値に近かったようだが、支配エリートへの富の集中度ではインドが大きく上回っていたという。おおかたのヨーロッパ人訪問者にとってのインドは、社会の最上部分――宮殿や帝室庭園など、富と文明の高さを見せつけるもろもろの場所――に目を向けるなら、文化の進んだところだった。

ホーキンズはジャハーンギールの装いを描写しつつ、ムガル皇帝が莫大な財宝をもっている、そもそもの理由を匂わせる。

王はダイヤモンドなどのいろいろな宝石をあり余るほどもち、じつに高価な美しいダイヤモンドをほぼ毎日身に着けている。……とてもなめらかですばらしい真珠の輪、それにエメラルドやバラスルビーの輪も。ダイヤモンドやルビーで覆われた、ターバンに巻く宝飾類もある。彼が宝石や金銀に恵まれているのはたいして不思議ではない。なぜなら多くの王たちの財宝を寄せ集めたからだ。つまり彼の先祖によって打ち負かされた王たちも、やはり同じように財宝を集め続けていたわけで、彼はそれをすべてもらい受けたのだから。それに、貴族たちが集めた財宝も、その死後はすべて王の手に入り、王は残された貴族の妻や子どもに思いついたものを与える。王から禄《ろく》や土地を受け取った者はみな、このように遇されている。インドに莫大な量の銀があるのは、あらゆる国の人々が銀貨をもち込んで等価の品を運び出し、銀貨がインドに埋もれたまま、外に出ないからだ。

金銀の蟻地獄

銀貨はインドに埋もれたまま、外に出ない。インドが経済計画を立てていたなら、このくだりは標語に利用できたかもしれない。インドはローマ時代からずっと、ヨーロッパの消費者がありがたがる香料や繊維製品などの対価として差し出される品物に、まったくと言っていいほど関心を示してこなかった。ヨーロッパ人がテーブルにコショウを置きたいとか、キャラコの服を着たいと思ったら、金銀の地金で対価を払わなければならなかった。ところがその富のほとんどは経済活動に投資されることなく、ホーキンズら同時代人が目まいを覚えたほどの、これ見よがしの贅沢に使われた。
「インドは長いこと『金銀の蟻地獄《ありじごく》』だった」と歴史家のジョン・ケイは書いている。「世界各地から地金を引き寄せて、それらの経済的な力を無にしてきたからで、貴金属を溶かしたり糸にするなどして、腕輪や錦織といった華美な宝物に変えたのだ」。金はインドに貨幣の形でやって来たのに、装飾に変えられてしまった。たとえて言うなら、宝くじに当たった人が、家の壁を一〇〇ドル札の壁紙で飾るようなものだ。もっとも、一七世紀はじめには、ムガル帝国の皇帝たちがせっせと実践した経済モデルは機能しているかに見えていた。派手な蓄財が目的なら、ムガル皇帝たち——それにジェイムズ国王などヨーロッパの君主のことも忘れてはいけないが——の突き進んだ道こそ、一番の得策に思われた。

けれどウィリアム・ホーキンズはジェイムズ国王の代理であるにとどまらず、未来からの使者でもあった。言い換えるなら、国民国家の代理であり、なおかつ東インド会社という私的法人組織の代理だった。

だからこそ、ホーキンズとジャハーンギールの出会いが長い目で見てきわめて大事になるのだ。このとき、富の蓄積に関するふたつの異なる戦略が初めて接点をもった。ひとつ目は古いやり方で、これには農業とほとんど同じくらいの歴史がある。自らを皇帝／王と称し、身分の劣る者から租税や関税の形で非稼得収入《レント》を搾り取るというものだ。この方法には長い成功実績があった。「無限にある」ジャハーンギールの宝石や貴金属はこれによって得られる利益の頂点を示してはいたが、当時にあっては異色なわけでもなかった。一六〇〇年ごろには、スーパーリッチの仲間入りをしたい人は、虚構の上に成り立つ「高貴な血」なるものを出発点にしなければならなかった。が、それもだんだん変わりつつあった。数世紀後には、君主たちもやんごとなき恩給生活者になり、贅沢をしながら没落していく無力な人形になり下がってしまう。大金は、君主とは無縁の場所で稼ぐものに変わるのだ。

富のほとんどは、株式会社と株主が稼ぎ出すようになった。王族が《フォーブス》の長者番付トップ一〇〇に入ることは、いまではめったにない。上位の多くを占めるのは、なんらかの形での株式公開に関わった人々だ。創業者（たとえばビル・ゲイツやジェフ・ベゾス）や、投資家（たとえばウォーレン・バフェット）など。東インド会社の代理でありジェイムズ国王の使者でもあったホーキンズは、ふたりの主人に仕えていた。彼が忠誠を誓っていたイギリス国王は、封建的経済モデルに支えられていた点でジャハーンギールと重なる。一方、彼が代理役をしていた東インド会社は、人類の商活動の歴史上初、としばしば称される株式会社だった。

東インド会社の株の公開

一六〇〇年一二月三一日、エリザベス一世は「東インド諸地域に貿易するロンドン商人たちの総裁および会社」という正式名称の「法人」を認める特許状を出した。この会社の海外事業についての権益を保証する公開株が、「伯爵や公爵、枢密顧問官、裁判官や勲爵士《ナイト》、女伯爵や伯爵夫人などの貴族女性、寡婦や未婚女性、牧師、商人、小売店主、外国商人」といったイギリスの資産家に広く売り出された。東インド会社が生まれる前は、新しいグローバル貿易網から利益の一部を手に入れたいなら、フランシス・ドレイクや同世代の船乗りと一緒に船出するしかなかった（でなければ王族の一員になるとか）。でも株式が公開されたおかげで、ロンドンのコーヒーハウスから外に出なくても事業に一枚加わることが可能になった。何株かを買いさえすればいいのだ。

はじめのころ、東インド会社は一航海ごとや数航海ごとに「期限つき株」と呼ばれるものを発行していた。たとえば香料諸島などへの航海について資金を集め、航海が成果をあげると、投資規模に応じて株主のあいだで利益を分配した。けれど一七世紀中葉には、今日のほとんどの企業が用いる方法へと移行し、継続中のものと将来のものを含む全事業への投資として無期限の株式を発行するようになる。この新機軸には、ふたつの大事なメリットに加え、副産物がひとつあった。

メリットのひとつは、幅広い投資家から資金を募れること。大規模な固定資本コストを抱える事業でも――たとえば、船を建造して世界じゅうに送り出し、イギリスの消費者に売るための品々を仕入れる事業でも――国家による直接の監視や後ろ盾がない状態できちんと実施するのに十分な資金を、初めて民間から集められるようになった（インドでの権力が絶頂に達した一八世紀、東インド会社は国家機関の役割を果たすまでになる。常備軍や役人を抱え、広大なインド亜大陸を統治していた)。

次に、多くの人のあいだで株式を分散することにより、それぞれの事業のリスクを最小限に抑えることができた。インドからの帰路に船が沈んだ場合、ロンドンにいる大勢の投資家が損失をこうむることにはなったが、少額出資を多くの人から募る形をとり、どこかの王族ひとりから多額の出資を受けていたわけではないので、沈没による影響はそこまで手に負えないわけでもなかった。

そして副産物のほうだが、公に売買できる株式の発行により、株式そのものの流通市場が形成された。一七世紀を通じ、株価は東インド会社の状況に応じて上下したが、おおむね上昇傾向にあった。一六六〇年から八〇年にかけて四倍に跳ね上がったが、これはたぶんに、そのころロンドンのエリートたちを夢中にしたキャラコやサラサのおかげだった(一六八〇年代に、同社による布地の輸入量は年間およそ二〇〇万反に達し、香料を大きく引き離している。そもそもエリザベス女王が特許状を出そうと思ったのは、香料のためだったのだが)。

株価の上昇は、まったく新しい富をつくり出した。会社そのものは、イスラーム商人の登場以前から伝わる商慣行によってお金を稼ぎ出していた。安く仕入れて高く売り、その差額を利益に反映させる。そして利益の何割かが、配当の形で投資家のところに戻る。が、株式の売買は第二の富をもつくり出し、長い目で見れば、こちらのほうが大きな収益をあげたのだった。東インド会社に投資した人が稼ぐことができたのはこの会社が利益をあげたからだが、同社の株には実際の投資額より高い価値があると、ほかの投資家が考えたからでもある。

つまり、一六〇九年春のアーグラにおけるふたりの男の出会いは、富の蓄積の体系が変化し始めたことを示す節目だったのだ。ロンドンを起点とする変化は、最後には地球全体に広がる。株式会社は二〇世紀、少なくとも民間部門では、経済活動をつかさどる支配的形態へと変わるのだ。ジャハーンギールが所有する「エメラルドやルビーの輪」のかたわらで、ぼろぼろのタフタ織を身に着けていたホーキンズは、そこまでの迫力を感じさせることはなかっただろう。けれど未来は彼の側にあった。

ムガル帝国からの親書

ジャハーンギールその人はホーキンズを気に入っていたようだが、ポルトガル人はイギリス人をインド貿易から締め出そうと、それから数年にわたって介入を続けた。一六一一年にホーキンズはアーグラをあとにし、それからほどなく海の上で死去した。ムガル皇帝がスーラトでの商館開設をようやく東インド会社に許可したのは一六一二年のこと。ジャハーンギールからジェイムズ国王にあてた親書は、ホーキンズの後任、トーマス・ロウに手渡された。そこには次の条件がはっきり書かれている。

朕《ちん》に属するすべての王国と港湾に対し、あらゆるイングランド商人を朕の友の臣民として受け入れよとの指令を出した。商人たちは生活を営む場所がどこであろうと、いっさいの制約を受けない自由を有する。商人たちの訪れる港がどこであろうと、ポルトガル人も含めいかなる者も、その平穏を乱してはならない。また商人たちがどの街に本拠を置こうと、好きなように物を売買し、自らの国に送ることについての自由を彼らに与えるよう、すべての知事や首長に命じた。

スーラトの商館は、誕生間もないこの会社がインドに築いた最初の足場になった——そして約一世紀後、ここはヘンリー・エヴリーによる掠奪に対する復讐の舞台となる——。イギリス人は商館の置かれたこの小さな港町を手始めに勢力範囲を広げてゆき、とくにボンベイとマドラスの居留地は大きく成長する。そして遠からず、東インド会社は亜大陸全体を支配下に置くことになるのだ。

6　スペイン遠征社

一六九三年八月
イーストロンドン

奴隷商を始めたエヴリー

バルバリア海賊にさらわれて奴隷にされる恐怖におびえながらヘンリー・エヴリーが子ども時代を過ごしたのだとしても、その経験は奴隷制自体の善し悪しについての考えにはあまり影響しなかったようだ。王立アフリカ会社の代理商、トーマス・フィリップスが一六九三年に記した報告は、若くして王立海軍に入隊したのちのエヴリーにはっきりした形で触れている史料としてもっとも古いものにあたる。それによると、エヴリーはバミューダ総督の下で奴隷商人の仕事を始めたという。当時王立アフリカ会社は、この海域一帯で行なわれるイギリス植民地向けの奴隷貿易を独占していた。

イギリス史では往々にして、当時この会社がどれだけ手広く奴隷貿易をしていたかが都合よく無視され、むしろ一八世紀後半に本国イギリスで——植民地はさておき——奴隷制がおおむね廃止されたことにばかり重点が置かれる。けれど歴史家のデイヴィッド・オルショガも言うように「大西洋をまたいだ奴隷貿易の歴史上、王立アフリカ会社ほど多くのアフリカ人を奴隷として送り出したイギリス企業はない。……悲惨な奴隷生活を強いられることになる約一五万人の成人男女や子どもは、各地の海岸に設けられた同社の要塞を転々とした」。

代理商のフィリップスによれば、ヘンリー・エヴリーは一六九〇年代前半に王立アフリカ会社の独占網をかいくぐって、もぐりで奴隷を扱い始め、ときにはイギリス商人をアフリカ人もろとも拉致したらしい。エヴリーについてはよくあることだが、明確に書かれたフィリップスの文章のなかに、ふたつの名前が見られる。「ここのニグロほど用心深い連中に会ったことはない」と、この代理商は書いている。「それでふと、ロング・ベン、別名エヴリーのようなやからにだまされて拉致されたことがあるのだろうとの考えが頭をかすめるのだ」

沈没船を引き上げる目論見

でもエヴリーが本格的に歴史の表舞台に登場するのは翌年のこと。それに先立ち、ジェイムズ・フブロンという富裕な投資家・下院議員が、親族やロンドンの商人を集め、投機的な企業を設立していた〈訳注：フブロンが下院議員になったのは、実際には一六九八年〉。フブロンは、東インド会社とのあいだに太いパイプをもつロンドンの名家の人物で、一一人いるきょうだいのうち、弟のジョンはイングランド銀行の初代総裁に就任している（一九九〇年代に使われた五〇ポンド紙幣には彼の肖像が描かれていた）。

ジェイムズ・フブロンの設立した企業はスペイン遠征社と言い、船隊を編成して西インド諸島に送り、この地域のスペイン人に鉄砲を売却する計画を立てていた。スペインのワインや食品などの輸入業で一《ひと》財産を築いたフブロンは、この国とのつながりを利用して、カルロス二世から貿易と沈没船回収の免許を受けていた。フブロンと出資者は、船隊をカリブ海域に送り、ここに沈没したスペインのガレオン船を引きあげれば、莫大な利益を得られると考えたのだった。ドン・アルトゥーロ・オバーンというアイルランド人海軍将官の率いるその船隊は四隻で構成されていた。ジェイムズ号、ダヴ（鳩）号、セブンス・サン（七番目の息子）号、そして旗艦のチャールズ（カルロス）二世号。建造されたばかりの燦然《さんぜん》と輝くこの旗艦は、砲数四六門の「武装船」だった。

チャールズ二世号はフブロンがスペイン遠征隊のため特別につくらせた船で、東インド会社が船の建造に使っているのと同じイーストロンドンの造船所で製造された。重装備であるのに加え、並の船とは比べものにならないほどの高速で航行できた。当時の記録からは、フブロンがこの船にかなりほれ込んでいたことがうかがえる。「偉大な商船……砲数四〇門のフリゲート艦にして比類ない帆船」と呼んでいる。フブロンや仲間の出資者がこの恐るべき旗艦に惜しげもなくお金をつぎ込んだのは、スペインや西インド諸島の海域でどんな攻撃を受けても太刀打ちできる船隊をつくるためだった。

ちょうど一年前、ジョン・フブロンは商務庁に書簡を送り、リスボンから戻ってくる自分の商船に護衛船をつけるよう切々と訴えた。というのも、一〇隻を超えるバルバリア海賊船が沿岸域をうろついていて、「ポルトガル沖ではフランスの私掠船が何隻ものイングランド船とアイルランド船に妨害を加え、拿捕している」からだった。それから数カ月後には、ジェイムズ・フブロンが枢密院あてに同じ調子の書簡を書き、スペインとの貿易のために派遣した船に海軍の支援が欲しいと伝えた。「船にはスペイン産の羊毛と［相当量の金銭］など、貴重な品々が大量に積み込まれております」ので、「船隊の値打ちや、船隊が直面する危険の度合いに応じた策を講じ、速やかに護衛を派遣して船を連れ戻すことを、畏れながら閣下各位にお願い申しあげます」と求めていた。

けれど前もって「砲数四〇門のフリゲート艦」に投資しておけば、フブロンらスペイン遠征隊の出資者は枢密院に助けを乞う必要もなくなる。チャールズ二世号なら、航行中にどんな危険にあおうとも、切り抜けられるだろうから。

高待遇な船の末路

フブロンと仲間の出資者は船員を募集するにあたって、定期給与に加え、出航前の契約署名時に一カ月分の前払い金を支払うこと――王立海軍のそれに比べれば格段によい条件――を約束した。ところがスペイン遠征隊は出発早々まったくの失敗に見舞われ、やがて何件もの訴訟を起こされるはめになる（当初の目的ひとつとっても、まともに果たすことができなかった）。

そのおかげで、一部の船員に示されていた金銭的条件に関する記録文書がいまも残っている。ダヴ号に乗り組んだある上級船員には、一《ひと》月当たり四ポンド一〇シリング、航海期間全体で八二ポンド――いまの通貨に換算すると二万ドル――を支払うとの条件が提示されていた。この航海には金持ちの後ろ盾があったので、船に積み込まれる食糧や酒も、海軍船で（少なくともふつうの船員に）出されるお粗末な代物よりずっと上等なはずだ。応募者は賃金だけでなく、沈没船から引きあげた品のおこぼれにあずかることも期待しただろうから、この話の何から何までがなおさら魅力的に思えたにちがいない。

一六九三年八月、テムズ川に停泊する船への食糧積み込み作業が行なわれていた際、フブロンは船隊を見に訪れた。長期にわたる航海のあいだ、乗組員の家族には手当てを払い続けるとフブロンは請け合い、旅の安全を祈った。それから間もなく、四隻の船は錨をあげて河口に向かって進み、やがて海へと出た。

四隻にはおよそ二〇〇人が乗っていた。この船隊の特筆すべきところは、経験豊かな上級船員がいたことだ。ダヴ号のジョン・ナイト船長は「落ち着きのある勤勉かつ聡明な人物」との評判で、すでに西インド諸島への航海で何度も船隊を率いていた。チャールズ二世号の水先案内人はスペイン人のベテラン航海士で、アンドレス・ガルシア・カサーダといった。この船の船長を最初に務めたのはジョン・ストロング。数年前に、現在のハイチにあたる地域の沿岸部で、沈没船の引きあげ業務を見事にやり遂げた人物だ。けれど出航からいくらもしないうちに死亡し、チャールズ・ギブソンという飲んだくれの船乗りがあとを継いだ。

ダーウィンに影響を与えた船員

それより下級の乗組員になると、経歴はもっとあやふやになってくる。ジェイムズ号には一等航海士のトーマス・ドルート、チャールズ号には二等航海士のジョゼフ・グラヴェットとデイヴィッド・クレイがいた。この船にはヘンリー・アダムズという人物もいて、のちに操舵手《そうだしゅ》になる。チャールズ号の司厨長《しちゅうちょう》はウィリアム・メイという五〇歳の船乗りだった。本人いわく「たいへんな虚弱体質」で、「三〇年にわたって国王陛下とお国のために」働いてきた。

船隊には、そのほかに四九歳の操舵手でロチェスター出身のジョン・ダン、四五歳の船員でニューカッスル出身のエドワード・フォーサイスが乗り組んでいた。若い世代では、野心はあっても船員としては未熟なローティーンのフィリップ・ミドルトン、一〇代半ばのロンドン子ジョン・スパークスがいた。そして、このときが初めての航海だった一八歳のウィリアム・ビショップ。のちに、自分の意に反してジェイムズ号に乗せられたと証言している。

スペイン遠征隊参加者のなかでもとくに興味深いのが、二等航海士としてダヴ号に乗り組んでいたベテラン船乗りにして科学者のウィリアム・ダンピアだ。四〇代前半のダンピアは一六八〇年代を通して何度か行なわれた航海に加わり、世界を一周した経験があった（その後、歴史上初めて地球を三周した人物となる）。

スペイン遠征隊が派手な失敗に終わってから数年後には、『最新世界周航記』（平野敬一訳、岩波文庫）という書物を上梓《じょうし》。この本は意外にもダンピアとチャールズ二世号との関わりには触れていないが――当時チャールズ二世号は大衆メディアで数々の憶測を呼んでいた――それはともかくベストセラーになり、旅行記を伝統として根づかせる働きをした。旅行記は一八世紀に、ノンフィクションのなかでもっとも高い人気を誇るジャンルになったのだ。さらに、ダンピアの物語は小説家にも多大な影響を与えた。ダニエル・デフォーの『ロビンソン・クルーソー』もジョナサン・スウィフトの『ガリヴァー旅行記』も、『最新世界周航記』からかなりの要素を取り入れている。

『最新世界周航記』は海軍省も感心させ、ダンピアはとうとうローバック号という軍艦の船長を任され、歴史に残る航海を率いた。このときオーストラリアに行って、大陸の珍しい動植物を記録に残してもいる。ダンピアはこうした植物研究、さらには貿易風と潮流と海流の関係に関する先駆的な研究によって、チャールズ・ダーウィンのロールモデルにもなった。ビーグル号での航海中、ダーウィンはダンピアの旅行記だけでなく、博物学の著作も読んだという。今日、ロンドンのナショナル・ポートレートギャラリーにはウィリアム・ダンピアの肖像画が展示されている。

ダンピアが著書のなかで、ほかの点についてはは微に入り細をうがつ説明をしていながら、チャールズ二世号で航海していたときのことに触れなかったのは、彼が戦略的に考えたからなのかもしれない。ダンピアは、王立学会や海軍省の愛顧を受け続けられる程度には明るい道を歩いていたが、そのキャリア全体は海賊と私掠者とのあやふやな境界線の上にあった。彼にとって、チャールズ二世号との関わりは、この微妙な立場をくつがえしかねない危険要因だったのだ。それもこれも、スペイン遠征隊にいた一《いち》乗組員のせいだった。ひところはウィリアム・ダンピアがかすんでしまうほどの名声を謳歌《おうか》したチャールズ二世号の一等航海士。そう、ヘンリー・エヴリーのことだ。

縛り首をまぬがれたエヴリー

エヴリーはおそらく三〇代後半で、長身のうえ、健康状態はすばらしくよかった。仲間の乗組員によると、瞳は鮮やかなグレーで、「明るい色のかつら」を着けていたとか。目前にチャールズ二世号での船出を控えていた当時のエヴリーにとって、この航海は期待のもてそうなものでありながらも、特段珍しくはなかったはずだ。それと似たような遠征を、当時の年齢ならすでに一〇回は経験していただろうから。一等航海士エヴリーはテムズ川を進むチャールズ二世号の甲板に立ち、今回の任務が人生の転機になるかもしれないと、少しでも感じただろうか。この問いについては、若いころのヘンリー・エヴリーに関するほかの多くの問いと同じように、史料は何も語っていない。けれど、ひとつだけはっきりしている。この航海が終わったときには、彼が一等航海士から船長にのし上がり、無名の船員から世界でもっとも悪名高い犯罪者に変わっていたことだ。

かたやスペイン遠征隊にいたほかの五人の身には、この航海が終わったとき、それとは別の変化が訪れた——彼らは処刑ドックで縛り首にされるのだ。

7　世界の征服者

一六五七年九月
デリー

長子継承制とは無縁のムスリム君主

タージ・マハルでは年に一度、ここに埋葬されたロイヤルカップル、ムガル皇帝シャー・ジャハーンと皇妃ムムターズ・マハルの墓が公開される。その三日間は、亡き妻のためにこの豪壮な墓廟を建てたシャー・ジャハーンの「ウルス」（命日祭）で、入場料が無料ということもあり、大勢の見物客が訪れる。命日祭のはじめには、「ハダム・エ・ラウザ」（墓廟の番人）が「チャーダル」という何色もの長い布――ときには八〇〇メートル超のことも――を供える。布で使われる色はインドのさまざまな宗教をあらわし、セレモニー全体が、「愛の記念碑」として建てられた墓廟にふさわしく、このうえない優雅さを漂わせる。

ムムターズ・マハルの死は、「世界の七不思議」級の建物を誕生させることになったが、シャー・ジャハーンその人の死には、そこまで劇的なところはない。インド皇帝を形づくる要素は、ヨーロッパの君主のそれと多くの点で重なるが——たとえば神が授けたという権利によって終生変わらず専制支配を敷き続けたし、租税や関税による収入を土台に贅沢三昧の生活を送っていたし、官僚組織の走りのような貴族集団を周りに置いていたが——封建時代のヨーロッパにほぼ行き渡っていた王位の長子継承制は、ムスリム君主たちには無縁だった。皇帝が死去しても、権力がそのまま長男に受け継がれるわけではなく、どの息子にも玉座を手に入れる正当な権利があるとされていた。

皇位継承権が誰にあるのかがこのようにあいまいなため、ムガル皇帝が死去した直後に骨肉の争いが起きることは多く、父の地位をめぐって生き残った皇子がしばしば相争った。のちにロマンチックな愛を表現することになるシャー・ジャハーンも、若いころはやはり無慈悲な権力闘争を経験した。父のジャハーンギールが一六二七年——ウィリアム・ホーキンズとの出会いからおよそ二〇年後——に他界すると、シャー・ジャハーンはムガル皇帝の座を手に入れるため、兄弟に加えふたりの甥《おい》を処刑している。

そして三〇年後、シャー・ジャハーンの治世はずっと残酷な終幕を迎える。

一六五七年九月、帝都デリーの宮殿にいた六五歳の皇帝は衰弱性の病に襲われた。一七世紀の著名な歴史家ハーフィー・ハーン——のちにヘンリー・エヴリーの犯罪について、インド側の視点から説得力ある報告を書いた人物――は年代記のなかで、シャー・ジャハーンに排尿痛や頻尿などの「尿滴瀝《にょうてきれき》」の症状があらわれたと記している(ひどい便秘との説もある)。やがて皇帝は高熱を出し、崩御も近いといううわさが帝国全土に広がって、ハーンによれば、「国の統治が混乱」をきたした。けれど、じつはそれどころの騒ぎではなかった。

骨肉の争い

父の死期が近いとみるや、シャー・ジャハーンの息子たちは自分に皇位継承権があることを示そうと、そのための手はずを整え始めた。シュジャー皇子とムラード皇子は、それぞれ自分の肖像つき硬貨を発行した。シュジャーにいたっては、父親が存命中という事実を完全に無視して即位式を行なっている。

自分たちがシャー・ジャハーンの後継ぎになれる可能性は少ないことを、ふたりとも知っていたにちがいない。というのも、父はデリーで数年にわたって名代を務めていた長男のダーラー・シュコー皇子を気に入っていたからだ(ダーラーには、ムガル宮廷で独特な影響力をもつ姉のジャハーナーラーの支えもあった)。

けれどダーラーは弱みをひとつ抱えていた。イスラームへの信仰の度合いがあやふやだったことだ。遠い先祖のバーブルの流儀を受け継いでいたダーラーは、イスラーム神秘主義者やヒンドゥー教徒、キリスト教徒と広くつき合い、学問上のつながりも築いていた。「ヒンドゥーの性格は、根本の部分でイスラームのそれと同じ」と公言したことさえあった。正統派ムスリムやイスラーム知識人（ウラマー）は、ダーラーをほとんど異端者のように思い、寛容なバーブル時代に逆戻りすることを恐れた彼らは、信仰に厚い弟のアウラングゼーブの支援に回った。

一六五八年晩春、シャー・ジャハーンの後継争いはいよいよ山場を迎え、ダーラーとアウラングゼーブの対決を迎えた。舞台はアーグラから八マイル離れた砂漠の平原。兄も弟も騎兵隊を従えていた。ウマの数は合計五万頭、砲を搭載した軍象の援護も受けていた。砲兵隊は小銃や大砲に加え、竹竿《たけざお》と鉄製穂先を組み合わせた携帯式ロケットを装備。ダーラーとアウラングゼーブはそれぞれ、ゾウの背に乗せた立派な駕籠《かご》、ハウダーのなかから騎兵大隊を指揮した。

乱戦のさなか、ダーラー側のラージプート（エリートに属する戦士カースト）に、たった一本の剣でアウラングゼーブ側の防御を斬り進む者がいたという。皇子のゾウにハウダーを固定していた太綱を断ち切る狙いだった。ハーンの記述によると――その躍動感あふれる書きぶりは戦記物の歴史で最高の部類に入る――アウラングゼーブは「その大胆な行動に気づき、勇敢さに感心するあまり、勇猛果敢なこの男を生け捕りにしたいと考えたが、男はずたずたに斬られた」。

戦場の片側には、自信を失いかけたダーラーがいた。「配下の貴族や勇敢な従者が次々と殺され、あるいは負傷するのを見て、ダーラーは動揺した」とハーンは記す。「混乱して二の足を踏み始め、決断を下せなくなった」。軌道修正していいタイミングではない。残されたわずかな選択肢についてダーラーがハウダーの上で考えていると、アウラングゼーブ軍から放たれた火矢が軍象のへりを直撃した。ダーラーは無傷だったが上の空になり、「靴もはかずに」ゾウから降りた――と、ハーンは冷ややかに書いている。司令官のゾウが主《あるじ》のいないハウダーをのせたまま死体の山のなかを蛇行すると、兵士の士気はいやがうえにも下がっていった。

とどめの一撃は、さながらペキンパーやタランティーノの映画のワンシーンから抜き出したかのようだ。茫然自失《ぼうぜんじしつ》のダーラーに矢筒を手渡そうと従者が近づくと、ふたりのあいだに砲弾が飛んできて、従者の手首を切断したのだ。万事休す。「自軍が算を乱してばらばらに退却するさまを見て、王冠の望みよりも命を重んじたダーラーは、背を向けて敗走した」

見せしめ、同情の果てに

ダーラーは敗走させたし、ほかのライバルは死んだか隠れているかのどちらかだ。一六五八年、アウラングゼーブは長兄の追跡を続けるかたわらで、そそくさと即位式を行なった。そして人気者の皇子から自分のほうに世論の風向きを変えようと、ダーラーを不信心者として槍玉にあげ、民からの目撃談を募った。一方、途方もない贅沢を謳歌する皇位継承者から、妻娘とわずかな家来を従え砂漠のなかを逃げ回る身に落ちぶれたダーラーは、アーグラを出て西のグジャラートへと逃げた。

一六五九年夏、アウラングゼーブは前回よりも派手な即位式を挙行した。二回目の祝賀行事は二カ月以上も続き、デリーの夜空は工夫を凝らした花火で彩られ、アウラングゼーブは大勢の臣下に賞を授けた。もちろんこれは、ダーラー皇子の皇位継承を当然視していた貴族を手なずけるためだった。そして彼は、アーラムギール――世界の征服者――という称号を名乗り始める。

アウラングゼーブがデリーで祝杯をあげたころ、ダーラーはわらをもつかむ思いで、ボーラーン峠を経由してペルシャに逃げようとしていた。中央ブラーフイー山脈のふもとの丘陵地帯に身を隠すことにしたが、ここは地元のザミーンダール（土豪）、マリク・ジーワンの領地だった。ところがたどり着いて早々に妻が赤痢で倒れ、落命してしまう。ダーラーには、出口なしに思えた。「山のような問題が次から次へと、ダーラーの心の上にのしかかった」とハーンは記す。「憂いの上に憂いが、悲しみの上に悲しみが重なり、彼は心の平衡を失った」。ジーワンははじめこそダーラーのボーラーン越えを助けようとしたが、気が変わったようだ（でなければ、長丁場の芝居をずっと演じていたのだ）。ダーラーが脱出に乗り出すと、「ごろつきや盗人《ぬすっと》」の一団があらわれた。どうやらジーワンの差し金のようだった。このザミーンダールはアウラングゼーブに、身柄確保の報を伝えた。

二回目の即位式で音楽や花火を堪能していた新皇帝はダーラーをデリーに送還させると、「汚らしい雌ゾウ」にのせて鎖で縛り、街中を引き回した。ところが見世物は裏目に出る。ダーラーはさらし者にされたことで、異端者の烙印《らくいん》を押されるどころか、大勢の支持者を得たのだ。すっかり落ちぶれた皇子の姿に涙するデリーの庶民を目にしたアウラングゼーブは、「世の安寧と国益のためには、ダーラーを生かしておいてはならない」と確信した。

一六五九年八月三〇日、ダーラーは処刑された。皿にのった生首が、弟に差し出されたという。

征服者の目の上のたんこぶ

ヘンリー・エヴリーがスペイン遠征隊と船出したころには、アウラングゼーブが孔雀の玉座を手に入れてから、すでに三〇年以上が過ぎていた。その治世は、彼が血塗られた権力の階段をのぼっていたときと変わらず、積極的に武力が使われ、正統派イスラームへの揺り戻しが見られた。アウラングゼーブはバーブルのように多様な学問を後押しすることも、シャー・ジャハーンのように斬新な建築に肩入れすることもまったくなかった（アウラングゼーブが建築の歴史に残した一番の遺産は、何十軒ものヒンドゥー寺院を破壊したことだ）。ヒンドゥー教徒や異教徒の商人は、新しい税制の標的にされている。

四方八方へと武力征服が推し進められ、版図は現在のパキスタンとアフガニスタン、バングラデシュの大半を含むまでになった。エヴリーがチャールズ二世号に一等航海士として乗り組んでテムズ川を下っていたとき、ムガル皇帝の支配地には一億五〇〇〇万人が住んでいた（このころは、ヨーロッパ全体の人口を合わせても一億に届かなかった）。アウラングゼーブが当時の世界でもっとも裕福な人間だったことは、ほぼまちがいない。

世界の征服者は権力への階段をのぼったが、この文には大事な但し書きがつく。末期と思っていた父の病気は、末期などではなかったのだ。シャー・ジャハーンは息子が孔雀の玉座をつかみ取ってから、さらに八年生きながらえた。アウラングゼーブにとって、これは頭の痛い八年間だったろう。彼は父に、余生をアーグラのラール・キラー（赤い城塞）で送るよう言い渡している。父の小部屋の窓からは、往年の絶大な権勢をしのばせるタージ・マハルが小さく見えた。

8 足止めされて

スペイン、アコルーニャ
一六九三年冬〜一六九四年

〝テニスコートに一〇〇人〟という生活

チャールズ二世号の乗組員が利益のあがる海の冒険に期待をいだき、意気揚々とイギリスをあとにしたのなら、その喜びは束の間にすぎなかった。計画では、アコルーニャというスペインの港町――イギリスではグロインと呼んでいた――に立ち寄り、補給品を積み込んで必要書類を手に入れ、二週間後には貿易風に乗ってさっさと西インド諸島へと向かうはずだった。ところがなぜか、一行は結果としてスペインで五カ月も足止めされたのだ（理由はいまもわかっていない）。

これが、スペイン遠征隊を襲った最初の災難だった。アコルーニャにつなぎ止められた乗組員は、航海に必要な書類はすでにマドリードから発送されていると聞かされた。さらに、行方知れずの書類が届く気配もないまま何週間も待たされていたところへ、半期分の賃金が支払われていないことがわかり、乗組員は遅れへのいら立ちを募らせた。本国のジェイムズ・フブロンに嘆願書を送ると、書いた者を船内に監禁せよとの命令が返ってきた。

一七世紀の私掠船は、すべてが順調に進んでいるときでも、生活するにはストレスが多く、息苦しいところだった。テニスコートよりちょっと広いだけの船内で、一〇〇人からが何カ月も共同生活を送っていたのだ。でもそんなことを可能にしたのは、根本的に居住向きでない場所を生存可能な住環境に変えてきた人類の長い歴史のなかでも、とくにすばらしい業績のひとつと考えるべきだろう。

この時代の人々にとって、チャールズ二世号のような船は、現在の国際宇宙ステーションと同じくらい画期的なものだった。

四六門の砲を搭載したチャールズ二世号の船首から船尾までの長さは一〇〇フィートあまり、幅は三〇フィートほどだったようだ。チャールズ二世号の広さは、三つの主立った甲板と船尾にある船長室、甲板下の船底部を合わせると六〇〇〇平方フィートになる。そこに一〇〇人超の乗組員と武器や貨物、加えてそれだけの人間を数カ月のあいだ十分に食べさせるだけの食糧が積み込まれていた。船長や一握りの上級船員なら、船内でもそこそこ品位ある生活を送ることができただろう。ほかの部屋よりは広々とした船長室の窓からは海原が見えたし、専用厨房のおかげで、船長は上級船員たちと豪華な食事をすることができた。ただ料理については、地上に住む裕福なヨーロッパ人が当然視するレベルに届いていなかったけれど。

甲板下の空間となると、話は別だ。船内には貨物が積み込まれていたから、普通船員の居住区は一〇〇〇平方フィートに満たなかったことだろう。天井高が五フィートを下回る場合も珍しくなかった。たとえて言うならこんな状況だろう。想像してみよう。1LDKとしてはふつうの広さのアパートにあがり込んだところ、同居人が一〇〇人いた。天井は平均的な成人男性の身長より一フィート低い。そしてなんとか眠ろうとするのだが、あいにくこのアパートは激しい嵐のときにはあらゆる方向に大きく揺れ、おまけに窓がひとつもないから、地平線を見て胃を落ち着かせることもできない。しかも隣のハンモックで眠る砲手は、赤痢にかかっている。チャールズ二世号のような船では、こういう現実を生きねばならなかったのだ。

食糧は尿とゴキブリが残した干し肉

睡眠環境がどんなにおぞましかろうと、食事に比べればたいしたことではなかった。かりに誰かが不快な物語を集めた図書館を建てるなら、船内で口にせざるをえなかった非道なまでの粗食について書いてくれた船員のために別館を設けるにちがいない。チャールズ二世号が西インド諸島に向け出帆してから数十年後のことだが、別の私掠船の船長が、だんだん飲食物が減るなか、船内がどんな恐ろしいことになっていたかを振り返っている。

「ずっと尿を飲んでいた。そうするとしばらくは口が潤うが、かえって渇きがひどくなった。……いつも食べていたのは粒の非常に粗い小麦粉と砂糖漬けの果物でつくったプディングで、しっとりさせるのに真水でなく塩水を使った。それから干し牛肉だが、こちらはアリとかゴキブリとかにあちこち食われていた」。一七世紀後半に私掠船に乗っていた別の船長は、航海中に乗組員と味わったクリスマスディナーについて説明している。「アイルランド産牛肉が四人分あるだけだった。二、三年間塩漬けになっていたもので、すさまじく硬い。それを少し臭う油かバターと一緒に食するのだが、その油も虹色をしていて、よくイングランドで車輪に塗っているもののほうがましだった」

次に気になるのが、そうして食べたものがそのあとどこに行くのかだ。船上でトイレとしておもに使われていたのは、船首部《ヘッド》の斜檣《しゃしょう》の根もと付近につくった穴だった（いまもイギリスで使われている「トイレに行く」という意味のスラング「hit the head」の由来はここにある）。

そして船尾部は過密状態で、衛生設備は皆無だった。とあれば――おまけに船はヨーロッパ人がそれまで接したことのない寄生虫やら微生物やらのいる異国に行くのだから――船員がしばしば悲惨な健康状態に陥ったのも無理はない。海賊や私掠船員の出てくるハリウッド映画では、火を噴く大砲や甲板上での斬り合いなどの戦闘シーンにばかり目がいくが、この時代のリアルな船上生活では、戦闘よりも「血性《けっせい》の下痢」――当時は赤痢をこう呼んだ――で死ぬ危険のほうが大きかったのだ。また、壊血病――たいへんな苦しみを伴い、死にいたることもあるビタミンC欠乏症——はかんきつ類を食べれば治せることが、エヴリーの時代には知られつつあったものの、この病は商船や軍用船ではびこっていた。

性病も船乗りの生活にはつきもので、これは寄港地の売春婦や船内の船員仲間との性行為が原因だった。王立海軍の船舶三三隻を調べた研究によると、乗組員の一〇パーセント近くがなんらかの性病にかかっていたといい、四人に一人が罹患《りかん》していた船もあった。しかもこの時代には、いまなら治療可能な梅毒などの病気も、死にいたる病だったのだ。

人がぎゅうぎゅう詰めで食糧も十分とは言えなかったから、船は実際上も、また比喩的な意味でも病原体の培養プレートであり、栄養不足の実験ケージでもあった。内部環境のせいで、船は病原体予備軍の培養地、あるいは科学実験の道具になっていたのだ。およそ一〇〇人が長期にわたってほぼ同じ条件に置かれるわけだから、チャールズ二世号のような船に乗れば、医者は厳密な対照試験を行なうことができた。史上初の対照臨床試験と言われる試みが、こうした船を舞台にしていたのも偶然ではない。それは一七四七年、スコットランド人医師のジェイムズ・リンドが行なった実験のことだ。リンドは壊血病を患う同乗者たちの治療に、リンゴ酒や硫酸、海水、オレンジなどを用い、注意深く結果を見守った。

固ゆで卵を肛門へ

けれど船医のみながみな、リンドのように研究熱心なわけではない。たいていの病気は瀉血《しゃけつ》で治すものとされていた。「血性の下痢」の治療でも、いまでは漫画チックに思える方法がいろいろと試された。患者を熱した煉瓦《れんが》の上に座らせるとか、砂のなかに首まで埋めるとか。それに、現代の座薬の王道を大きく踏み外すものもあった。「固ゆで卵を用意する」と、ある医学書には書かれている。「殻をむき、とがったほうを肛門《こうもん》に入れる。冷めたら、熱く新鮮な殻むき固ゆで卵をもうひとつ用意して同様に処置する」

医療がひどい状況にあるうえに、乗組員はまともに栄養をとれなかった。そのようなわけで、スペイン遠征隊と同種の航海の場合、乗組員が残らず死亡した難破事故を除いても、死亡率は驚くほど高い。当時の平均寿命がせいぜい三〇歳程度だったことを考えても、驚異的な高さだ。ウィリアム・ダンピア率いる一七〇六年の世界周航に参加した航海士によると、ダンピアは一八三人を従えて出航したが、「海陸を問わず、数々の危険に見舞われ」、帰国時に残っていたのはわずか一八人だったという。

だから、自由の身になってスペイン遠征隊と本当の航海に出られるときを待ちわびながら、ヨーロッパ沖で何カ月も足止めされたヘンリー・エヴリーの気持ちに寄り添いたい人には、ぜひこういう状況を思い浮かべてほしい。水上に浮かぶひつぎのなかで、一〇〇人の乗組員と共同生活を送っている。毎晩数フィート分の寝場所を確保するのもやっと。しかも睡眠中に肩をこすれ合う相手から、天然痘をうつされる恐れさえあるのだ。

ただ、ヘンリー・エヴリーの立場に身を置こうとするのなら、自分があえてこの道を選んだということに、思いを致してほしい。なぜなら海の男の大半は、こういう生活を自ら選択していたからだ。ウィリアム・ビショップ（スペイン遠征隊に無理やり押し込まれたと訴える一〇代の少年）のような船員ひとりに対し、キャリアを積むため私掠の道を選び取ったエヴリーやダンピアのような者はおそらく一〇人いただろう。私掠船の生活環境は過密なうえに肉体的負担が多く――しかも命を落とすことさえある――二一世紀に生きているどんな人よりもずっとひどい状況だった。地球上でもっとも貧しい地域や辺鄙《へんぴ》なところと比べても。

劣悪環境で芽生えた友情と恋

彼らがいったいなぜこんな航海に申し込んだのかというと、賃金自体が垂涎《すいぜん》ものだったからだ。ロンドン橋下手《しもて》のエールハウスやタヴァーンには、熟練甲板員が雇い主に技能を売り込む市場のようなものができあがりつつあった。船員は歴史の早い段階で労働力の競争市場を形成した職種のひとつだ（スペイン遠征隊がロンドンを出発してから半世紀あまりのちには、船員が労働史上最初期のゼネストを行なっている。「ストライキ」という用語そのものが、もともとは業務拒否のしるしとして停泊船の帆《ストライク》をおろすことを意味していた）。

スペイン遠征隊のような航海に熟練甲板員が申し込んだなら、仕立て職人や織布職人といった熟練工と同水準の基本賃金を手にすることができた。おまけに、ゾウムシやアリに食糧を食われることはあるにしても、航海中の飲食は契約で保証されていたのだ。陸地の労働者の大半が飢えをしのぐのに賃金を使い果たしていたこの時代、これは相当な節約につながった。

船内では本物の友情も生まれた。船員は仲間とカードゲームや音楽を楽しんだ。識字率は意外に高く、ある調査によれば、公的書類に署名できる船員は全体の七〇パーセントを超えていたという（自署率は人口史家が昔の社会の識字率を測る際に用いる物差しだ）。もちろんアマチュア科学ジャーナリスト・旅行作家のウィリアム・ダンピアを標準と思ってはいけないが、船員の多くは暇つぶしに本やパンフレットを読むくらいのことはしていた。

性的道楽も、船員の食指を動かしたもののひとつだ。まず、キリスト教ヨーロッパのしがらみから自由な、性の対象としての「東洋《オリエント》」という幻想が存在した。また、ジャマイカ南東部のポート・ロイヤル――一時はカリブ海域最大の都市だった――は、「新世界のソドム」と呼ばれたことがある。もっとも、性交渉の場所は港近くの売春宿に限らなかった。男色は法律でも社会のルールでも禁じられていたが、一部の船では男同士の真剣交際に目をつぶっていた。

海での生活は、このうえなく新鮮な体験へもいざなってくれた。比較的豊かな部類に入る一七世紀のヨーロッパやインドでも得られない体験ができたのだ。一六六〇年代にデヴォンシャーの労働者階級の家で育ったヘンリー・エヴリーには、英仏海峡岸の漁師町という狭い世界の外に出て、別種の現実にまみえる機会がまったくなかったと言っていいだろう。

小説は誕生して間もなかったし、一時代を築いたダンピアの旅行記——書き手とともに世界一周をしている気分になれる——が出版されるのは、エヴリーが生まれてからおよそ四〇年後のことだ。劇場に行けばバーチャル世界に浸れるし、教会内には視覚を刺激するような空間が設けられているが、そうしたものの魅力を満喫できる層は限られていた。流行の中心、ロンドンに芝居を観に行ったりする習慣のない低所得の人々には、そんな体験はなおのこと縁遠いものだった。これに対して、旅は生《なま》の体験を可能にしてくれる。本当の意味で視野を広げたい人は、昔ながらの方法を使わねばならなかったのだ。

フブロンの裏切り

ここまで述べてきたような、航海のもつさまざまな魅力——金銭面のメリットのほか、私掠者稼業のおかげで経験できる無軌道なセックスや数々の冒険など、海で繰り広げられるドラマそのもの——を少なからず水増ししたのが、一七世紀に発明された新しい媒体、大衆活字メディアだ。

少し時代はさかのぼるが、活字媒体の草創期、このメディアの草分けたちは、ブロードサイドやパンフレットの題材になりそうな有名人の数が足りないことに気づいた。一五〇〇年ごろの平均的イギリス人は、友人や家族やご近所の狭いネットワークの外にいる人間のことなど、ほとんど知らなかったのだ。全国的知名度が高い存命の人物と言えば王族や（影響力でちょっと劣る）

政治家しかおらず、あとは高位の聖職者くらいだ。ロックスターやビリオネア起業家、リアリティ番組の人気出演者のような有名人らしい有名人はいなかった。活字メディアは大衆を受け手として束ねることを人類史上初めて可能にしたものの、受け手をなんらかの意味ある集団（少なくとも、もうけさせてくれる集団）にまとめる共通の題材はなかった。

その穴を早々に埋めた題材のひとつが、風変わりで破廉恥な私掠者の伝記だ。フランシス・ドレイクのように、庶民に生まれて実力で富と名誉を手にした人物は生きた伝説になった。この意味で、海賊や私掠者は今日のセレブリティのさきがけと言える。ヘンリー・エヴリーは世界最悪のお尋ね者として悪名をとどろかせることになるが、歴史を俯瞰《ふかん》すれば、彼が有名になったことは特筆に値する。軍隊を指揮したのでも、巨大宗派を率いたのでも、王侯貴族に生まれたのでもない人物が、世界各地でこれほど多くの他人を夢中にさせた前例はほとんどない。

もちろん、エヴリーがたいへんな有名人になった一因は、彼が自分の行動によって、デヴォンシャーの平凡な船員には考えられないほどの驚異的な富を（一時ではあっても）手にしたことにある。

エヴリーというロールモデルがあらわれるずっと前から、スペイン遠征隊のような私掠船隊に志願した船員には、すぐにも海へと乗り出したくなるほどの破格の報酬が約束されてきた。スペイン遠征隊と同規模の航海に参加すれば、エヴリーのような一等航海士やダンピアのような二等航海士なら、うまくすると捕獲物をロンドンの投資家と山分けできるうえに、賃金一〇年分に相当する支払いを受けることができた。個人が階級のはしごをのぼることがまったく不可能な時代には、財宝を求めて海を目指すのは、境遇を変えるための有望な選択肢だった。だから病気や難破事故、飢えなどのリスクも、得られるかもしれない報酬に見合うものだったのだ。そのまま故郷にとどまっていれば、選択の幅は限られただろう。

でもアコルーニャで延々と待たされるうちに、スペイン遠征隊のメンバーがひともうけできる可能性は小さくなっていった。本国のロンドンでは、乗組員の妻数人がジェイムズ・フブロンに連絡し、夫の署名した契約書に従って、家族に未払い金を支払うよう求めた。するとフブロンは、乗組員の身柄はスペイン国王が預かっているのだから、自分にはもう関係ないと突き放したのだ。乗組員は西インド諸島で荒稼ぎするどころか、安定した賃金で心をなぐさめることさえできず、スペイン遠征社の分厚い壁にぶつかり、身動きがとれなくなった。木で鼻をくくるようなフブロンの返事がアコルーニャに伝わると、乗組員はひとり残らず奴隷としてスペイン人に売り飛ばされるといううわさが渦巻き始めた。

乗組員たちはアコルーニャの居酒屋で幾昼夜と過ごすうちに、スペイン遠征隊が西インド諸島にこぎ着けることはないとの確信を強めた。そしてチャールズ二世号の一等航海士は、頭のなかで新しい計画を練りあげていく。

第2部

反乱

9　飲んだくれ甲板長

一六九四年五月七日
アコルーニャ

合言葉

空に半月がかかる宵。中世に建てられたアコルーニャの城塞は、淡い光のなかに姿をとどめている。同じ光を受けながら、一隻のロングボートがジェイムズ号へと静かに向かう。ジェイムズ号の主甲板では、一等航海士のトーマス・ドルートが見張りに立っている。と、ロングボートから問いかけの声が聞こえてきた。「飲んだくれ甲板長は乗ってるか」。問いにとまどったうえ、相手の顔も識別できなかったドルートが言いよどんでいると、ロングボートの人物は、チャールズ号が「逃げてくぞ」と一言警告を放って暗い海へと遠ざかっていく。

「飲んだくれ甲板長」はドルート一等航海士にとってやぶから棒の問いだったが、他の乗組員はその意味をよくよくわかっていた。それまでの数週間、アコルーニャの居酒屋で酒をくみ交わし、チャールズ二世号の船室で密談を重ねながら、ヘンリー・エヴリーと数人の乗組員はチャールズ号で反乱を起こす計画を立ててきたのだった。「飲んだくれ甲板長」は合言葉で、船上反乱が進行中であること、五カ月におよぶアコルーニャ港での足止め状態から乗組員たちがとうとう自由になれることを意味していた。

数百フィート離れたチャールズ号では、二等航海士のデイヴィッド・クレイが、ギブソン船長の様子を確認しようと後甲板の上を歩いている。たぶん高熱と急性アルコール中毒のせいだろう、船長は病の床に伏していたのだ。

船長室の手前で、クレイは何人かが——中年すぎのウィリアム・メイ、それにヘンリー・エヴリーと乗り組み大工ひとりが——パンチ酒のボウルを囲んでいるところに出くわす。クレイはギブソンのところに顔を出したあと、船員の輪に入る。みな、いつになく上機嫌な様子だ。メイは「船長の健康と航海の大成功のために」と乾杯の音頭をとる。が、いま現在スペイン遠征隊の前に何が立ちはだかっているかを考えれば、奴隷としてスペイン王に売り飛ばされるかもしれない身でこんな言葉を口にするのはおかしい。ともあれクレイはグラスを掲げ、そのあと寝床に向かう。

他方ジェイムズ号では、ドルートがハンフリーズ船長に、ロングボートが不吉な警告を発したことを伝える。ハンフリーズはすかさず、「ピンネース船を用意しろ」とドルートに命じる。ピンネース船はジェイムズ号に積載したロングボートで、ふだんは乗員や積荷を港で積みおろするのに使っていた。

一八歳のウィリアム・ビショップが命令に従ってロングボートに乗り込み、チャールズ号を掠奪者から守る準備を整える。が、それも束の間、二心を抱く一五人の男に取り囲まれる。「飲んだくれ甲板長」についての謎めいた問いかけは、秘密のメッセージの伝達にみごと成功したのだった。ドルートがピンネース船のところに戻る間もなく、ピンネースにはエドワード・フォーサイス、ジェイムズ・ルイス、ビショップ少年ら二五人が乗り込んでいた。戻って来いとのドルートの命令をよそに、二五人はチャールズ号を目指して全速力でこぎ進めていく。

もろもろの状況から反乱が起きたことは疑いなく、すでに問題を抱えていたスペイン遠征隊のうえに、ひどい災いが重なった。ここでハンフリーズ船長は、ジレンマに陥る。部下がチャールズ号を乗っ取るに任せ、同輩のギブソン船長を死の危険にさらしてしまうのか。それとも、やはり悲惨な修羅場を選び、自分の部下に向けて発砲すべきか――。

エヴリーの賛同者はチャールズ号の甲板に集まり、ジェイムズ号の仲間は港を横切り彼らのほうへと向かっている。もともとの計画では、船をアコルーニャにとめているあいだにギブソンと話をつけることになっていた。仲間がそろいしだい、血を流さない形での権力移譲をもちかけるのだ。

けれどジェイムズ号の船首からハンフリーズが二発の弾丸を放ち、その計画は流れてしまう。

ギブソン船長と話し合う必要が出たなら、形や中身はどうあれ、沖合で行なうことになるだろう。

ピンネース船の反乱メンバーは誘導され、チャールズ号に乗り込む。この船の二等航海士ジョゼフ・グラヴェットは――ギブソン船長の忠実な部下とみなされていた――縛られてピストルを胸に押しつけられ、武装した見張りのいる船室に閉じ込められる。いまや船の采配を振るのはヘンリー・エヴリーだ。碇綱《いかりづな》は切断され、船は帆を張る。ジェイムズ号のピンネースは放っておけとエヴリーは命じる。だがドルートとハンフリーズが反乱発生の報をアコルーニャの城塞に伝えたために、チャールズ号は海と陸からの砲火に追われつつ、港をあとにする。頼もしいことに、船は驚くほどの速度を出して事態を切り抜けた。

歴史上稀有な出来事

チャールズ二世号での反乱は三〇〇年以上前に起きた出来事で、それがのちに世界を震撼《しんかん》させる事件を招くことになるとは、当時ほとんど思われていなかった。にもかかわらずこの出来事は、今日でも秒単位で、しかも反乱が起きてから収まるまでに当事者が互いに交わした言葉さえも再現することができる。その意味で、これは歴史上めったにない出来事だった。

また、この反乱とそれにまつわる伝承には皮肉なところがある。それは事件進行中のダヴ号に、当時もっとも影響力のある優れた海洋ライター、ウィリアム・ダンピアが乗っていたことだ。ところが、本書ではこの反乱に関し、ダンピアの文章をいっさい使っていない。というのも、彼は一六九四年五月七日に起きたことについて何も公にしていないからだ。反乱の記録を残したのは、事件から何年かのちに関係者の宣誓証言を書き取ったロンドンの裁判記録係だった。そのころには、反乱の歴史的重大さが明らかになっていた。

海の猛犬

船首楼につったハンモックで寝ていたクレイは、砲撃音を聞いて飛び起きる。パンチ酒での酒盛りに感じた疑念は、的を射ていた――そう、何か尋常でないことが起きているのだ。クレイが足取りも重く後甲板へと歩いていくと、エヴリーが操舵輪《そうだりん》を握って船を港から出そうとしていた。横に立つ大工が、エヴリーの手足として働いているようだ。

エヴリーはクレイの手をつかんで尋ねる。「一緒に行くか」

エヴリーの強い眼光を受けながら、クレイはこう言ってはぐらかす。「お前の考えが読めない」

危うい腹の探り合いが続き、エヴリーは「明日の朝八時にはすべてわかる」と言い捨てる。

そこへ大工が割って入り、クレイを押しのけるやいなやエヴリーを指差す。大工が次に発した言葉は――数年後にクレイが語った証言に残っているが――シェイクスピア劇のひわいな台詞《せりふ》を思わせる。

「ここにおっ立ってる奴が見えてんのかよ」と大工。

「おう」。クレイがうなずく。

「こいつにならーーそれにメイとナイトのおやじもだがーーどんなことでも任せられる。本当に体を張って戦う、男のなかの男だ」。そして脅しをかける。「下におりて行け。でねえと、脳天をぶん殴るぞ」

命の危険を感じ、クレイは甲板下に引き返す。船内に下りようとして、ウィリアム・メイの姿をハッチのそばに認める。クレイによれば、この老いぼれた海の猛犬《シードッグ》がからんできたという。

「ここで何してる」

クレイは自分の身に火の粉が降りかからないよう、問いに答えず自分の船室へと向かう。メイはクレイの頭にピストルを突きつける。このとき放った暴言は、何年かのちに裁判でメイを悩ませることになる。「この野郎。頭をぶち抜いてやってもいいんだぜ」

エヴリーの取引

砲撃音に驚いたのはクレイだけではない。船長室にいたギブソンが、ようやく高熱の夢から覚める。大西洋の大波を、船が上下しながら進んでいる気配がある。どうにか後甲板に出たところで、エヴリーと鉢合わせになる。

ギブソンはなんとか事態をつかもうとする。「船がどこかおかしい。流されてるのか。天気はどうだ」

「いやそうじゃなくて、俺らは沖に出たんすよ。追い風で、天気もいい」

ますますわけがわからなくなったギブソンが、思わず叫ぶ。「沖だって！　いったいなぜ？」

そこでエヴリーは説明する。「いまは俺が船長。でもってここは俺の船室」

「ってわけで、あんたには出てってもらわないと。これから俺はマダガスカルに行って、ひともうけしてやるつもりなんだ。度胸のある奴はみんなついて来たぜ」

このときヘンリー・エヴリーは船長に取引をもちかけた。どんな内容だったかについては諸説ある。一説によると、役割を交換し、ギブソンが一等航海士としてエヴリー新船長に仕えることを提案したようだ。一方クレイの証言によれば、エヴリーはずっと太っ腹なところを見せている。「ここに残るなら、これからもあんたに船を動かしてもらっていい」

エヴリーの申し出を、ギブソンははねつける。「こんな仕打ちを受けるとは。お前たちにはよくしてやっただろう」と、なんとか声に出す。「しかも船主の命令に背く企てに乗るなど――私は断る」

エヴリーはうなずく。「じゃあこの船を出てかないとな」

史料からはっきり言えることがひとつある。エヴリーと一味はギブソンにチャールズ号からの名誉の転船を認めているのだ（反乱がいつもこのように静かな別れで終わるとは限らない）。ギブソンとのやり取りを終えたエヴリーは、別の船室に閉じ込められた二等航海士のグラヴェットのところに向かう。

「お前は一緒に行かねえんだろ」

グラヴェットがエヴリーの予感を裏打ちすると、このチャールズ号の新船長は、ギブソンに示したのと同じ寛大な申し出をグラヴェットと残りの乗組員に伝える。「俺らと行くつもりがないなら、船を移っていいぞ」

ただし一刻の猶予も与えられない。グラヴェットは「衣服だけを背負い」ロングボートへと促される。

エヴリーは元船長と二等航海士を陸に送り返したいと心から願っているように見えた。ところがひとつの事実が、ことを複雑にする。甲板に集まった新編成のチャールズ号乗組員は自分たちの置かれた状況について考えているが――そのなかには反乱メンバーもいれば、ジェイムズ・フブロンとスペイン遠征社にやはりついて行こうと思う者もいる――すでに夜が明け始め、チャールズ号は一〇マイル沖にいるのだ。陸に戻るには、ギブソンたちはチャールズ号のピンネース船をこいでいかなくてはならない。

チャールズ号からの移動間際、グラヴェットはウィリアム・メイからすれ違いざまに手を握られ、別れの挨拶を投げかけられる。グラヴェットによれば、別れ際のメイは「楽しげで明るかった」。彼は「うちのかみさんによろしく伝えてくれ」と口にし、それがグラヴェットへの最後の言葉になった。いよいよというとき、エヴリーはこの二等航海士のところへ衣服をわずかばかり（コートとウェストコート）、それに船室に置いたままの階級証（「コミッション」とも呼ばれる）をもって来させる。別れはなごやかなものだったが、エヴリーと追い落とされた船長ギブソンとのあいだでどんな言葉が交わされたかは明らかでない。

数分ほどで一七人がロングボートに乗り込み、こぎ戻る準備を整える。アコルーニャの城塞はとうの昔に水平線の下へと消えていた。オールをこぎだしたとたん、自分たちのボートが驚く速さで浸水していることに彼らは気づく。これだけ浸水がひどいと一〇マイル離れた陸にたどり着くことができないと、経験豊かな船員たちには直感でわかる。チャールズ号から離れていくボートのなかで、グラヴェットたちはバケツを投げてくれと呼ばわる。この瞬間、血を流さない紳士的反乱というメッキがはげたように思えてくる――自分たちは頭を撃ち抜かれる代わりに、溺死させられるのだろう、と。けれどチャールズ号の乗組員は、ピンネース船に向かってバケツを投げてくれ、スペイン遠征社に忠実な一七人はアコルーニャまでの長い距離をこいで進むことになる。

ギブソン船長は自分を裏切らなかった一六人の顔を眺めて、気づいたにちがいない。チャールズ号のピンネース船には、まだ人を乗せる余裕があるということに。

妻への言伝と事件の真相

ピンネース船に空きスペースがあったことは、チャールズ号残留組の犯意を物語る明らかな証拠として、のちに持ち出されている。反乱に関しては、疑う余地のない次の事実があった。まず、エヴリーがかなりの人数を穏便に帰らせたこと。そして港に戻るピンネース船に、積載人数の余裕があったこと。これらふたつが合わさって、残留組を有罪とする強力な根拠になった。つまり彼らは船を移るチャンスを与えられたのに、自分の意思で残ったことになるわけだ。

この二点に異論の挟みようはないし、一六九四年五月七日の出来事を伝える詳細な史料も残っている。が、この反乱にはまるで映画『羅生門』のように謎めいたところが残る。反乱メンバーの一部は意に反してエヴリーにつき合わされた、という仮説に照らして考えてみると、同じ出来事でも、また同じ言葉でさえも違って見えてくるのだ。一方の語りのなかで、ウィリアム・メイはエヴリーの重要な協力者としてあらわれる。新しい仕事の成功を祈って楽しげに乾杯の音頭をとり、仲間に加わらないクレイの頭を撃つと脅し、グラヴェット二等航海士がロングボートに乗り込むときには朗らかに別れを告げた人物として。ところがメイ自身は、自分は反乱に進んで参加したのでなく、乾杯の言葉に裏の意味などなかったし、頭を撃つと言ってクレイを脅したのはエヴリーでなくギブソンへの忠誠心のためだったと、最後まで訴え続けている。

本人が反乱について語ったところによれば、クレイとのやり取りからほどなく、メイはチャールズ号の操舵輪を握るエヴリーのそばに向かっている。メイの忠誠心を信じきれなかったエヴリーは「メイ、お前はこういうやり方が気に入らないんだろう」と突き放す。「船室に行けよ」下におりて自分の場所に着いたメイは、どうすべきかを考える。証言のなかで、彼は次に起きたことをつまびらかにしている。

私は考えたんです。船長殿に会わずに別れるのは「よくない」と。それで、船長のところに行かせてほしいと奴らに頼んだんです。ところが抜き身のカトラスをもった男がふたり立ってて、船長に会わせまいとした。で、ふたりとひとしきり話をして、船室に入りたいとお願いしたら、最後には入らせてもらったんです。なかでは医者が船長のこめかみに薬を塗ってました。……私がもとの場所に戻ったころに、奴らは船長たちを急き立て始めたんです。そのなかにグラヴェットさんがいました。二等航海士の人です。……家内にはもう会えそうもないから、よろしく伝えてほしいと言いました。あそこから出られるかどうかは、奴らの胸三寸にかかってたんで。

あそこから出られるかどうかは、奴らの胸三寸にかかってたんで。この証言に沿って話を組み直すと、メイがグラヴェットにかけた最後の言葉は、まったく違う意味合いを帯びてくる。つまり、この男は悲壮な惜別の思いを妻に伝えようとしていたことになる。彼は自ら進んで反乱グループと一緒に出発したのではない。彼にはそうするしかなく、家に戻れる可能性が前よりずっと低くなったから、妻に別れを告げたのだ。このように書き直すと、メイはエヴリーの片棒を担いだ子分ではなく、人質になる。

ここでの焦点は言葉、たかだか五つか六つの文だ。酒杯をあげて船長のために述べた乾杯の辞、ハッチで口にした脅し文句、妻への言伝。とくに複雑なところもない発言だが、その読み方によって——めりはりのつけ方によって——ウィリアム・メイの生き死にが左右されることになった。

反乱か溺死か、究極の選択

メイとチャールズ号の他の乗員が自ら進んで反乱に加わったのでないとしたら、余裕のあったピンネース船に乗り込み、ギブソンやグラヴェットとともにジェイムズ号へと戻らなかったのはなぜか。メイによると、このロングボート自体に堪航能力の問題があった。彼は後日こう証言している。「船長たちはボートに乗ると、バケツを投げてくれと叫びました。じゃないと沈んでしまいます。三リーグ〈訳注：一リーグはおよそ三マイル〉先までこいで行かないといけなかったんで。あれを上回る人数が乗ったらそんな距離を進めるかどうか、怪しいと思いました。すでに沈みそうだったんですから」

メイの説明に従えば、彼に与えられていたのは理不尽な選択肢だったことになる。無法者の世界に入って反乱に加担するか、一七人と一緒に大西洋の大海原で溺死するかだ。「手を組むのを断ったりすれば、奴らに殺されていたかもしれません」とメイは法廷で語っている。「それで、自分殺しの共犯者になるのがいいか、国法で裁かれて死刑になるのがいいか、わからなかったんです」

結局、およそ八〇人がスペイン遠征社と縁を切り、チャールズ号とともに出発した。速度があがってくると、エヴリーは船を改名した。そして彼らの乗り組む船は極上《ファンシー》号になる。これは船のスペックと、この船で手に入れるつもりの財宝とを暗に意味していた。乗組員にも、新しい名前がついた。そう、反乱の首謀者も手下も、さらに人質までもが、海賊になったのだ。

10　ファンシー号

一六九四年五月〜六月
大西洋、アフリカ西沖

徹底的に平等な利益分配

ジェイムズ・フブロンやスペイン遠征社と完全に関係を絶ち、ファンシー号の船長になったヘンリー・エヴリーが早々に取り組んだのは、自分たちの事業にいまで言う利益分配制度を設けることだった。海賊はほぼ例外なく国民国家の法の外で生きるもので、無軌道な暴力を働くという当然の悪評を買うことはあったが、その水上コミュニティのなかでは、金銭の取引などのさまざまな行動を取り仕切るじつに筋道立った掟がつくられ、守られていた。ほとんどの海賊は、船長と上級船員、それ以外の船員の力関係や金銭問題についての取り決め（「合意規定」と呼ばれる）を結んでから活動を始めていた。

一番大事な規定は掠奪品の配分に関するものだった。ちょうど東インド会社の出資者と同じように、海賊も一人ひとりが貢献度に応じた権利をもつ者とみなされた。運よく航海中に財宝が手に入れば、各々の分け前に応じて配分された。ただ東インド会社とも、また現代のどんな法人企業とも違い、海賊船ではほぼおしなべて、利益は徹底して平等に分けられた。今日のアメリカの企業経営者に支払われる報酬は、全体でならすと従業員報酬の中央値の二七一倍にのぼる。エヴリー時代の王立海軍では、船長と士官は平均的な熟練甲板員の一〇倍の賃金を手にしていた。商船やスペイン遠征隊のような私掠船の場合は報酬比が小さく、五対一のこともあった。

海賊船になると、配分はもっと平等に近かった。一八世紀の海賊エドワード・ロウの船――エヴリーに敬意を表してファンシー号と名づけられていた――が設けた取り決めでは、利益配分に関する規定は次のようになっている。「船長は二人分、操舵手は一・五人分、船医、航海士、掌砲長、甲板長は一・二五人分を受け取る」。残りの乗組員の取り分は一人分だった。ヘンリー・エヴリーたちは、もっと簡単な設計にしている。エヴリーの取り分は二人分、他の乗組員は一人分だった。

八時消灯、賭博禁止…海賊のミニ憲法

このときファンシー号乗組員が設けたほかの約束事が文書にされていたとしても、史料として

は現存しない。けれどエヴリーよりのちの時代に活動した海賊――エドワード・ロウ、バーソロミュー・ロバーツ、ジョン・フィリップス、ジョージ・ラウザー――の文書四点は完全な形で残っている。そこからは、海賊がふだんどんな暇つぶしをしていたかや、航海中に秩序を守り船内生活を滞りなく動かすために考えられた運営システムがどれだけ工夫に富むものだったのかをうかがい知ることができ、なかなか面白い。現存する四点のうち、ロバーツによるものは海賊たちの姿をもっとも克明に伝えてくれる。

一、各人は、重大事項の票決に際し一票の権利を有する。また各人は、いかなるときであれ戦利品となった新鮮な食糧あるいは火酒に対し平等の権利を有し、随時それらを食し飲することができる。ただし、食糧が欠乏し、全体のために節約が要請される場合はこの限りではない。……

二、拿捕《だほ》した船には、乗組員全員が乗員名簿に従って、平等に秩序正しく乗船するものとする。この際各自は正規の分け前の取得以外に、衣服を取り替えてもよい。ただし、食器類、宝石現金等を一ドルたりとも詐取したものは無人島に置き去り《マルーン》にするものとする。……仲間同士の窃盗の場合は、被害者が犯人の耳と鼻に傷をつけた後、無人ではないが難儀することが明らかな島に置き去りにするものとする。

三、かねを賭けてのカルタや骰子《さいころ》賭博は絶対にこれを禁ずる。

四、八時をもって消灯時間とする。消灯時間を過ぎての飲酒は、露天甲板で行なうこと。……

五、銃、ピストル、カトラスは各自が手入れを怠たらず、常に使用可能な状態にしておかねばならない。……

六、女子供を船に連れ込むことは一切これを禁ずる。女をたぶらかし、男装させて船に連れ込んだものは死刑に処する。……

七、戦闘中船を放棄したり持ち場を離れた場合は死刑もしくは置き去りの刑に処する。

八、船上で仲間同士が争うことはこれを禁ずる。争いはすべて当人同士が上陸し、剣とピストルによって結着をつけるものとする。……操舵手の合図で、二人は即座に向き合い、ピストルを発射する。さもないと双方とも武器を手からたたき落とされる。双方とも撃ち損なった場合はカトラスで渡り合い、最初に相手を傷つけた方が勝ちになる……

九、何人であれ、自分の分け前が一千ポンドになるまでは仲間から離脱してはならない。このため、勤務中に不具《ママ》になった乗組員に対しては八百ドル、それ以外の場合も傷害の程度に応じて共同基金から補償金を支払うものとする。

十、船長と操舵手は捕獲物のうち二人分、掌砲長と甲板長は一・五人分、それ以外の上級船員は一・二五人分、勇気ある普通船員は一人分を受け取る。

十一、楽士は、安息日には休息してよい。それ以外の六日間は、特別のはからいがある場合を除き、無休とする。

〈訳注：朝比奈一郎訳。「十」のみ本書訳者による訳。ただしロバーツの掟は資料により記述が異なる〉

権力分立が成立する水上の民主国

このミニ憲法は一七二〇年代に書かれたものなので、現代人から見ると、それ相応に古臭い規定も含まれている。いまは法文書で決闘のルールを決めたりしないし、午後八時以降のろうそくの使用も禁じていない。けれど肝心な部分に関しては、海賊法典は——合意規定をこう呼ぶこともある——時代のずっと先を行っていた。

ロバーツの合意規定が、「各人は、重大事項の票決に際し一票の権利を有する」で始まっていることを考えてみよう。海賊はアメリカ革命（独立戦争）やフランス革命の一世紀近く前に、こういう民主主義の原則を法典にしているのだ。船長は乗組員の不興を買わないよう努め、多数の支持を失った場合は権力の座から引きずりおろされた。

これとは違い、海軍船や商船では専制が敷かれ、絶対権力をもつ船長を頂点にした厳格な指揮系統ができあがっていて、力の乱用に歯止めをかけるメカニズムはなかった。かたや海賊船は、水上の民主国だった。一七二四年にベストセラーとなったチャールズ・ジョンソンの『海賊列伝』（エヴリーとその犯罪行為についての長い章がある）によると、海賊船では「共同体のなかに至高の権力が根をおろし、船長がメンバーの関心や気分しだいで地位を与えられたり奪われたりするのは確実だった」。

海賊のコミュニティ運営モデルには、投票権以外にもすばらしい工夫が見られる。この時代の海賊船はたいてい、アメリカ合衆国憲法にそっくりな権力分立の仕組みを築きあげていたのだ。船長の権力は投票による退陣という形でたがをはめられていただけでなく、操舵手との力の分有による縛りも受けていた。船長は戦闘中に絶対の権力をもっていたし、業務の大まかな枠組みを決める執行権をつねに握っていたが、日々起きる問題について判断を下すのが操舵手なら、捕獲物の配分を受けもっていたのも操舵手だった。ジョンソンの説明によると、

瑣末《さまつ》なもの〈訳注：反則行為〉に対する処罰は、彼らが操舵手と呼ぶ幹部乗組員——これは選挙で選ばれる——の権限下にある。（ただし、戦闘時はこの限りではない。）彼の命令に従わなかったり、仲間同士喧嘩《けんか》をしたり、捕虜を虐待したり、許された以上の掠奪をしたり、また特に抜き打ち検査をして武器の手入れを怠っていることがわかった場合、操舵手は自分の裁量で当該者を棍《こん》棒《ぼう》か鞭《むち》で打ち、罰とするのである。操舵手以外のものがそのようなことをすれば、たちまち乗組員全員の強い非難を招いた。言わば、操舵手は海賊一味の管財人であって、捕らえた船に最初に乗り込み、一味が取得すべき戦利品を分別し、また持主に返却すべきと思われるものを返却することをその役目とした（朝比奈一郎訳）。

船長が選挙で選ばれたリーダーとして、社長やCEOと似た役割を果たしたとするなら、操舵手はルール違反者の処罰を決める司法機関と、給与体系の運用をつかさどる最高財務責任者を混ぜ合わせたような役を務めていた。これほどの権限をもっている操舵手だから、船長がお払い箱になったときに後任候補の一位になることは多かった。反乱を起こした際にエヴリー一等航海士が権力を握り、チャールズ二世号の舵取りを担うようになったのも、これと似た流れだ。エヴリーを補佐する操舵手は、アコルーニャを発ってから数日後、乗組員によって選ばれた。指名されたのはジョゼフ・ドーソンという三〇代後半のベテラン船員で、ヤーマスの出身だった。

医療保険の萌芽

ファンシー号の乗組員は、海賊法典が打ち出したもうひとつの新しい考えも、規定に盛り込んでいたことだろう。ロバーツの掟の第九条（「勤務中に不具《ママ》になった乗組員に対しては八百ドル、それ以外の場合も傷害の程度に応じて共同基金から補償金を支払うものとする」）に見られる考えだ。海賊は自分たちの憲法に、コミュニティの柱をなす原則として保険についての決まりを盛り込んだ。戦闘で重傷を負ったメンバーは、みんなで手に入れた財宝の分け前をほかのメンバーより多めに受け取ることになっていた。

保険制度のなかには、ロバーツの掟のそれよりも細かな決まりを定めたものもある。一八世紀の海賊・奴隷商人、アレクサンドル・エクスキュムランによると〈訳注：のちに文筆業も行なう。二二五ページ参照〉、負傷した乗組員はけがの程度に応じた補償を受けられたという。右腕を失った場合は左腕の場合より少し厚めに、片方の目が見えなくなった場合は指一本を失った場合とほぼ同じくらいの補償を受けることになっていた。

権力分立を定めた船上の民主主義。公平な報酬体系。重傷を負ったメンバーのための補償制度。これらの要素すべてを結び合わせると、一七世紀半ばから一八世紀半ばにかけての海賊船はヨーロッパ国民国家の枠外で活動すると同時に、文字どおり各国の法律の先を行っていたと言える。海賊は無法者であるとともに時代の先駆者でもあった。コミュニティとしての力を保ち、権力と富の行きすぎた集中を防ぐための掟を打ち立てていたのだ。近代的な多国籍企業がまさに形を整えつつある時代に、海賊はそれとは種類の異なる、労働者協同組合《ワーカーズコレクティブ》のような経済組織を使って試行錯誤を重ねていた。

近年の歴史家は、利益配分やコミュニティ運営に関するこうした掟を糸口に、海賊の位置づけを見直し始め、彼らを犯罪史や探検史の主人公としてだけでなく、革新思想の開拓者とみなすようになった。海事史家のJ・S・ブロムリーも言うように、海賊は「束縛から解き放たれていただけではない。少なくとも海賊船では、自由、平等、博愛を実践していた。それは新大陸の住人や旧大陸の住人の多くにとっては、かりにそれを夢見ていたとしても、夢のまた夢にすぎないものだった」。
一八世紀前半の船乗り文化に関する名著のなかで、マーカス・レディカーは海賊界の政治についてこのように書いている。

海賊は主《あるじ》なき者の文化を築いた。一八世紀前半の人間としてはこれ以上ないほど、伝統的権威から遠いところにいた。教会にも家族にも強制労働にも縛られず、海を使って国家権力から距離を置き、常識を超える実験を行なった。……［海賊たちは］人生の選択肢を平等に、かつ友愛精神にもとづいて振り分け、一部の者にだけ特権や危険からの免除を認めることを許さず、全員に分け前を公正に配分することで、海上生活における集団主義の精神を形にしたのだった。

平等を大事にするこの気風を理解しなければ、ヘンリー・エヴリーのような海賊が本国でたいへんな人気を集めたわけを理解することはできない。彼らは海の冒険を追い求めたカリスマ的ならず者だったが、それだけではなかった。本国のどこにも見当たらないような、大衆の欲求に応える価値観を前面に押し出したのだ。
もちろん、労働者階級の英雄としての海賊という神話が根づくまでには、そういうメッセージを伝える手段として、町のうわさ以上のものが必要だ。海賊にはメディアの拡散力も欠かせなかった。反乱からまもなく、ヘンリー・エヴリーとファンシー号の乗組員は本当の有名人になり、その活躍はパンフレットや伝記本や刑事裁判の口述記録本、はては戯曲など、一七世紀末に存在したほとんどのメディアで賞賛され、こきおろされることになる。けれどヘンリー・エヴリーが海賊になったという知らせが本国の労働者階級の心を鷲づかみにできたのは、それよりはるかに古いメディアのおかげだった。それは歌だ。

11　海賊の詩

一六九四年六月
ロンドン

ニュースは詩で語られた

ヘンリー・エヴリーと手下がチャールズ号を乗っ取り、財宝を見つけようと海賊になって船出したことを、ジェイムズ・フブロンらスペイン遠征社の投資家がいつ知ったのか、正確なところはわからない。現代人にはぴんとこないかもしれないが、反乱についてのロンドンへの第一報として現存するものは、新聞記事でも訴状でも業務報告でもない。エヴリーの背信についてイングランドに残る一番古い記録は、なんと詩だったのだ。

一六九四年の晩春か初夏に、シオファラス・ルイスというロンドンの印刷業者が一三連のバラッドを出版した。題名は「先ごろ一攫千金を求めて海に乗り出したヘンリー・エヴリー船長の手になる詩」。船長になったばかりのエヴリーがジブラルタル海峡を渡りながら、慣れない詩作に取り組む姿は想像するだけでわくわくするが、ルイスの刊行した詩は十中八九、エヴリー以外の人物が書いたものだろう。「エヴリーの詩」は、それから数年にわたってさまざまなバージョンが出版されている。でもそれらのあいだにわずかな違いしかないことからすると、オリジナルは同じで、たぶん俗謡《バラッド》として歌われたものが詩の形で伝わったのだろう。

ヘンリー・エヴリーの人生に起きたほかの出来事と同じように、チャールズ二世号での反乱に関する第一報が放たれたのは、ひとつのメディア体系から別の体系、歌から印刷物への大きな転換期にあたった。一七世紀、ロンドンをはじめとするヨーロッパの都市では、戦況や政治関連ニュース、昔からの言い伝え、実際に起きた犯罪の話は、グーテンベルク以前の吟遊楽人さながらに歌を通して広められた。けれど印刷技術が浸透するにつれて、歌の形のバラッドに印刷バージョンを添えることが増えていった。大判の紙の片面に、文字と木版の挿絵を印刷したものだ。時事問題を音楽で伝えるこのメディアは一般に「ブロードサイド」と呼ばれ、街角のバラッド売りが呼び売りした。

いまの新聞がニュースの印刷に関するこういう工夫のなかから生まれたのに対し、二〇世紀まで残っていた新聞売りは、バラッド売りを祖先にもつ。新聞売りは決まり文句をヘッドラインに織り交ぜ、「タイタニック号沈没！　全貌はこの新聞で！」と売り込んだものだが、バラッド売りはもっと高度な音楽的技巧を凝らした。最新のブロードサイドへの客の興味をかき立てるため、たいていは耳に入りやすい節をつけて実際に歌ったのだ。たとえば「エヴリーの詩」は、このころ広く知られていた「イングランドの旅人ふたり」と同じ節で歌われた。

エヴリーのセレナーデ

一六九四年六月初旬にロンドン橋のたもとからほど近い地区――ライムハウスやワッピング、ロザーハイズ――をそぞろ歩きしていると想像してみよう。エールハウスは船員や、スペイン遠征と似た新事業を売り込む商船関係者で混み合っている。敷石の上で鳴るウマのひづめのばらばらな音、物売りのどなり声、あちこちのパブの軒先で繰り広げられるろれつの回らない口論。それに重なるように、ブロードサイドをあなたに向けて振ってみせるバラッド売りの歌声が聞こえてくる。歌詞が語るのは、政治的な陰謀事件や異常な気象現象、恐ろしい殺人事件の話。いまなら夜一一時のニュースのトップ項目になるような最新の出来事がすべて、大都市の道を歩くあなたの耳に歌の形で入ってくる。

一六九四年晩春なら、「英国軍のプロテスタント兵」作と言われるバラッド、「忠実なる英国人、フランドルで戦う」が聞こえてくるかもしれない。あるいはもっと殺伐《さつばつ》とした感じの詩に合わせて、あなたは口笛を吹いただろうか。題名は「殺人者の嘆き」（ブロードサイドの説明欄にはこう書かれている。「ジェイン・ルグラン夫人に対する強盗殺人の罪で召喚され、有罪判決を受けたジョン・ジュースターおよびウィリアム・バトラーの言葉。両人は当然の死刑宣告を受け、処刑された」)。

だが別の角にさしかかると、バラッド売りが新しい詩をつけて、あなたにセレナーデを歌う。要は犯罪話を教えてくれるのだ。事件を次々と聞かせてくれそうな予感はするが、表現そのものは行動を促すというか、懇願調だ。

勇敢なる若者よ、勇気凛々《りんりん》たる者よ、いざ集え。
この冒険に加われば、金《きん》を山ほど与えよう。
コローナへと急げば、きっと船が見えるだろう。
その名はファンシー号。君の心をつかむはず。

エヴリー船長は待っている。すでに船は掌中に。
やがて海原を走りゆく。若者よ、彼の成し遂げたことたるや。
フランス人やスペイン人、ポルトガル人を叩きしうえ、
異教徒とも干戈《かんか》を交え、命を賭して戦った。

船は意のまま、風のごとく走る。

装置も設備も巧みに施され
優れた利器はみな船長のため。
神の恵みあれ、ファンシー号に。貧しい船は富源を目指す。

バラッドには、チャールズ二世号での反乱に関する重要な事実が――ロンドンの別の場所ではそれまで報じられていなかったことが――かなり盛り込まれている。これは、五月初旬の出来事を直接知る者か、その人物からじかに話を聞いた者によって詩が書かれた可能性を示すものだ。次の連はエヴリーの出身地がデヴォンシャーであることに触れているものの、有力地主との親戚関係（事実ではないと思われるが）も匂わせる（「さらば美しいプリマス、キャットダウンには呪いを／かつてそのほぼ一帯を、俺は分かちもっていた／だがいまは家を追われた身／イングランドをあとにして、我が運命に従おう」）。この詩はまた、エヴリーの足跡を正確に記している。

そして俺がこの暖かい土地を離れ
灼熱《しゃくねつ》の場所に去ったと、人はうわさに聞くだろう。
従えるのは百五十の若い猛者《もさ》。
敵と戦う覚悟は十分。

北の土地は俺を富ませはしない。
上を目指す俺の姿を見せてやろう。
世界が知っても構わない。
南の海、そしてペルシャへと俺が向かうこと。

この詩はファンシー号の目指す目標についての事実を伝えるだけでなく、一種の「俺様節」でもあり、エヴリーの野心を、つまり五月七日にチャールズ号でギブソンに伝えた「ひともうけしてやる」というもくろみを語ってもいる。行間からは、海洋小説ではお約束の仕掛けが動き始める音が聞こえてくる。野心的な船員が自らの力で伝説になるという話（いまでも親しまれているキャラクター、ホレイショ・ホーンブロワーの物語のような）が続々と書かれるようになったのは、このころからだ。

俺たちの名を、空に大きく映してみせる。
すごい土地をいくつも見つけてやろう。
フランス人も未踏の土地を。
負けん気強いオランダ人も未見の土地を。

俺の使命は壮大で、自分自身の決めたもの。
終えるときには、はるかに多くを残してやる。
驚くなかれ、コローナで決めたこの仕事
始まりは一六九三年、世の終わりまで続く。

二人目のエヴリー

歴史家のジョエル・ベアーが指摘するとおり、エヴリーの詩は反乱そのものの詳細に触れていない点が意味深い。多くのバラッド売りが呼び売りしていた犯罪記事との相性から言えば、エヴリーが船を乗っ取るにいたったいきさつを詳しく記したほうがよかったろう。「思いやりある船長と野心的な乗組員、血塗られた忘恩行為を歌えば、ニュース・バラッドの約束事に沿う歌になったかもしれない」とベアーは述べる。「だが書き手はあえてそうせず、詩の焦点を別のところに据えた。あからさまな背信行為と乗っ取りから、話し手の自信や乗組員への信頼感、そしてまさに絶縁せんとする社会についての考えへと焦点を移している」

また、エヴリーの詩は別の大事な点でも規格はずれだ。ロビン・フッドのバラッドという明らかな例外を別とすれば、詩を使ったこの時代の犯罪報道は、犯人に独房や絞首台で語らせる形をとっていた（公開処刑の場では、ちょうどオペラでリブレットを配布するように、ブロードサイドが販売されていた）。そうした詩では殺人や強盗の話がスリリングに語られていたが、伝えようとしている教訓は明らかだった。つまり犯罪者が罰せられるのは必然ということだ。ところが、ヘンリー・エヴリーが罪を犯したのは明白な事実なのに、この詩のなかで彼は罪人として描かれていない。それどころか「勇敢なる若者」「勇気凜々たる者」を突き動かす魅力的な人物になっている。

この詩はエヴリーの人生で初めて、第二の人物像が描かれるようになったという意味でも重要だ。まず船乗りエヴリーがいた。ファンシー号乗組員と一緒に、喜望峰を目指して南に進む人物だ。そしてふたり目のエヴリー。ロンドンの路上でバラッド売りにもてはやされ、物語の器が歌からブロードサイド、書籍、戯曲へと移っていくなかで、自らの神話を膨らませていく人物だ。おまけにその神話は往々にして、彼の実人生から大きくはみ出していた。神話上のエヴリーは彼の流れをくむ後代の海賊たちに——さらにイギリス人全体にも——現実のエヴリーに劣らないほど大きな影響をおよぼすことになる。

12 サー・ジョサイアは売るか、買うか

一六九四年八月
ロンドン

犯罪の証拠として利用された詩

「エヴリーの詩」はもともと娯楽のために書かれたもので、「勇敢なエヴリー船長」の明るいバラッドでロンドンの人々を楽しませるのが狙いだった。ところが一六九四年の夏が終わるころには、訴訟での証拠として使われている。ロンドンの街角でこの詩が歌われ始めた六月、スペイン遠征隊残留組の怒れる妻たちが、ジェイムズ・フブロンとの紛争に介入するよう王室に請願した。妻らによると、フブロンを筆頭とするスペイン遠征隊の出資者は「反逆」を働いたと言うのだ。出資者らは自分たちの夫を「スペイン王のもとに捨て置いて、［私たちの］知りえた限りでは、生涯にわたりスペイン王のために働かせることにした」のだと。

ほどなく枢密院が捜査を始め、防御のための証拠の提出をフブロンに求めた。フブロンが用意したのは三つの文書で、ひとつはスペイン遠征隊出資者のリストだった。これには彼らの社会的地位の高さを枢密院に印象づける意図があったのだろう。ふたつ目が乗組員と交わした雇用契約。三つ目はブロードサイド「先ごろ一攫千金を求めて海に乗り出したヘンリー・エヴリー船長の手になる詩」だった。

エヴリー自身がバラッドをつくったはずもないのに、フブロンはその詩の内容を額面どおりに受け取った。枢密院に文書を提出した際、フブロンはこの詩について「海賊行為の意図を宣言したもので、反乱集団がラコルーニャに残していったのは著しい国辱と、船主に対する損害だ」と述べた。

八月一六日に枢密院は妻たちの訴えとフブロンの答弁を審査。事件は拓殖委員会に送致され、委員会は九月初旬に証人尋問を行なった。フブロンの防御戦略はどうやら功を奏したようだった。委員会は妻たちの訴えを無視してチャールズ二世号の乗っ取りに的を絞ったらしいのだ。現にこんな声明を正式に発表している。「同船を発見した場所がどこであれ、船を乗組員もろとも取り押さえ、植民地で安全に保管する命令を下す」。これを境に、ヘンリー・エヴリーと乗組員は法によって追われる身になった。

スペイン遠征隊のスキャンダル

一六九五年春にはスペイン遠征隊の残留組が苦労の末にアコルーニャからすでに戻っていたが、フブロンはまだ訴訟に悩まされていた。ウィリアム・ダンピアなど反乱に加わらなかったメンバーが、フブロンら出資者に賃金を支払わせようと高等海事裁判所に提訴したのだ。

自分は契約で八二ポンドの報酬を約束されているのに、四ポンドしか支払われていないとダンピアは主張していた。そこで遠征隊の出資者は、これ以上ないほど間接的な証拠をもとに、ダンピアら上級船員は命令に背き、エヴリーたち反乱者がチャールズ二世号に乗って逃亡するのを助けた、と反論してのけた（出資者が浴びせた非難は、以後ダンピアが事件そのものに触れなくなった理由の説明としてもっとも納得のいくものだ。自分の後ろ盾になりそうな政府関係者に熱いまなざしを向けていたダンピアには、反乱者の烙印《らくいん》を押されるリスクを犯すわけにはいかなかった）。

結局、原告の請求は一六九六年一月に棄却されている。ダンピアは未払い賃金を受け取れなかったが、すでにこの時点で航海記の仕上げにかかっていて、本は最終的に、スペイン遠征隊の約束金額よりはるかに大きなもうけを吐き出したのだった。

スペイン遠征隊の金銭スキャンダルははじめのころ、ロンドンの活字メディアからほとんど注目されていなかった。未払い賃金をめぐる紛争は海運業界では珍しくなく、高等海事裁判所はその種の申し立てを年に少なくとも一〇〇件は扱っていたからだ。そればかりか、スペイン遠征隊をめぐる訴訟のごたごたは、はるかに大規模な金融危機のせいで、すっかり影が薄くなってしまった。東インド会社の株価が激しく暴落したのだ。

東インド会社の不正

ロンドンのエリートのあいだでキャラコやサラサの需要が拡大したことに助けられ、東インド会社は一七世紀半ば以降、それまでとはまったく次元の異なる利益を叩き出した。同社が近代的な企業へと形を変えたのは一六五七年のことで、この年に、特定の航海でなく企業活動全体からの利益配当を行なう株式を発行するようになった。それから三〇年にわたり四〇〇回超のインド航海を実施し、繊維製品に軸足を移していった。一六七〇年には輸入品の半分強を木綿製品が占め、コショウその他のスパイスは初めて首位を奪われている。一六八〇年代半ばには、キャラコとサラサが同社のインドからの輸入の八六パーセントを占めるまでになった。

インド製木綿に対する旺盛な需要が続き、同社の株主が得た利益の多さは歴史的なものとなった。一六六〇年代半ばに一〇〇ポンド相当だった株式が、一六八〇年には五〇〇ポンドを超えている。そのうえ同社の配当利回りは、現代の企業とは比べものにならないほど高かった。一七世紀後半に会社はほぼ毎年二〇パーセントの配当を投資者に払い続けていたが、とくにキャラコ輸入が急拡大した一六八〇年代の配当利回りはなんと五〇パーセントに達した。一六五七年に一〇〇ポンド分の株を購入した投資家は一六九一年には株価そのものの上昇という恩恵に加え、八四〇ポンドの配当を受けたことだろう。一七世紀における富の創造は、デジタル時代の新規株式公開（IPO）ほどの華々しさはないが――一九八〇年にアップル社の新規公開株に一〇〇ドル投資したなら、いまではおよそ四万ドルになっている――これほどのもうけは空前のレベルだった。

ところが一六八〇年代後半から、政治・金融スキャンダルによって、東インド会社の経営見通しが暗くなってきた。じつは、同社では株主構成を刷新したのと同時に、現代の金融市場でもおなじみとなっている、いかがわしい別の新発想も取り入れていた。行動力あふれるジョサイア・チャイルド総裁（今日のCEOに相当）が、インドでの業績に関する情報を――虚実さまざま織り交ぜて――選択的に流し、市場を操作する高度な技を編み出したのだ。その数十年後、ダニエル・デフォーは『取引所街の解剖』のなかで、投資家層に対するチャイルドの影響力について、このように綴った。

目玉は東インド会社株だった。市場に来ると誰もが、「サー・ジョサイアが売るか、買うか」を確認しようと、サー・ジョサイアのブローカーに視線を注いだ。サー・ジョサイアは株を売ろうという場合、まずはブローカーに情報屋を装わせた。ブローカーは首をひねってインドから悪い知らせがあったことを匂わせ、「自分はサー・ジョサイアから委託され、売れる株はすべて売ることになっている」と、殺し文句を口にした。そして一万とか二万ポンド分を実際に売る。すると市場はたちまち……売り手ばかりになり、一シリング分であれ買おうという者はなくなった。そして株価が六、七、八、十パーセント、あるいはそれ以上下落するのを見計らって、狡猾《こうかつ》なブローカーが別の雇い人を使い、購入可能な株をすべて、だが内密かつ慎重に購入させたのだった。

現代なら、ここまで露骨な株価操作があれば間違いなく証券取引委員会（ＳＥＣ）が飛んで来るだろう。が、市場での証券取引に関する約束事としていまでは当然視されていることはどれも、一六八〇年代には形をとり始めたばかりで、あからさまな不正と周到な投資との違いは法律で明確化されていなかった。また、チャイルドのやり口はそもそもインドからの不均等な情報の流れにつけ込んだものでもあった。インド貿易を独占していた同社はインド亜大陸からのニュースをほぼ独占でき、株価操作の目的で話をゼロからつくりあげることが可能だったのだ。しかも報道機関やライバル会社による検証のリスクを心配する必要はほとんどなかった。デフォーも書いている。

私が聞いた話では、民間会社の命令によって、東インドからさまざまな文書が発行されていたという。内容はこの地域に到着した船が消息不明になったとか、消えたはずの船が到着したとか、（インドが平穏そのものなのに）ムガル皇帝との戦争の状況がどうだとか、（ムガル皇帝が十万人を投入してベンガル商館を攻撃したというのに）和平がこうだとかいうもので、株価を上げたり下げたりするのに絶好のときに、そして安く買って高く売る目的に沿うタイミングで、うわさは流された。

ボンベイに拠点を移して

東インド会社の力が大きくなるなかで――そこにうさん臭い資金調達行為もからむわけだが――議会が同社に与えていたインド貿易の特許状を無効にすべきだとの声がやかましくなっていった。それまでジョサイア・チャイルドは自社への支持を取りつけるため、相当な金額の賄賂をジェイムズ二世一族に贈り続けていたのだが、一六八八年の名誉革命でオレンジ公ウィリアムがジェイムズ二世を失脚させたことで、長年贈り続けていた賄賂が一夜で無駄になってしまった。ウィリアムが国王に即位すると、議会は早速チャイルドら役員の腐敗行為に関する調査に取りかかり、追及を重ねた。そして、新しい東インド会社を設立して旧会社と競争させ、もっと多くのイギリス商人に株を売り出す案が浮上した。

弱り目にたたり目で、東インド会社はロンドンで攻撃を受けたのとほぼ同じころ、インドでもそれに劣らない激しい攻撃にさらされた。会社は以前から、スーラト——一六〇八年にウィリアム・ホーキンズが上陸した場所——に置いた商館で、アウラングゼーブ側の人間との争いに悩まされており、しかも関係はこじれる一方だった。そこで会社は商売上の自由を拡大しようと、スーラトから南に約二〇〇マイル離れたコンカン海岸沿いの七島からなる群島に拠点を移した。

この群島はかつてポルトガルが領有していたが、一六六一年、ポルトガルの王女カタリナ・デ・ブラガンサがイギリスのチャールズ二世と結婚する際の持参品としてイギリスに引き渡されている。その七年後に東インド会社に貸与されることになり、一六八七年には同社のインドにおける主要拠点へと変わった。この群島はポルトガル人からボンバイムと呼ばれていたが、やがて英語風の呼び名に変わり、「ボンベイ」というその呼称は二〇世紀まで使われることになる。

一九歳の人脈王の憂い

チャールズ二世の特許状は東インド会社に、ボンベイの拠点に造幣所を設けることも認めていた。インドの市場では私鋳銭と官鋳銭が混沌と入り乱れており、この措置は既存のものよりも交易に適した貨幣の発行を目的のひとつにしていた。

東インド会社は貨幣鋳造の監督役として、サミュエル・アネスリーというたいへん人脈に恵まれた一九歳の人物を採用した。アネスリーは有名な非国教派牧師の息子で、知的かつ宗教的な由緒ある家系に連なっていた。父はダニエル・デフォーの友人で、死に際して哀歌を捧げられた。また、甥《おい》にメソジスト運動の創始者、ジョン・ウェズリーがいる。もっとも、アネスリーは魂に関わることより商いへの関心のほうが強かったようだ。

ただ、どんなに進取の精神で仕事に取り組むつもりだったにしろ、アネスリーがボンベイに着いたとき、造幣所はすでに事実上操業を停止していた。「造幣所はそこにあったし、一応は稼働していた」と、伝記の著者アーノルド・ライトは述べる。「だがそれ以上貨幣を鋳造する必要はなかった。むしろすでに発行した貨幣をどう処分するかが問題なのだった。この島以外に流通させる場所はなく、島内に限ってもバザールで必要な貨幣の量は日に日に少なくなっていた」。そしてほどなく、アネスリーはスーラトの商館に異動を命じられ、ここの応援にあたることになった。

スーラトでアネスリーが目にしたのは、建設から年月の浅いボンベイ諸島の商館よりもインドに広く根を張る居留地だった。泥深いタプティ川の河口を見下ろす東インド会社の商館は拡大し、数々の倉庫と居住施設を城壁が取り囲む形になっていた。街は二〇万もの住民を抱え、紅海交易のハブとして多くの商業活動を引き寄せた。立派な街路には豪邸が建ち並び、「大理石の大邸宅、美しく芳しい庭園、音を立てる噴水もあり、あらゆるものに贅沢《ぜいたく》な装飾が施されていた」。

アネスリーはこの地の大きな商人社会に、たちまち溶け込んでいった。ライトによると、数年後には「会社の事業活動がスーラトにおよぼす影響のすべてを深く理解するまでになった。地元の商人たちと親しくつき合い、同地の官財界に張りめぐらされている陰謀の網の目も熟知していた」。スーラトで仕事をするなかでアネスリーが何より不満だったのは、地元の商人たちが――加えてムガル帝国の役人も――心の底で東インド会社と紅海の海賊とを結びつけていることだった。「海賊のことがなければ」とアネスリーはボンベイに送った書簡のなかで述べている。「大いなる、というよりこれまでにないほどの名誉と信用、尊敬を向けられつつ、この地で暮らせるはずなのですが」

紅海の海賊とひとくくりにされることは、ボンベイの商館員《ファクター》にとっても頭痛の種だった。もっとも、対処せねばならない難問はほかにもあったのだが。東インド会社はボンベイ城に事業の軸足を移すとともに、アウラングゼーブの気まぐれから距離を置いて活動の幅をもっと広げようとしていた（「我々の仕事は取引業務と安全の確保であって、他地域の征服ではない」と幹部は明言している。「とはいえ城の安全が守られていない以上、思い切った取引を行なったり膨大な在庫を抱えたりすることは慎みたい」）。

けれど亜熱帯の湿地にあった商館は、ともすれば地域特有の別種の危険、疾病にも悩まされがちだった。一六九〇年に書かれたボンベイ訪問記のひとつによると、イギリス商人は「人の生命器官を襲い、死の世界へと駆り立てる疫病」に打ちのめされていた。ボンベイ諸島に疫病が蔓延《まんえん》したとき、住民の半分超が死亡したとも言われている。それに加え、アウラングゼーブは会社の通商権をつねに脅かしていた。スーラトの商館員を投獄したかと思えば、ボンベイ城に包囲攻撃を加えたり、城壁の外にあった倉庫を荒らしたりしたのだ。会社は交渉を通じて休戦に持ち込み、一五万ルピーの罰金を支払うこと、「以後はいっさい、不届きな振る舞いをしない」ことを約束させられた。

アウラングゼーブと危うい協力関係を結んだのも束の間、東インド会社は本国で別の抗争に見舞われた。一六九三年、下院は旧来の会社を解体して新会社を設け、インド貿易をもっと開かれたものにすることを議決。ところが東インド会社がいよいよ絶体絶命かと思われたとき、ウィリアム国王は休みに入っていた議会を出し抜き、会社の特許状を更新した。この裏切りに議会は憤り、「すべてのイングランド臣民は東インド交易を行なう権利を等しく有する」とうたった決議をすぐさま採択したのだ。

また、スペイン遠征社に対する裁判が結審に近づいていた一六九五年五月には、議会が東インド会社の最高幹部による汚職の調査を始めた。同社の歴史に関する著書のなかで、ニック・ロビンズはこう書いている。「明らかになったことがらは、当時のゆるい基準からしても、政治家たちには衝撃的だった。議員チームが会社の会計を綿密に調べ、複雑にからみ合う賄賂網を見つけた。どれもチャイルドの娘婿にして総裁のサー・トーマス・クックが贈り主だった。名誉革命から六年のあいだに、『会社への格別な尽力』の報酬として一〇万七〇一三ポンドが支出され、そのなかには特許状更新を勝ち取るため一六九三年に支払われた巨額の賄賂八万四六八ポンドも含まれていた」

無理もないことだが、混乱と不確実性が災いして、東インド会社の株価は最悪の打撃を受け、一六九五年に三五パーセント下落した。翌年にも同じくらい落ち込んでいる。

こうしたもろもろのことがら――汚職調査や、アウラングゼーブとのいまだあやふやな関係、独占的特許状を失う可能性、株価の大暴落――が、すでに中年に達し、スーラトの商館長《プレジデント》に昇進したサミュエル・アネスリーの心に重くのしかかった。本国からの知らせが届くまでには一、二カ月ほどを要したが、一六九五年盛夏には大枠をつかむことができていただろう。一難去ってまた一難、東インド会社のロンドン本社は災難にぶつかってばかりいると。

そして災難は、ほどなくスーラトにも押し寄せてくる。

13　西風海流

大西洋、アフリカ西沖

一六九四年後半

盗品の請求書

ファンシー号は補給品をどっさり搭載してアコルーニャを出発した。パンは容器《タブ》一五〇個分、マスケット銃は一〇〇丁、火薬は一〇〇樽《たる》分以上を積み込んでいる。でもエヴリーにとっては食糧や武器より、人を集めることのほうが急務だった。約八〇人の人員だけでは、いざほかの船と戦おうというときにファンシー号の能力を十分にいかすことはできない。戦闘の際、甲板上の大砲は一門当たり少なくとも六人が必要で、船には大砲が四六門あったから、一斉砲撃には最低でも現状の三倍は人がいなければならないことをエヴリーはわかっていた。加えて敵船を圧倒するなら、マスケット銃を使い、船を走らせ、移乗攻撃をかけるのに、さらに人手が必要だ。

エヴリーたちは南南西に航路を取り、三週間かけてポルトガル、ジブラルタル海峡、現在のモロッコ、サハラ砂漠西岸を通過し、カーボヴェルデに初寄港した。アフリカ大陸の三五〇マイル沖合に浮かぶ、およそ一〇の火山島からなる群島だ。エヴリーらはここで三隻のイギリス船を襲って物資を補給すると、掠奪を黙認させる目的でポルトガル人総督の身柄を少しのあいだ拘束した。奪ったものは魚や牛肉、塩、「その他の必需品」。「必需品」のなかでとりわけ目を引くのはイギリス船から来た九人で、エヴリー船長および乗組員と自ら契約を結んでいる。

カーボヴェルデ寄港時の出来事は、エヴリーが海賊生活を始めてからふたつ目の犯罪になった。ここにはエヴリーの行動のなかで極立っていくひとつの特徴も見られる。それは何かと言えば、とくにイギリス人の財産がからむ場合に――あまり効果はなかったものの――倫理や合法性を装っている点だ。事実、チャールズ二世号での反乱の翌朝、ギブソン船長など自分に反対した人が下船することを許したり、ロングボートが浸水し始めたときにバケツを与えたりしたように、エヴリーはこのとき、イギリス船から盗んだものを網羅した請求書をジョゼフ・ドーソン操舵手に書かせている。請求書は掠奪の被害者に渡したが、たぶん与えた損失を埋め合わせると約束したのだろう。

ファンシー号の乗組員にとって、カーボヴェルデは大きな分かれ道を意味していた。船は（毎年晩夏から秋にかけて発生する大西洋ハリケーンと同じように）貿易風に乗って大西洋を真西に進んでいくには最適の場所にいた。「比類ない」ファンシー号のような帆船なら、ものの数週間でバルバドスに着く。乗組員の多くは職業上、この針路を取った経験が何度もあったことだろう。

けれどエヴリーの頭のなかにあったのは、はるかに野心的、かつ困難なルートだった。真南に進んで喜望峰を回り、アフリカ大陸東岸を北上してのけ、マダガスカルに行くのだ。このルートはずっと危険だった。イギリス船から物資を「借りて」いたファンシー号には、西インド諸島に行けるくらいの補給品はあった。でもマダガスカルを目指すとなると、何カ月もかかるし、物資補給のために何度も停泊しなければならない。そもそも喜望峰回りの航路が――荒波と激しい潮流と危険な海岸線が重なっていたから――場数を踏んだ船員にとってさえ非常に手ごわいものだった。

海賊に手厚い島

そんな危険を冒してまで、このルートを進もうとエヴリーが心に決めたのはなぜか。危ない航路を取らずに西インド諸島に行けば、金《きん》を大量に掠奪することもできたのだ。が、じつのところ、カリブ海を渡るスペインのガレオン船を襲うよりも、マダガスカルで手に入るもののほうがずっと魅力的だった。この島は海賊に手厚いことで知られ、インド洋方面への出撃拠点と化していた。このあたりに行けば、バッカニアはメッカ巡礼に向かう宝物船を襲うことができたのだ。

ムガル帝国の富はうわさになるほどの豊かさを誇り、新世代の海賊の心をとらえて離さなかった――彼らは紅海の出入り口でさかんに掠奪行為を働き、やがて「紅海者《レッドシー・メン》」と呼ばれる。手続き上の滞りのためにアコルーニャで宙ぶらりんになっていたときも、西アフリカの乾いた島に船をとめていたときも、エヴリーの耳には世界の裏側で自分を呼ぶ甘い声が聞こえていたのだろう。五世紀の歴史をもつムガル王朝の財宝が、紅海の穏やかな波間に浮かんでいるのだ〈訳注：著者はF・ロビンソン『ムガル皇帝歴代誌』等と同じく、奴隷王朝をインドにおけるムガル王朝の起点とみなしているようだ〉。西インド諸島の沈没ガレオン船や商船など、アウラングゼーブの財宝に比べれば物の数ではなかった。

喜望峰回りの航路を取るのに、エヴリーが乗組員を説得せねばならなかったとすると、アメリカの海賊トーマス・テューの武勇伝は強い動機づけになったことだろう。のちにエヴリーが浴びる喝采と比べればなんということもないが、このころテューは間違いなく世界でもっとも有名な海賊だった。

ロードアイランド出身のテューは、バミューダの一部投資家の関心を引き、砲数八門のアミティ号を手に入れていた。バミューダ総督――ヘンリー・エヴリーが奴隷を商っていたころの後ろ盾――から受けた私掠免許を使って乗組員とともに大西洋を横断、喜望峰を回って紅海へと進み、そこでインド船に出会った。相手はすぐさま投降し、テューたちは金銀とスパイス、織物など一〇万ポンド超相当の収穫とともに走り去った。アミティ号に乗っていた海賊はたったの四五人だったから、配分後の利益は莫大《ばくだい》なものになった。捕獲物はすべて操舵手が配分し、ほとんどの乗組員がおよそ二〇〇〇ポンド分をもち帰ったという。

スペイン遠征隊のベテラン船員にジェイムズ・フブロンが示した条件を思い出してみよう。航海期間中の支払いを合算して八二ポンドだ。アミティ号の掌砲長は六カ月の航海でその五〇倍を稼いでいる。(ファンシー号になる前の)チャールズ二世号のような船で上級船員をすれば、まずまずの生活を送ることができた。けれど紅海で海賊をすれば、一《ひと》財産を築くことができたのだ。

ヘンリー・エヴリーもトーマス・テューもバミューダ総督とのつながりがあったことから、ふたりは知り合いだったかもしれないと推測する向きもある。紅海に遠征しようと乗組員に呼びかける際、エヴリーはこんなふうに、テューとの関係をもち出したのではないだろうか。最後に、トーマス・テューに会ったとき、奴はバミューダのあたりにいて、商売の計画をまとめようとしてた。いまは信じられないくらいの金持ちだ。俺らもやればできるんじゃないか。

ギニアの人たちを陥れた罠

エヴリーの話したことがなんであれ、ファンシー号がカーボヴェルデを去るころには、乗組員も紅海を目指す計画に賭ける構えでいた。ギニア西岸に沿って南下すると、ヨーロッパ人との交易のさかんな村の沖合近くに錨をおろした。のちにフィリップ・ミドルトンが述べたところによると、エヴリーは「イングランドの旗を掲げ、取引目的の原住民を船におびき寄せる」よう乗員に命じたという。浜辺にちょっとした品物を置いて関心を引き、ギニアの村人を誘い込むようなこともしたかもしれない。
同じ時代に拉致された西アフリカ人の子孫のひとりは、奴隷貿易に関する口述記録のなかで、自分の先祖をとらえるのにヨーロッパ人が使った手口を明かしている。

ある日、大きな船が沖合にとまり、土地の人たちは海岸沿いのやぶに隠れたんです。祖母はそのなかにいました。船の男たちは岸に小さなボートをよこして、ちょっとした光り物をまき散らした。みんなの目がくぎづけになりました。祖母の話では、ボートが海岸を離れたとたん、みんなは品物に殺到したのですが、人の数より物のほうが少なかったと言います。翌日になると、白人たちはまた物をまいて行った。そしてこのときも奪い合いになりました。みんなの恐怖心も薄らいで、次の日には、渡し板を歩いて、そこに置いてある物や甲板の物をとろうとした人もいたそうです。

ギニア人が見知らぬ新しいイギリス船に不信感をもたなかったのには、現在想像しうる以上の理由があった。一七世紀末時点では、奴隷貿易はスペイン人やポルトガル人の独壇場で、イギリスの王立アフリカ会社は事業の軸足を金《きん》から非自由人に移したばかりだったのだ。
商船を装ったファンシー号は、罠《わな》にほかならなかった。ヨーロッパ人との取引を期待して船に乗り込んだギニア人は、あっという間に船のなかに閉じ込められてしまう。ミドルトンによると、

「連中がやって来るが早いか［乗組員が］おどかし、そのすきに金《きん》を奪って連中を鎖で縛り、船倉にぶち込んだ」。海岸では残されたギニアの村人が恐怖の叫びをあげたが、イングランド船は錨を抜き、村人の大切な人たちを乗せて水平線のかなたへと永遠に去っていった。

「黒いカエサル」

拉致されたこのアフリカ人たちは、ファンシー号でどんな生活を送ったのだろう。あいにく史料からは、はっきりしたことはわからない。ミドルトンの説明からすると、少なくともはじめのうちは、どこかの貿易港で取引するときのための品物として監禁されていたようだ。七人が奴隷として売られていったことはわかっているが、残りの人たち（拉致されたのが七人だけではないとして）の身に何が起きたかは明らかでない。

この時代の海賊は、拉致した奴隷の身柄を解放し、仲間として自分たちと同じ権利を認めることもないわけではなかった。最近の学説では、西インド諸島を脅かしていた海賊の人種構成が驚くほど多様で、アフリカ人が乗組員の二〇パーセントを超えていたと言われる。歴史家のデイヴィッド・オルショガも著書『黒人とイギリス人』のなかで指摘しているが、フランシス・ドレイクの世界周航（一五七七〜八〇年）は「いまで言う異人種混合《インターレイシャル》の乗組員とともに成し遂げられたものだ」。ただし、ドレイク自身は奴隷商人でもあった。「どうつじつまを合わせればいいのかは難しいところで」とオルショガは言う。「[ドレイクは]黒人を奴隷にしておきながら、別の黒人を戦友と認めることができた」

時代がくだると、解放奴隷のなかから高い地位にのぼり詰める者が出てくる。なかでも一番有名なのが「黒いカエサル」で、言い伝えによると黒髭《くろひげ》の腹心として「アン女王の復讐《ふくしゅう》号」に乗り組んでいたとか。こうしたアフリカ出身の海賊たちは海賊コミュニティの原始民主政のもと、れっきとした乗組員の身分であらゆる営みに参加していたことだろう。そういう意味で、黄金時代の海賊船は西洋で最初に有色人種に参政権を広げた組織と言える。

けれども、ファンシー号に乗せられたアフリカ人被害者がこういう待遇を受けられたことをうかがわせる材料は、史料には——そしてヘンリー・エヴリーがもぐりの奴隷商人をしていたころのことを考えても——見当たらない。最高クラスの船員にさえたいへんな試練を与えた船にいたのだから、この人々はきっと過酷な経験をしたことだろう。手足を縛られて何日も甲板下に留め置かれ、ときおり労働を強いられたかもしれない。そして、この残酷なヨーロッパ人が次に何をしかけてくるかという不安に、つねにさいなまれていたのではないか。当時の海賊船がたいていそうであったように、ファンシー号は富の分かち合いや民主的なコミュニティ運営といった革新思想の揺りかご、水上コミューンだった。だがそれと同時に奴隷船でもあったのだ。

海賊の生命を脅かす貝

ファンシー号は南東に進み、フェルナンドポー島〈訳注：現在のビオコ島〉に着いた。現在は赤道ギニア共和国領で、ナイジェリア南方にある島だ。ここでエヴリーは、船尾楼の船長室を含め、上甲板にあるほとんどのものを取り壊して船を大改造するよう部下に指示している。

これは船を乗っ取った海賊のあいだではごくふつうのことだ。平甲板にすると海での風圧抵抗がぐっと減り、ファンシー号のように速い船はさらに高速になって、敵船との戦闘での機動性が高まる。加えて甲板にある構造物を撤去することで、喜望峰周辺の荒海にあって高波から水が流れ込んできた場合に、排水するのも楽になる。

この改造には微妙に政治的な意味合いもあった。海賊船の船長はほとんどの場合、水中での敏捷性《びんしょうせい》を最大限に高め、船内の人員を可能な限り増やすため、自分専用の船室を残すことを拒否し、ほかの乗組員と一緒に甲板下で寝た。平等を重んじる海賊コミュニティの気風は、船の構造にもあらわれていたのだ。

ファンシー号の乗組員がフェルナンドポー島で行なったのは船の改造だけではない。彼らは汗水をたらしながら何週間もかけ、傾船修理も成し遂げた。

私たちは一八世紀の海賊を襲った生死に関わる脅威について考えるとき、砲火を浴びせて船を沈めようとする敵船をついつい思い浮かべてしまう。けれど暖かい大西洋アフリカ沖を渡ってきたエヴリーたちにとっては、すでに船に取りついて陰に潜んでいる者こそが、立ち向かうべき宿命の敵なのだった。それはファンシー号の木造部を腹一杯に満喫していたフナクイムシだ。

名前や見た目によらず、じつのところフナクイムシは軟体動物の一種で、虫の格好をした二枚貝だ。水中の木材に穴をあけてすみつき、共生するバクテリアが木のセルロースを分解するに任せる。これを放っておくと、ファンシー号のような船でも四、五カ月でフナクイムシに船体を食い荒らされてしまう。のちの時代に、ヘンリー・デイヴィッド・ソローも「運命がどれも薄情であったとしても」で始まる詩で、そのありさまを写し取っている。

吹きすさぶこの岸辺から遠く離れると
ニューイングランドの虫が船体に穴をあけ
縒《よ》り糸、葡萄酒《ぶどうしゅ》、皮革、中国茶を
インド洋に沈める。
（『コンコード川とメリマック川の一週間』ヘンリー・ソロー著、山口晃訳、而立書房）

海賊稼業をするのは社会の掟に背くことだから、ファンシー号並みの船であっても船渠《ドック》を利用し、手早く修理を済ませるのはほぼ不可能だった。唯一の選択肢は傾船修理。やり方はこうだ。満潮時の浜に、船を着ける。そのとき左右どちらかの船側《せんそく》が上になるようにして、フナクイムシに食われた部分や蔓脚類《まんきやくるい》など他の強敵にやられた箇所を削り取るのだ。熱帯海域ではまた、船体にからみつく海藻も悩みの種だった。

つまり木造船を率いる船長なら誰もが――一七世紀後半の場合、すべての船長ということになる――頭の片隅に秒読み時計を置いており、最後に傾船修理をしたときから過ぎた月日を記録していたのだ。自分の乗る木造船が無風の大海で身動きのとれない状態に陥ったら、渇きで死ぬのと同じくらい簡単に、貝類に殺される可能性があった。

暫しの停泊へ

一六九四年晩夏にはファンシー号の耐航性や速度、敏捷性があがったうえに船体も改修され、喜望峰回りの航路を取ることが可能になった。それでエヴリーたちはフェルナンドポー島を離れたが、まもなく二隻のデンマーク私掠船と小競り合いを演じることになった。ファンシー号にとって、武器を実地で使う最初の機会だ。デンマーク人はたちどころに降参し、海賊たちは「四〇ポンド分の砂金、箱入り織物、小火器、ブランデーの大樽五〇本」を積み込んだ。そしてエヴリーと「頑丈なフリゲート艦」に魅了されたデンマーク私掠船の乗組員一七人が仲間に入り、ファンシー号の乗組員はおよそ一〇〇人になった。

喜望峰を回ってマダガスカルに行くには、まずは反対方向に進まねばならなかった。アフリカ大陸西端を離れ、南大西洋を横断し、ブラジル方面へと向かうのだ。ここに行けば、地球で最強レベルのベルトコンベヤー――南極環流、別名西風海流――に乗ることができる。この海流は、ヴァスコ・ダ・ガマによる航路開拓の航海で活用されている。幅は広いがゆっくりした寒流で、流量はメキシコ湾流の二倍超。これに乗れば、喜望峰の危険な岩々よりはるか南の安全な海域で、船を西から東へと進めることができる。

南極の寒流域と南大西洋の暖流域が接する長い境界は滋養の宝庫で、海の豊かな生態系を支えている。ファンシー号の乗組員は東のマダガスカルへと向かう航海で、クジラやアザラシ、ペンギン、アホウドリを眺めて楽しんだ。西風海流に乗ったのは南半球で夏に当たる時期だったから、氷山に衝突するリスクはほとんどなかった。

翌一六九五年のはじめごろ、ファンシー号の見張り番は独特な鉤形《かぎがた》をした砂嘴《さし》を見つけた。マダガスカル南岸のセントオーガスティン湾西端部から突き出た砂礫《されき》の州《す》だ。ファンシー号はとうとう、インド洋上に浮かぶ海賊船のオアシスとして有名な島の安全港に到着した。ざっと五〇〇〇マイルほどの航海を終えたら、陸《おか》の生活を何カ月かは満喫しなければ。そして次の行動に移る用意をするのだ。

14 ガンジ・サワーイー号

一六九五年五月
インド、スーラト

イスラームとビジネス

ファンシー号の乗組員がマダガスカルで傾船修理を行なっていたころ、インド洋をまたいだスーラトの港では、もうひとつの船がファンシー号とは別種の航海のため、船用品を積み込んでいた。これはガンジャという木造の交易帆船（ダウ）で、ほかならぬムガル皇帝アウラングゼーブの所有船だった。

もしもタプティ川の対岸に旅行者が立ち、港の眺望を見渡していたなら、遠くに船があることにすぐ気づいただろう。川の両岸に沿って投錨したガレー船や東インド会社船を威圧するような巨人級の船。一〇〇〇人超の乗客を余裕で収容できる一五〇〇トンの船は、当時においては間違いなく世界最大級だった。アウラングゼーブはこの船にガンジ・サワーイーという名前をつけていた。これはペルシャ語で「けたはずれの財宝」を意味するが、英語圏ではのちに、この名称が報道や裁判、うわさ話で英語風に縮められ、ガンズウェイへと変わった。

ガンズウェイ号は一回り小さい四隻の船とともに、スーラト周辺を拠点にしていた。この四隻もやはりムガル皇帝の所有で、ふだんはよくガンズウェイ号と舷を並べていた。アウラングゼーブがこれらの船を建てたのは、もっぱら自分の親族を含めた権門富貴《けんもんふうき》の人々をメッカへの巡礼《ハッジ》に送り出すためだった。ムスリムは一年に一度、ラフマ山などの紅海東岸の聖地に向かうのだ。

ガンズウェイ号と護衛船は、航海の途中でモカに停泊することになっていた。モカは今日のイエメンにある貿易港で、紅海の出入り口近くに位置する。当時はヨーロッパの諸都市でコーヒー熱が沸騰し始めていたことから、ここはコーヒー貿易の一大中心地として経済の繁栄を謳歌《おうか》していた（だからスターバックスでモカフラペチーノを味わう現代の消費者は、注文のたびに時空の異なる都市に敬意を捧げていることになる）。コーヒー豆は他の品物を専門に扱う商人の関心も引き、そのことはアウラングゼーブに、ガンズウェイ号を巡礼に送り出す経済上の動機を与えた――これはおよそ一〇〇〇年前に商人が打ち立てた宗教であるイスラームとビジネスとの絶妙な組み合わせと言える。

ガンズウェイ号の積荷目録を書いたなら、それはおびただしい厚さになったことだろう。船内にはキャラコや陶磁器、象牙装飾品といった高価な品々が積み込まれていた。ガンズウェイ号は巡礼者と乗組員を生存させられるだけの食糧に加え、モカで取引に使うスパイスものせていた。そのほとんどが粒コショウだ。

いまではレストランに無料で置かれているほど安い調味料を積み込んだ宝物船が喫水を下げている様子は、現代人には少しこっけいに思えるかもしれない。けれど一七世紀には、コショウはまだまだ贅沢品で、世界有数の人気商品だった。金《きん》に比べて同じ重量当たりの値段がかなり高かった中世をピークに価格は下落したが、それでもモカで樽入りのコショウを売れば一《ひと》財産を築くことができた。

ガンズウェイ号の甲板には八〇門の大砲が配置され、四〇〇人超の兵士が財宝と八〇〇人の巡礼者を守っていた。

地球最大の大移動

ハッジの時期にメッカ巡礼を行なうことは、イスラーム信仰の五柱のひとつとみなされている（残りは、唯一神と預言者ムハンマドへの信仰を告白すること、一日五回祈ること、喜捨をすること、ラマダーン月に断食すること）。本当に戒律を大事に思うムスリムなら、一生のうち一度はイスラーム暦第一二月にハッジを行なわねばならない。

今日のメッカはサウジアラビアの一都市で、およそ二〇〇万人が住んでいるが、なんとハッジの期間に人口は二倍以上に膨れあがる。毎年訪れる巡礼者は、地球を移動する最大の人間集団だ（春節に移動する中国人の数はこの比ではないが、ハッジとは違って一地点に集中せず、中国各地に散らばる）。サウジアラビア人は毎年、期間限定でメッカ郊外に広大な町をつくる。五〇人の巡礼者を収容できる冷房完備のグラスファイバー製テント一六万張《ちょう》が設営された砂漠の一帯を見れば、バーニングマン〈訳注：ネヴァダ州ブラックロック砂漠で毎年夏に開催される芸術祭〉のテント村などスラム街に見えてしまう。

イスラーム暦は太陰暦なので、一年の長さがグレゴリオ暦に比べておよそ一一日短い。だから巡礼期は年を追うごとに早まる。太陽暦に置き換えると、巡礼期が一月一日に始まった場合、次の巡礼期は一二月二〇日に始まる。一六九五年のイスラーム暦第一二月はグレゴリオ暦の七月に当たり、スーラトからメッカへの航海は――イスタンブールからジブラルタルまでとほぼ等距離――乗客の商人がモカや貿易港で商いをするゆとりを考えると、晩春に始めねばならなかっただろう。

七〇〇〇年の残響と旅の起源

ハッジの伝統は、ムハンマドがメッカを征服した六三〇年にさかのぼる。このときムハンマドは、「真理が到来し、虚偽は消え去った」と唱え、花崗岩《かこうがん》づくりのカーバ神殿にあった偶像を破壊した。のちにこの神殿をアッラーに奉納し、メディナからメッカへと巡礼の旅に出（六三二年）、最後の説教を行なった。

もっとも、この場所はイスラーム時代以前から宗教的な意味のある大事な場所だった。伝承によると、旧約聖書に登場するアブラハム（イブラーヒーム。イスラームでも預言者のひとりとされる）がアッラーの命令で、息子のイシュマエル（イスマーイール）と妻のハガル（ハジャル）をいまのメッカに当たる場所に連れていったというのだ。そこは荒涼とした砂漠で、アッラーは信仰の証として妻子を渇き死にさせるように言った。母子は何日ものあいだすさまじい苦しみにさいなまれたが、乾ききった大地に奇跡のように井戸があらわれ、最後の土壇場で救われたそうだ。

信仰に厚い人なら――どの宗教や神を信じている人だろうと――五〇〇〇年前の砂漠地帯で誰かが味わった経験がのちの世にもずっと影響をおよぼしていることを、それなりに納得できる。いと高きところにある存在が有限な存在である人間とじかに触れたのだから、そのときに生まれた渦のような感情が五〇世代を重ねたのちに波紋を広げ続けているのも当然だろう、と。けれど至高の存在を信じていない人にとって、その影響がいつまでも残っているのは、どうにも解せないことだ。砂漠で神が人の夢枕に立って妻と子どもを死なせるよう命じ、七〇〇〇年後に毎年数百万もの人が、その舞台を訪ねようと砂漠の山岳地帯までやって来るなんて。宗教とは異なる歴史の聖堂では、これほど起源のぼんやりした出来事の残響がここまで長く鳴り響くことはほとんど皆無だ。

ムスリムによるものであれ他の宗教のものであれ、集団での巡礼が行なわれるようになると、ふつうの人々の生活には画期的な変化が訪れる。観光旅行が誕生する前の時代、巡礼は何百万もの人間に長距離旅行のきっかけをもたらした（そういうことがなければ、人々はもっと狭い世界で一生を送ることになったはずだ）。

ハッジはその出現以来、拡大を続け、一六九五年には地球最大の坩堝《るつぼ》になった。一年のうちの一月《ひと》を北アフリカ人やアラブ人、ヨーロッパ人、インド人がともに過ごす場所がつくられるにいたった。人々は祈りのためにメッカを訪れたが、目当てはそれだけではない。そこは、いまで言うたまり場《シーン》だったのだ。世界の富豪たちが一年の何カ月かをさいて紅海をのぼり（あるいはくだって）、カーバ神殿の前で祈りを捧げた。多くは旅の予定を立ててから年間の計画を考えた。ちょうど今日の私たちが夏休みの予定を決めてから一年の計画を立てるのと同じように。

ガンズウェイ号が贅沢なつくりなのは、ムガル皇帝の身内が乗る豪華クルーズ船だからだが、理由はそれだけではなかった。これは現代のキリスト教の伝道集会に億万長者が豪華ヨットで港に乗りつけるようなもので、アーグラで荘厳な建築物を見たりデリーで孔雀の玉座を目にしたりする機会もない他の巡礼者たちに、世界の征服者の富がどれほど莫大なのかを知らしめる、世界へのメッセージでもあったのだ。

当然のことだが、何千マイルも離れた異国の都市にこれだけの財宝を運ぶとなると、船が危険な目にあう恐れはきわめて大きくなる。ガンズウェイ号に八〇門の大砲と四〇〇人の兵士が配備されていたのには理由があったのだ。

けれどこの地域の地形が、危険に輪をかけていた。紅海とアデン湾をつないでいたのは、バブエルマンデブ海峡という、わずか二〇マイル幅の海峡だった。スエズ運河ができる何世紀か前のことなので、一六九五年に巡礼のためメッカに行った船は――それに紅海沿岸の貿易港で交易を行なった船もだが――バブエルマンデブ海峡とアデン湾を通過してからアラビア海の大海原に出る航路を取らねばならなかった。いまの時代、この海峡を通る巨万の富は紅海沿岸の製油所で積み込まれた石油の形をとっているが、一六九五年には別の姿形をしていた。宝石やスパイスや金《きん》や木綿だ。だがいまと同じように、狭いバブエルマンデブ海峡は海賊にとって絶好の場所だった。二一世紀にもっとも悪名をはせているソマリア海賊のおもな活動場所が同じ海域なのも偶然ではない。

バブエルマンデブ海峡とアデン湾は商人にとって旨味ある取引のできる場所だったが、それとまったく同じ理由から、ここは狩り場でもあったのだ。

15 帰って来たアミティ号

一六九五年春
アデン湾

掠奪の好機を待つ

マダガスカルは第一世代のヨーロッパ人訪問者にとって、必ずしも魅力的な場所ではなかった。たとえばある文筆家などは、「陸地にはバッタの大群、川にはワニが」と描写している。

けれどウォルター・ハモンドというイギリス人はこの島と先住マラガシー人に魅了され（自ら著したパンフレットで「現存民族のなかでもっとも幸福な人々」と形容している）、一六四一年にイギリス人ピューリタンを連れてセントオーガスティン湾に移り住んだ――二〇年ほど前にメイフラワー号のピューリタンがマサチューセッツに移住したのが、インド洋で再現された形だ。ハモンドはアフリカ東沖の島について夢のような話を入念にこしらえ、これを境にユートピアを描いたその種の文章がヨーロッパ人の手によって脈々と書かれ続けるようになった（エヴリーはその後こうした文学の一ジャンルにおいて、大きな役割を演じることになる）。ハモンドは書簡のひとつのなかで、マダガスカルを「世界のどこよりも豊かで実り多い島」と呼んだ。もっともほかの入植者も同じ考えだったかは定かでない。一六四六年には、この入植地はすでに崩壊していた。

それから数年間、ヨーロッパの他国の人々もこの島に足場を求めた。フランス人はハモンドたちの入植地の東にフォールドーファンという砦《とりで》を築いている。ポルトガル人は島のあちこちで先住民を奴隷として狩り集めている。それでもこの島は自由自律を失わず、一方で無法地帯という評判も受けた。ヘンリー・エヴリーがやって来る一六九五年前半には、マダガスカルは海賊の巣窟になっていた。

セントオーガスティン湾や北部のさまざまな港で、ファンシー号の乗組員はのんびりと充実した時間を過ごし、紅海での掠奪に備えた。エヴリーがこの年の巡礼期を正確に知っていたのか、それとも晩夏に吹く南西モンスーンのせいで八月のアデン湾が船で混み合うことを知っていたのかは定かでない。ただどちらにしても、掠奪の潮時が夏まで来ないことはわかっていたようだ。

乗組員は時機を待ちながら、ふたたびファンシー号の傾船修理にいそしんだ。カーボヴェルデでかすめ取ったデンマーク産ブランデーを味わいもした。マラガシー人とのあいだで数丁の銃と幾分かの火薬を一〇〇頭のウシと交換し、三月はほぼ毎日ローストビーフを楽しんでいる。晩春にはコモロ諸島に向けて出発、この地でフランス船の乗組員およそ四〇人を仲間に誘い入れた（なお、その船が積んでいた米を奪うと、船を湾に沈めている。後年この件について乗組員の試みた弁明は、そのおかげで多少の説得力を帯びたかもしれない）。海賊たちはまた物々交換でブタや野菜を入手したが、三隻の東インド会社船の姿が水平線上にあらわれると、沖へと逃げている。

標的になったムスリム

一五〇人超の人員を抱えることになったうえ、すぐにも夏がやって来るとなれば、アコルーニャ港で連日連夜を過ごしたときから考えていた計画を実行に移す機会は、いまを逃せば二度と来ないとエヴリーは思った。ファンシー号は現在のソマリアに当たる地域の沿岸を進み、アデン湾に向かった。海賊たちから「ミート」と呼ばれていた町――正しくはメイド――に停泊し、地元のムスリムとの交易を試みたがにべもなく断られた。「連中には取引する気がなかったから」とジョン・ダン操舵手は後日振り返る。「焼き討ちにしてやった」。報復はそれにとどまらず、海賊らがモスクの下に火薬をしかけ、爆破したとも言われている。

モスクの破壊は、一考すべき問題を示してくれる。つまり、きわめてイスラーム的なもの――毎年巡礼に向かう「ムーア人の」船――を狙うことがすでに決まっていたわけだが、このときエヴリーたちはその決定にどれだけ影響されていたのか、という問題だ〈訳注：ムーア人は、北アフリカ系民族やムスリムを指して使われていた表現〉。自分たちはただ物を盗むのでなく異教徒に戦争をしかけてやるのだという発想が、金銀財宝への欲望を補強（あるいは正当化）したのだろうか。お前たちは「反ムスリム」なのかと聞かれれば、エヴリーたちもうなずいたにちがいないが、だとしたら彼らは骨の髄までそうだったのだろうか、それとも「反ムスリム」は都合のいい説明にすぎないのか。

事件からあまりに長い時間がたっているので、どちらなのかはわからない。その後エヴリーの手下がムーア人の船で犯すことになる罪は恐ろしいもので、かりに確保したのがキリスト教徒の船だったら、彼らも犯行をためらったはずだ。けれどムスリム船を標的に決めたこと自体には、明らかに経済的な根拠があった。銀行強盗を繰り返したウィリー・サットンの有名な言葉をもじると、銀行と同様、ムスリム船には金《かね》があったのだから。

とはいえメイドのモスクについては別問題だ。破壊していいことなどひとつもない。たしかに、取引に応じようとせず、所望のものを引き渡さない町の人間に対し、海賊が暴力を行使して（あるいは暴力をちらつかせて）目的を遂げようとすることは十分ありうるだろう。が、モスクの下に爆発物をしかける行為には、もっと根深い侮蔑の念が見てとれる。おそらくファンシー号の主立った乗組員の少なくとも数人は――エヴリー本人がそうだったかは別として――強い反イスラーム的な考えをもっていたのだ。

六隻の海賊船のリーダー

アデン湾に入るやいなや、紅海上の巡礼船を襲おうと企てているのはエヴリーだけでないことがわかった。エヴリーたちは早々に、アメリカの私掠船ドルフィン号とポーツマス・アドヴェンチャー号に出会った（乗員は合わせて一二〇人）。二隻はともに、ペリム島――バブエルマンデブ海峡に浮かぶカニの形をした火山島――を目指していた。

「俺らの船は一晩とまったんですが」と、フィリップ・ミドルトンは振り返る。「あとからもう三隻やって来た。一隻はトーマス・ウェイクので、ニューイングランドのボストンで艤装《ぎそう》した船。次はブリガンティン船〈訳注：前マストに横帆のある、二本マストの帆船〉のパール号で船長はウィリアム・ムエス、装備はロードアイランドでやってます。三隻目のスループ船〈訳注：一本マストで縦帆の帆船〉アミティ号は、ニューヨークで艤装した船。それぞれ六門くらいの砲を装備してました。二隻には五〇人が乗り組んでいて、ブリガンティン船のほうは三〇から四〇人でした」

アミティ号はこの海域と過去に縁があった。舵を握るのは伝説の海賊トーマス・テュー。そもそもエヴリーが背中を押されたのは、テューが二年前に紅海で働いた掠奪行為のためだった。

この海賊たちが出会ったこと、つまりそれぞれが何千マイルもの波路《なみじ》を越えて紅海入口の同じ小島にやって来たことは、一六九五年当時、ムガル皇帝の富という甘い誘惑にあらがうのがどれほど難しかったか、その一端を教えてくれる。六隻の乗組員を合わせると、およそ四〇〇人にのぼった。たぶん一六九五年夏時点で活動していた海賊の多くがここに集まっていたことになるだろう。

海賊の黄金時代と言われる一八世紀前半――ヘンリー・エヴリーに感化されたバッカニア世代がカリブ海を荒らし回っていたころ――の公式な見積もりによれば、全世界の海賊人口はざっと二〇〇〇人だったという。この数字が一六九五年の海賊人口に比べて多いとすれば、エヴリー神話が次世代を海にいざなう前の同年六月にバブエルマンデブ海峡に集まっていた海賊は、当時七大洋にいた海賊の半分以上に相当するかもしれない。

自分の狩り場にほかの船がやってきたのを見て、エヴリーは複雑な気持ちになったはずだ。というのも、同じ財宝をめぐって奪い合いが起きる恐れがあったからだ。それに、ファンシー号の船長としてまる一年やってきて、その間《かん》は行く手を阻むものもほとんどなかったのに、これからは自分の行動にほかの船の指揮官がからんでくるかもしれないのだ。

でもプラス面はどうか。エヴリーは強大なインドの船隊と戦えるだけの人員を集めるのにずっと苦労していた。ペリム島に停泊する六隻が力を合わせることで意見がまとまれば、絶大な力をもつアウラングゼーブの船隊に挑むだけの戦力がそろうだろう。

ミドルトンの証言によると、六人の船長はそれぞれの乗組員と話し合ったうえで、互いに協力する際の条件を取り決めたという。きっと合意規定も書かれたことだろう。六人がこのタイミングで力を合わせようとしたこと自体は、驚くにあたらない。インドの宝物船を一隻乗っ取ることができれば、掠奪品はみんなに行き渡るほどの量になるはずだったのだから。

　驚くべきは、手を結ぶ際に六人が選んだリーダーだった。理屈から言えば、トーマス・テューが最有力候補だった。エヴリーはもっぱらアフリカ西岸沖で活動していたのだし、誰がどう見ても専業海賊としては新米だった。かたやテューは、まさに六隻が航行している海域で歴史に刻まれるほどの掠奪を成功させたばかりだった。ところがこのふたりや手下たちのあいだに何か響き合うものがあったのか、結果は別の形をとったのだ。「全員が手を組むことになって」とフィリップ・ミドルトンは証言する。「エヴリー船長が指揮をとるって話になりました」

　ここにいたる一二カ月を、ヘンリー・エヴリーは自分の部下を死なせることも、船を拿捕されることもなくしのいできた。それも高速のボートに毛が生えた程度の船と、巧みな計略だけで。

　でもいまや、彼は大艦隊を手にしている。

16　後続船に頓着なく

一六九五年五月
ボンベイ

唯一のエヴリー直筆書簡

ヘンリー・エヴリーという名の海賊についての第一報が届いたとき、ジョン・ゲイヤーは東インド会社のインド統括責任者になったばかりだった。商人の息子であり、ロンドン市長サー・ジョン・ゲイヤーの甥でもある彼は、エヴリーの故郷デヴォンシャーからさほど遠くない場所で子ども時代を過ごした。エヴリーと同じく若いころに海に出て、やがてすぐ東インド会社船の船長になっている。一六九〇年代はじめごろ、ボンベイの「荒れた」港と商館を取り鎮める任務を帯びて、一二〇人のイギリス兵とともにインド亜大陸に派遣された。それからたった二年のうちに、会社の全インド事業を監督する立場になっている。

翌年五月、つまりエヴリーの手下がメイドのモスクで爆破物に火をつけたころ、コモロ沖でエヴリーの船を駆逐した三隻の東インド会社船から一通の報告書がゲイヤーに届いた。エヴリーとの応酬の事実関係を伝える文書だが、この人物が東インド会社にとって厄介の種になることを予言してもいた。報告書のあちこちに、エヴリーがファンシー号を指揮していた時期に使われ続けた次の決まり文句が何度も登場している。この海賊が率いる船は仰天するほど速い。

閣下の船隊は島に向かう途上でその船を追跡しましたが、相手はじつに敏捷です。乾舷〈訳注：喫水線から上甲板までの高さ〉がきわめて低いうえ、船体は非常に耐航性が高いので、もともと帆走力に優れたその船は、後続船に頓着なく高速度で航行できるのです。この船は紅海に向かうはずで、スーラトで途方もない騒ぎを引き起こすでしょう。

この知らせにゲイヤーはさぞかし不吉な感じを覚えたことだろう。東インド会社はロンドンで問題を抱えているうえに、アウラングゼーブとの関係も多事多難の状態だ。それなのに、「後続船に頓着なく高速度で航行できる」船で紅海を目指す海賊団の心配までするはめになった。ただ船の「耐航性」がどれほど高かったにせよ、エヴリーも怖いものなしではなかったことが、この史料からはうかがえる。商船は報告書に、ジョハンナ島〈訳注：現在のンズワニ島〉で見つけた文書を添えていた。ヘンリー・エヴリー直筆のもので、「全イングランド船の船長」に向けた宣言だ。文書はそのままの形で——書き手特有の表現から、意味の取りづらい綴りや句読点の打ち方にいたるまでが——現在も残っている。

全イングランド船の船長に告げる。私がいま乗船してるのは軍艦ファンシー号、もともとはスペイン遠征隊が乗ってたチャールズ号だ。九四年五月七日にクロニエ〈訳注：アコルーニャ〉を出た。この船は四六門の砲と一五〇人の船員を乗せ、財宝を探して航海してる私はイングランド人もオランダ人も手荒く扱ったことはないし私が指揮官をやってるあいだはけっしてそんなまねはしない。なので私は、この船を追ってくる船に対し、こうゆう合図をするようにと宣言する。我々から離れたところにいて、その正体を知りたいとか教えてほしい場合は、後檣《こうしょう》〈訳注：船尾のほうのマスト〉の縦帆を巻き上げて、丸めるか巻くかしたエンシャントをそのてっぺんに掲げることそうしたら私も同じように返事をするし、乱暴な扱いをしない。ただし私の部下は空腹で体格もよく、頑固だ。部下が期待以上の行動に出ても私にはどうしようもない。

いまもイングランド人の友であり続ける
ヘンリー・エヴリー

一六九四／九五年　二月二八日　ジョハンナ島にて

百六十数人の武装したフランス人がモヒーラ島にいて、
船を襲う機会を狙ってるので、

注意されたい。

この宣言は何を意味しているのだろう。文字だけ見れば、これは合図を伝えるもので、海上での秘密の握手といったところだろう。旗（所属を示す旗を意味するエンサインがこの手紙ではエンシャントと書かれている）を丸めて後檣のてっぺんに掲げれば、自分は手荒なことはしない、と。けれどここにはうそもあった。メイドの住民に対する掠奪ほど非礼ではなかったが、エヴリーはすでにイギリス船に対して掠奪を働いていたのだ。歴史家のジョエル・ベアーはこの手紙について、「ファンシー号の行動を阻むことができるインド洋で唯一の勢力、つまり重装備の東インド会社船との紛争を避けるための狡猾な手段」との解釈を示している。

最大の恐怖は部下の飢え

エヴリーが残した唯一の文書は、この男について何を語っているのか。船上反乱を実行できたことや、話し合いによって――トーマス・テューでなく――彼が海賊船隊の指揮官になったことから、この人物がとてつもないカリスマ性の持ち主、ある歴史家の言葉を借りれば「生まれついてのリーダー」だったことは疑いようがない。でも、どんなならず者だったかも思い出してほしい。このファンシー号の船長は、ギニアでの奴隷狩りやメイドでのモスク破壊など、紛れもない蛮行の先頭に立っているのだ。

けれどその一方で、イギリス人とのつき合いでは、急ごしらえの規範を守ろうとする。このあたりの矛盾を、ジョハンナ島の文書はしっかりとらえている。国民国家にも法律にも縛られない海賊の生き方を進んで取り込みつつも、イギリス国民としてなんらかの認知を（そして保護も）受けようとする態度。この文書からは、いっさいの決まりごとを捨て去ったのではなく、新しい規範を大慌てでひねり出そうとしている、そんな人物像が浮かび上がる。

エヴリーがイギリス船で反乱を起こし、イギリス市民の財産を盗んだのは否定しようもない事実だ。でもチャールズ二世号は民間の船なのだから、王立海軍の船を盗むのとはわけが違う。しかもジェイムズ・フブロンが契約に違反したせいで、乗組員はアコルーニャで何カ月ものあいだ無給の惨めな境遇に置かれたのだ。スペイン遠征隊の後援者が約束を破ったとき、自分には反乱を起こす正当な権利があるとエヴリーが確信した可能性は大いにある。

他方でエヴリーの態度は、まったく腰の定まらない場当たり的なものだったと考えることもできるかもしれない。はたして彼は、自分のとっている行動はイギリス臣民として正当なのだから、東インド会社にも王室にも邪魔させないと本気で思っていたのだろうか。それとも自分が計画を実行するあいだ官憲を遠ざけておく目的で、こういう文書を書いただけなのか。そう、彼は抜け目なかった。彼は盗人《ぬすっと》だった。この盗人に信義というものがあったのかは、いまとなっては確認が難しい。彼の送った信号はひどくかすんでいるのだ。

とはいえジョハンナ島の手紙には、意味ありげな信号も残されている。謎めいた最後の一文だ。私の部下は空腹で体格もよく、頑固だ。部下が期待以上の行動に出ても私にはどうしょうもない。これが脅しとして書かれたことは紛れもない。自分の部下はお前のところの連中よりも飢えている。そう読み取れる。自分らに関わらないのが身のためだ、と。

けれどエヴリーの言葉の下にある別の信号を読み解くのも難しくはない。つまり、乗組員はエヴリーでさえ阻止できない行動を起こせるということだ。たとえそれが、船長の望まないことであっても。そもそも、エヴリーが率いているのは水上民主国だ。彼が手にしているどんな権力も、乗組員から与えられたものだった。たぶん彼はすでに部下の暴力に煩わされたことがあって、それがどれほどのものなのかを感知していたのだ。そしてたぶん、乗組員の「飢え」そのものが彼の計画を脅かしていること、乗組員が制御不能な混乱を引き起こし、周到に整えた体制が台無しにされうることをわかっていたのだ。

エヴリーの伝えようとしていたことがなんであれ、この手紙は未来を暗示していた。乗組員の飢えは、人間が振るう暴力のなかで最悪の残酷かつサディスティックな行為に行き着く。それだけは言える。ただその行為がヘンリー・エヴリーの「期待以上」だったかについては、そう簡単には答えられない。

17 プリンセス

一六九五年六月
メッカ

ガンズウェイ号の女性たち

ガンズウェイ号が当時の船として異例だったのは、このムガル船に積み込まれた財宝のせいばかりではない。かりに乗船名簿があったなら、ざっと目を通すだけでもうひとつの驚くべき事実が明らかになっただろう。じつは船には何十人もの女性が乗っていて、その多くはアウラングゼーブの宮廷に連なる人々だったのだ。

一六九五年ごろの海は、ほぼ男だけの世界だった。ほとんどの商船や軍艦、私掠船は、ふつう女性をひとりも乗せていなかった。他方メイフラワー号のような移民船は、大人の女性や女の子を新しい住まいへと運んでいたが、貴婦人が大勢乗っている船というのは前代未聞に近かった。

乗船する女性は皇族だけではなかった。船長は航海の途中、側女《そばめ》候補として一団のトルコ人を買いつけ、インドに連れ帰ろうとしていた。こうした振る舞いは、いまなら性的人身売買とみなされるだろう。もっとも、ガンズウェイ号に乗っていた女性の大半は信仰に厚い巡礼者で、よきムスリムとしてハッジを行ない、義務を果たそうとしていた。

そのなかに、たぶん初めてのメッカ巡礼に向かっていたのだろう、アウラングゼーブその人の孫娘がいたと言われる。

このムガル皇女が誰なのかは、謎に包まれている。公式史によると、アウラングゼーブは複数の妻のあいだに一〇人の子をもうけているが、孫娘のなかには、ガンジ・サワーイー号に乗船していたムガル皇女と特定できそうな人はいない。思うに、この女性はきっとアウラングゼーブの親族ではあっても、直系ではなかったのだろう。ただ彼女の正体が謎のままであること自体、この時代の歴史がどんなふうに語られてきたかに関するもっと大きな問題を浮き彫りにする。

メッカ巡礼に向かう女性が大勢乗っていた事実は、ガンジ・サワーイー号の物語の根幹に関わる大事な点だ。彼女たちが悲運に見舞われたことで、もしかすると小競り合いに終わったかもしれない出来事が地球規模の危機へと変わったのだから。ところが、エヴリーと手下の破廉恥な蛮行や、東インド会社代理人の企業家精神、アウラングゼーブの横暴ぶりについては数えきれないほどの分析が書かれてきたのにひきかえ、乗船していた女性たちに当たるスポットライトは一瞬にすぎなかった。彼女たちは極悪非道な犯罪の被害者とみなされるだけだ。名前もなく、歴史で語られることもない。

史料にこういう空白はあるものの、ムガル宮廷にいたひとりの女性が経験したかもしれないことを一部でも再構成することは可能だし、この若い皇女がメッカからの帰国の途上に考えていただろうことに想像を働かせることだってできるかもしれない。

ムガル宮廷の頂点に近い場所にいた女性には、政治や文化に関わる分野でなんらかの役割を果たすことも、財産を所有することも、ちょっとした商いをすることさえも可能だった。進取の気風が強かったアクバルやジャハーンギールの時代には、裕福な皇族女性が貿易に携わり、なかには船を所有する人もいた（一六一三年にポルトガル商人がラヒーミー号というムガル船を拿捕しているが、当時のインドでもっとも大きかったこの船は皇帝ジャハーンギールの母が所有するものので、国際紛争の火種になった。八〇年後にガンズウェイ号をめぐって起きた危機を予見させる出来事だ）。皇女は美術や建築のパトロンになることもあった。事実、今日のインドにあるおびただしい数の庭園は、ムガル宮廷の女性たちが後ろ盾になってつくったものだ。

政治の舞台で活躍した女性もいる。たとえばアウラングゼーブの姉妹は、彼を皇帝の座に押し上げた宮廷陰謀劇で大きな役を演じた。ジャハーンギールの跡継ぎと目されていたダーラーにアウラングゼーブが攻撃をしかけた背後には、姉ローシャナーラー・ベーガムの暗躍があったという説も唱えられている。ただアウラングゼーブのローシャナーラーに対する感謝の気持ちがどんなに強かったにしろ、それもだんだん薄れてゆき、彼は後継争いでダーラーの側についたもうひとりの姉、ジャハーナーラーに接近していった。
ところがふたりの姉との関係は、皇帝の姉妹の結婚を禁じるアクバル時代からの掟のせいでもつれていく。この掟が設けられていたのは、そうした女性が結婚して子どもが生まれれば、ただでさえ敏感な皇位継承資格の問題がますます複雑になるためだった。同時代に書かれたいくつかの証言によると、アウラングゼーブは姉たちが男性と恋愛したり性的関係を結んだりすることのないようたいへん腐心したという。フランス人旅行家フランソワ・ベルニエによる手記のなかで、アウラングゼーブはジャハーナーラーの愛人のひとりを拝謁の間に招き、歓迎のしるしとしてこの若者に檳榔《びんろう》を勧めている。「気の毒な愛人は、ほほえむ皇帝に毒を盛られたとは夢にも思わず……家にたどり着く前に落命した」〈訳注：ベルニエによると、殺害したのはシャージャハーン〉
またイタリア人ニッコラオ・マヌッチは『ムガル史』のなかで、ローシャナーラーが「気晴らしのため自分の部屋に九人の若い男を囲っていた」と書いている。この秘密を知ると、アウラングゼーブは九人に「裏であの手この手の拷問を加え、一月《ひと》もたたないうちに始末した」。マヌッチによれば、皇帝は罪の報いとして、その後ローシャナーラー本人を毒殺したという。

地球一の富に恵まれた〝とらわれ人〟

このようないかがわしい土産話が書かれたのはムガル皇女の乱脈な性生活のなせるわざだが、

ムガル宮廷のリアルな日常とは、父権を背景とした抑圧のもとで生きることだった。

この現実に大きな影響をおよぼしていたのが、五〇〇〇人もの女性を収容するきらびやかな牢《ろう》獄《ごく》、ハレムの制度だ。ハレムは皇帝の妻や側女を筆頭に、彼女たちを支える母、祖母、姉妹、おばなどの親族、さらにこの人々を支える女官や婢女《はしため》、そして警護にあたる宦官《かんがん》で成り立っていた。妻や側女、その親きょうだいといったハレム内のエリートは、心のバランスを失いかねない状態に置かれていた。地球上のどこよりも贅沢な暮らしを満喫していながら、行動の自由はないに等しかった。

ソーマ・ムカルジーはムガル皇女の歴史をたどった著書のなかで「このレディたちは豪華な調度品のそろった豪邸に住んでいた。そこには美しい庭園や噴水があり、貯水槽や水路も整えられていた」と述べている。「彼女たちは上質な素材でできた美しく高価な衣服をまとい、頭のてっぺんから足の先まで宝石類で飾っていた」。けれど外の世界との接触は厳しく制限された。女性たちは、ごくまれにハレムの外へと遠出することはあっても、パルダという決まりに従って顔をベールで覆った。結婚相手は強制的に決められたが、夫のほうは好き勝手に妻や側女を増やすことができた。彼女たちは地球上のどこよりも豊かな社会で大事にされる貴族であり、なおかつ厳しい管理を受けるとらわれ人でもあった。

ハレムの壁の外どころか、今日のサウジアラビアに行くことを許される女性が、アウラングゼーブの宮廷にこんなに大勢いたという事実から、ハレム文化のなかでイスラームがどれだけ重んじられていたかがなんとなくわかる。

クルアーンを緻密に学ぶことはすべてのムガル皇女に例外なく義務づけられていることのひとつだった。アウラングゼーブの長女ゼーブンニサーは、七歳のときにはクルアーンを完全に暗唱できたとか。宗教上の慣習では、女性がハレムの外に出て神殿などの聖所《せいじょ》を訪れることは許されていた。とはいえアウラングゼーブの宮廷にいた若い女性にとって、メッカ巡礼は初めての、それも途方もない長旅で、世界の征服者の支配地を離れる唯一の旅であったはずだ。

このムガル皇女が誰なのかはさておき、彼女はベールの下にどんな思いを隠していたのだろう。ハレムにいた皇女とその姉妹が、ほとんどの同時代人から見てじつにたぐいまれな生活を送っていたのはまちがいない。たいへんな富に恵まれつつもわずかな自由しか与えられず、身の回りに宝石類や噴水があっても性の面ではがんじがらめにされる生活を――。

もっとも、今日この女性たちについて語られている話は、もとをたどればほぼすべて部外者の談話につながる。しかもマヌッチやベルニエといった、まったくのよそ者による観察がもとになっている場合が多い。サミュエル・ピープスやアンネ・フランクのようなムガル皇女はいないし、それどころか史料のなかに言葉を残した人はひとりもいない。もしも日記作家がいたなら、ムガル宮廷で女性として生きるのはどんな感じなのかを率直に記録したのだろうけれど。

レイプが常態化する社会で

現代人の目には、ハレムは明らかな抑圧の施設、石造建築の形をとった父権制として映る。が、だからと言って、生まれてからずっと別の現実をいっさい見ることのできない状態にがっちりと押しとどめられていた女性が、はたしてハレムに抑圧のようなものを感じていただろうか。あるいは、ハレムのなかにいながらも革新的な考えを内に秘め、社会を違った方法で形づくることを夢見る女性もいたのだろうか。はたまた――それが正しいかどうかは別として――女性がベールを着けず、一夫一婦制が習わしになっていて、女性が君主になることもあるヨーロッパのほうが魅力的なのではないかと、考えをめぐらす女性もいたのだろうか。

これらの問いにどう答えるかによって、一六九五年九月にインド洋の熱帯水域で起きた出来事のとらえ方も、ヘンリー・エヴリーという人物についての考え方も変わってくる。とはいえ、ムガル帝国の法律や慣習のもとでは、女性に比べて男性のほうがはるかに大きな自由と権力を与えられているということを、スーラトに戻ろうとしていたインドの皇女が理解していたのはまちがいない。そういう現実を言い表すのに抑圧という言葉を使ったかどうかはともかく、抑圧の鋭い痛みを、自分には可能性がわずかしかないことを感じていたはずだ。そして、自ら体験したことはないとしても、周囲で当たり前のようにレイプが起きていることを聞き知っていたにちがいない。いずれにしろそのような経験が、彼女になんらかの傷を残していたことだろう。

そこで問題になるのが次の点だ。
彼女が脱出を望むほど、はたして傷は深いものだったのか。

第3部

掠奪

18 ファテー・ムハンマディ号

インド洋、セントジョン岬西方沖

一六九五年九月七日

致命的な見落とし

新たに編成された海賊の大船隊は一カ月以上、モンスーンの季節を待っていた。南西の風が吹けば、スーラトに戻る商船がバブエルマンデブ海峡を通るはずだ。ペリム島では気温がしばしば三八度を超え、砂漠の暑さから逃げることはできない（島にある小さな天然港の水でさえ、真夏には三三度から三五度という温度だった）。乗組員たちは延々と待たされるうちに、エヴリーの計画が生煮えだったのではと不安になっていった。

ジョン・ダンはのちに述べている。「みんなそこでしばらくじっとしてたわけですが、ムーア人の船がモカからやって来るなんてことはないいんじゃないかって気がしてきたんです。で、ピンネース船を出してボートを二隻つかまえた。連れて来たふたりの奴が言うには、船が来るのはまちがいないってことでした」（紅海の反対側にスエズ運河がない時代だから、商船がほかの場所を通るはずもなかった）。数日後、乗組員たちは「ムーア人の船」が海峡のほうへとついにやって来るという情報を得た。

ところが、最初の商船隊がようやく到来した八月最後の土曜日、エヴリーと乗組員はどうやら致命的な失敗をしでかしたようなのだ。この瞬間のためエヴリーたちは一年前から用意を進めてきたというのに、モカから来た二五隻前後の商船隊は、どういう方法を使ったのか、海賊たちに探知されず、闇に紛れて海峡を通過してしまった（その夜の見張り番数人が受けた罰についての記録は残っていないが、きっと厳しいものだったろう）。翌朝にずっと小さな船をつかまえてようやく、海賊たちは自らのとんでもない見落としに気づいたのだった。

ミドルトンによると、海賊らは「商船隊を追ったほうがいいか、その場所から動かないほうがいいかを話し合った」という。これは難しい選択だった。インド船には追いつくのが不可能なほど水をあけられたうえ、海賊たちのドルフィン号は浸水していたのだから。けれどエヴリーは、自分の率いる船がインド洋で一番速いことをわかっていた。インドの船隊に追いつくことのできる船があるとしたら、それはほかならぬファンシー号だった。

乗組員は手短に話し合ってインド船を追跡することに決めたが、まずは船隊を立て直した。ドルフィン号に乗り組んでいた六〇人はファンシー号に移り、ドルフィン号は燃やして沈めた。ドジョン・ダンがのちに使ったたとえを借りると、この船は「病気の船乗り」だったからだ。

パール号がファンシー号について行くのは明らかに難しかったので、彼らはこの二隻をロープでつなぎ、遠くへ消えたインド船隊の追跡に乗り出した。パール号を曳航《えいこう》していても、ファンシー号は船隊のなかでもっとも速かった。「遅れることがなかった」のはポーツマス・アドヴェンチャー号だけだったとダンは振り返る。スザンナ号〈訳注：アデン湾で合流した船のひとつ〉は最後には船隊に追いつくことができたが、トーマス・テューのアミティ号はいつの間にか水平線の向こうへ消え、連絡が途絶えてしまった。テューはこの時代の紅海者《レッドシー・メン》のなかで誰よりも名高い人物だが、アミティ号が海の上でファンシー号に太刀打ちできるはずもなかった。

五年分の勝利の味も四八時間

海賊船の見張り番は何日も水平線に目を走らせ、獲物の気配を探った。エヴリーはファンシー号の針路を東北東に取ってアデン湾からアラビア海に出た。視界には追うべき船が見えなかったし、宝物船隊の最終目的地はスーラトかボンベイのどちらかだと考えられたので、その方向に進むことにした。一〇日が過ぎたが、獲物らしいものは見えない。乗組員は空腹から落ち着きを失った。ペリム島で延々と待たされていたあいだに、食糧が不足気味になっていたのだ。

追跡一〇日目に入り、先行きがますます不安になっていたところへ、見張り番が初めて陸を視認した。ボンベイ北方にあるセントジョン岬の輪郭が、遠くにかすんでいる。

それまでの十昼夜は、エヴリーにとってさぞかし胸苦しいものだったにちがいない。六〇〇〇マイルも航海してきて、四〇〇人もの大部隊を結成し、世界でもっとも値打ちの高い宝物船隊をとらえるのにもってこいの場所に陣取っていながら、みすみす船隊を見失ったのだから。一〇日目が過ぎるころにモンスーンが吹き始め、セントジョン岬が見えてきた。とあれば船を港へと無事に着岸させ、エヴリーの手に余る積荷をすでに降ろし始めていた可能性もある。

けれど九月七日になってとうとう運が向いてきた。商船隊からはぐれた数隻の船が見えたのだ。そのなかで一番大きかったのがファテー・ムハンマディ号という重武装の商船で、インドの豪商アブドゥル・ガッファールの船だった。ある同時代人の説明によると、ガッファールは「イギリス東インド会社と同じ規模の貿易を手がけていた。というのも私の知る限り、彼は一年間に三〇〇から八〇〇トン級の船二〇隻超を艤装《ぎそう》していたからだ」。

エヴリーはもくろみを立ててから一年以上たって初めて、ムーア人の宝物船を自分の目で見たのだった。そこで乗組員に命じて船隊を先回りさせ、夜間に錨《いかり》をおろして相手を待ち伏せすることにした。バブエルマンデブ海峡では夜陰を利用されて計画が台無しになったことを考えると、リスクの高い戦略だ。

夜が白々と明けてきたころ、海上には濃い霧が立ちこめ、視界が悪くなった。乗組員は灰色をした霧の奥に目を凝らし、インド船隊の気配を探る。さほど長く待つ必要はなかった。数分とたたず、霧のなかにファテー・ムハンマディ号の薄暗い輪郭が浮かび、「ファンシー号からピストルの弾が届く範囲に」やって来たのだ。ダンの回想によると、この船は「二から三〇〇トンのあいだで、砲を六門搭載していた」。エヴリーは号令を出し、相手に一斉射撃を浴びせた。ファテー・ムハンマディ号は三回斉射したが、なぜかエヴリーの船はまったく損傷を受けず、それどころか、驚くことに相手を降伏させたのだ。そして船はエヴリーたちのものになった。

海賊たちはファテー・ムハンマディ号に貯蔵されていた膨大な量の金銀を発見した。その価値は六万ポンド分、現在のドルに換算して五〇〇万ドル分だったという。トーマス・テューが二年前に盗んだものと比べればたいした量ではないが、それでもひとつの場所にこれだけの財貨が集まっているのを見るのはエヴリーにとっては初めてのことだった。このとき海賊船隊に残っていた三〇〇人前後のあいだで分けても、スペイン遠征隊の二年分の賃金として約束されていた金額の二倍以上になる。もちろん船長のエヴリーについては幾分か上乗せされたはずだから、彼はファテー・ムハンマディ号をあとにしたとき、少なくとも五年は陸《おか》で快適な暮らしを送れるくらいの金額を手に入れていたことだろう。

アブドゥル・ガッファールの財宝は、エヴリーたちに人生を変えるほどの富をもたらしてくれた。でも財宝を一目見たときにエヴリーはそろばんをはじき、海賊稼業からきれいに足を洗える量ではないとわかったのかもしれない。

勝利に酔いしれている余裕は四八時間しかなかった。ファテー・ムハンマディ号は別働隊が舵《かじ》を取り、他の船とともに陸地を目指して東へと進んでいった。

九月一〇日、エヴリーたちがセントジョン岬の沖合に投錨していると、見張り番がふたたび警報を鳴らした。前回の船よりずっと巨大な船の帆が、水平線の上に姿をあらわしている。目的地スーラトへの進入航路を進むガンズウェイ号だ。数分もしないうちに、ファンシー号は総帆を張って追跡を再開した。

仲間の残酷な死に様を知っても

ガンズウェイ号の強大さを正確に把握できるくらいに距離を縮めたとたん、エヴリーはこの船に威圧される感じを受けたにちがいない。二〇〇人前後の乗組員だけで一杯になるファンシー号とは違い、一〇〇〇人を乗せることのできるこの大型船は、海賊船の上にそびえていたことだろう。ガンズウェイ号が装備していた防御用銃砲は海賊船をはるかにしのぐ量だったし――大砲は八〇門、マスケット銃は数百丁――砲手や銃手は小さな船の甲板を狙うわけだから、射角についても明らかに有利だった。

反乱を起こしてからの一六カ月間、ヘンリー・エヴリーには決断を迫られることが何度もあった。いつ傾船修理をすべきか、マダガスカルでどれくらい待機しているべきか、船隊の指揮権を賭けてトーマス・テューーと競うべきか、といったことについての決断だ。けれどガンズウェイ号がもつ実力のほどについて――戦った場合に自分たちがどれほどの損害を受けそうかや、どんな抜け道があるのかについて――初めて考えたこの瞬間、エヴリーはじつに大きな決断を強いられていた。

死者をひとりも出さず、賃金五年分にあたる財貨をほんの数時間ほどの掠奪作戦でもぎとったばかりだ。ファテー号を襲撃してのけただけで、当時最大級の成功を収めた海賊でいられるわけだし、運がよければムスリム船隊からはぐれた別の船に出会い、前回同様やすやすと仕留められることだってあるかもしれない。しかも、ガンズウェイ号がそう簡単に降伏しないことは明らかだった。エヴリーはすでに船隊の半分を失っているし、残りの一隻は船足が遅く、自力航行させるよりアデン湾の外に曳航するほうがずっと賢明だった。ギャンブラーなら、ガンズウェイ号との直接対決でエヴリーが負ける事態を想定しなければならないだろう。

数百マイルほど離れた場所で起きたことをエヴリーが知っていたら、計算の結果は違っていたはずだ。ファンシー号に置いていかれてから、アミティ号のトーマス・テューと乗組員は、やはりファテー・ムハンマディ号に出会い、このインド船を相手に戦うことになった。結果、アミティ号は惨敗。砲撃戦の最中《さなか》に砲弾がテューの腹部を貫通し、内臓をえぐり出したという。一説によると、テューは自分の腸を手で押さえたまま絶命したらしい。「彼がこときれると、乗組員は縮みあがり、抵抗することなく投降した」。大勢の海賊がとらえられ、囚人として連れ去られたのだった。

テューの物騒でグロテスクな死に方がショッキングなら、その晩年の大どんでん返しもショッキングだ。一六九三年にあげた戦果をもってすれば、彼はきっぱり引退してロードアイランドの大地主、いわばアメリカのフランシス・ドレイクとして余生を送り、肉体労働はいっさいしないという選択をしてもよかったはずだ。なのにそういう未来を選ばず、地球の反対側でアデン湾の空をにらみ、アミティ号の甲板の上で血を流し、自分の腸を押さえながら生涯を終えることになってしまった。

じつに興味深いことだが、テューが恐ろしい死に方をしたことを、エヴリーが知っていた可能性がある。この晩夏にインド洋で起きた戦闘に関するいくつかの証言によれば、アミティ号がファテー号と運命の対決をしたのはファンシー号がファテー号に追いつく数日前だったそうだ(この時間軸を採用すると、ファテー号が早々に降伏した理由を説明する有力な仮説が得られる。アミティ号との戦いで損傷を受け、二回目の戦闘を戦えるだけの火力がなくなっていたのだろう)。

このシナリオに従えば、ファテー・ムハンマディ号にある金銀の量を確かめようと乗り込んだとき、エヴリーはアミティ号から連れて来られた囚人を目にしたはずで、仲間の船長が無残な死を遂げたことを聞かされたにちがいない。

飢えがもたらす勝算

ただそれよりも、ガンズウェイ号を攻撃した場合の勝算をはじいていたとき、トーマス・テューの死はエヴリーの意識の外にあったと考えたほうが、シナリオとしては現実味がある。それまでの十数カ月にわたり、慎重に手札を使ってきた人間が――あくまでイギリス法の枠内にいる者として巧みに自己演出し、ムーア人の船が自分のしかけた罠《わな》に落ちるよう、モンスーンの季節をじっと待った人間が――敵に回せば敗北必至の船に危険な襲撃をかけようとしたのはなぜか。

エヴリーが残した文書の最後にある謎めいた文には、たぶん裏の意味があったのだ。もしかすると財宝に対するエヴリーの欲望も、手下の「空腹」に負けず劣らず強烈だったのかもしれない。または、この途方もない獲物を狙わないと、反乱を起こされて自分自身の身が危うくなると恐れたのかもしれない。あるいは、素早く動けるファンシー号なら、ガンズウェイ号を攻撃しても、事態がややこしくなる前にその場を去ることができると確信していたのかもしれない。数カ月前に東インド会社の通信文が警告していたように、この船は後続船に頓着なく高速度で航行できるのだから。

この通信文はまた、エヴリーを野放しにすれば「スーラトで途方もない騒ぎを引き起こす」との予想を示してもいた。一見大げさな警告に思えたこの予想は、ファンシー号とガンズウェイ号との直接対決という決定が下されたために、予言に変わってしまう。ただひとつ外れたのは、

「騒ぎ」がスーラトどころか、はるかかなたにまで広がったことだ。

エヴリーと手下たちは飢えていて、怖いものなしだった。そしてついに、けたはずれの財宝に照準を定めたのだ。

19　けたはずれの財宝

インド洋、スーラト西方沖

一六九五年九月一一日

驚くべき偶然と幸運

晩夏のあの日のインド洋近海を、鳥瞰図《ちょうかんず》で眺めているとしよう。東にはスーラトのタプティ川沿いに並ぶ造船所や商館が見える。その建物のどこかにサミュエル・アネスリーがいて、自分と同僚にどんな破局が待っているかも知らずに、在庫を調べるなり、ロンドンに送る報告書を書くなりしている。スーラトの外海では、メッカ巡礼船隊の前衛船が港に向かっている。乗客は三カ月の長旅で疲れた様子だが、紅海者《レッドシー・メン》とのもめごともなく、無事に帰国できることにほっとしている。

そしてさらに沖のほうには、たぶん海岸線から一〇〇マイルほどのところだろう、二隻の船がはっきり見える。一隻は海に浮かぶほかの船の二倍はあり、スーラトの港を目指してゆっくり進んでいる。もう一隻は帆を広げ、波にもまれた状態で、乗組員は慌ただしく甲板に集まり、来たるべき戦闘に向けて銃砲の準備をしている。

太古の歴史は、現在の領域に文字どおり立ち入ってくるもので、遠い時代の痕跡がいまの私たちの遺伝子や言葉、そして文化に刻印されているのもそのためだ。けれど一六九五年のインド洋にあらわれた光景はそれとは異質で、何種類もの長尺の歴史物語が派手に衝突する、珍しい場面のひとつだった。

綿織物が発明されたキリスト生誕数世紀前から、脈々と蓄積されてきたインドの富。一〇〇〇年前にムハンマドが（そしておそらくもっと前にアブラハムが）メッカに行ったことで形づくられた巡礼ルート。インド亜大陸を支配するムスリムが何世代にもわたって継承し、アウラングゼーブに引き継がれた強大な権力。先行き不透明ななか、スーラトとボンベイの足場を死守しようと必死の東インド会社。海賊とその革新的平等主義の長い歴史。そのいずれについて語るにしろ、一六九五年九月の出来事は、各々の時間軸のなかでひときわ目立っていることだろう。

これら別々の糸を結び合わせるものは何か。それは故国から六〇〇〇マイルのところで船上に集まっている二〇〇人の男だった。食糧に事欠き、一《ひと》財産をつかもうと躍起になっている。

ガンズウェイ号に攻撃をしかけられるところまでファンシー号が距離を縮めたときに何が起きたか。次の三点についてはほぼ異論はない。第一に、ガンズウェイ号がエヴリーの船に反撃しようとしていたときに、このムガル船の甲板で大砲が爆発して五、六人の命を奪ったうえに重傷者も出し、混乱と破壊の修羅場を生み出したこと。第二に、エヴリーの浴びせた砲弾のひとつがものすごいまぐれでガンズウェイ号の主檣《しゅしょう》に当たって主帆や索具をめちゃくちゃにし、船を廃船同然に変え、壊れた大砲のせいで混乱していた現場をさらにかき回したこと。

エヴリーのひとめぼれ

三つ目の事実はこうだ。対決の末にエヴリーたちが手に入れたのは、ガンジ・サワーイー号の名にふさわしい「けたはずれの財宝」だったこと。巨大な船のなかに、彼らはとてつもない量の金銀に加え、宝石類や象牙、没薬《もつやく》、乳香、サフランなど心躍らせる品々を見つけた。エヴリーによる掠奪のニュースが流れたとき以来、インドの宝物船からこの海賊が正確にはどれだけのものを盗み出したのかについて熱い議論が交わされてきた。

ジョンソン船長は『海賊列伝』のなかで、額をはじき出すのは難しいと述べている。「東洋の人々が旅をするときに贅《ぜい》を尽くすのはよく知られるところで、この人々は奴隷や従者を全員連れ、豪華な常用品や装身具、金銀の器類、陸《おか》に降りて移動する際もろもろの支払いに使う多額のお金を持参していた。したがってこの掠奪品から得られる利益を計算するのは容易ではない」

いくつかの見積もりが示すところでは、財宝は二〇万ポンド相当、いまの通貨に換算してだいたい二〇〇〇万ドル相当だった。東インド会社はのちに、盗品の価値をこの三倍と割り出している。ただ価値の計算結果がどうだろうと、エヴリーのガンズウェイ号に対する掠奪の被害総額は、犯罪史上最高の部類に入る。

けれど三つの事実——大砲の爆発、主檣の倒壊、歴史に残るほどの掠奪額——の裏に目を向ければ、エヴリーとガンズウェイ号の物語はふたつのせめぎ合うストーリーに分裂してしまう。一方のストーリー——それから数十年間にわたり、ロンドンのバラッド売りやパンフレット書きが取り上げることになる物語——では、海賊が相手船に乗り込んでインド兵と二時間にわたって白兵戦を繰り広げ、勝利を収めている。船を乗っ取った男たちは、なんと船内に、ヒジャーブを着けた何十人ものムスリム女性が身を潜めているのを見つける。衣服にあしらわれたエメラルドやダイヤモンドは、女性たちがアウラングゼーブの宮廷に連なる人々であることを物語っていた。

このストーリーによれば、ベールで顔を覆った女性のなかに、アウラングゼーブの孫がいたそうだ。どんな方法を使ったのかはわからないが、海賊たちは女性の身元を突き止め、おびえて泣く彼女をエヴリーのところへ連れて行った。

ファン・ブルックが一七〇九年に書いた物語にはこうある。「船長は泣き暮れるレディーを一目見て、胸を締めつけられた」。そしてここから『ポカホンタス』のインド洋バージョンが始まる。危険な旅を終えた末、いわゆる「土人」のエキゾチックな美しさのとりこになる西洋人のお話だ（言うまでもなく、この場合「土人」は西洋人とは比べものにならないくらい裕福なので、その点で独特ではある)。この物語によると、エヴリーはその場でムガル皇女に結婚を申し込み、ついに「宝石よりも大きな喜び」を見つけた。ムスリム聖職者の前で結婚した「幸せな新婚夫婦は、結婚生活のこのうえない幸福とともにマダガスカルへと戻っていったという」。

ダニエル・デフォーの解釈は、エヴリーを語り手にした一人称の小説『海賊王』(一七二〇年)で示されていて、エヴリーの部屋にムガル皇女があらわれた場面で、これと似たような説明をしている(とはいえデフォーは女性を皇后に格上げしているが)。

「これほどの麗しさと悲しみの様子を見るのは、バッカニアには初めてのことだった。皇后(そう書くのはこの女性がそれまでまさにその地位にあったからだ)は全身を金銀で飾っていたが、おびえて泣いていた。そして私の姿を目にしたとたんに身震いしたのが、ありありとわかった。まるでいまにも死んでしまいそうなくらいに。天蓋も覆いもない、寝椅子に似たベッドのようなもの(体を横たえるためにだけつくられたもの)の横に腰掛けていた。彼女はダイヤモンドで覆われているかのようだったが、私は真の海賊らしく、自分がレディーよりも宝石に関心があることを、やがてすぐにわからせた」

ファン・ブルックの書いた物語と同じように、エヴリーはムガルの皇后に敬意をもって接しているが、デフォー版では、ふたりのあいだにロマンスが花開くことはない。どうやらこの海賊船長が狙った相手は――恋心をいだいた相手は――ひとりの女官だったようだ。「女官のなかに、ずっと私の心にかなうレディーがいた。のちに彼女とねんごろになるが、それは私が無理強いしたからでも、はずかしめたからでもない」

完璧な証人

デヴォンシャーの海賊とムガルの花嫁がつむぐ愛の物語は、現代人には不自然に思える。他方アネスリーの伝記にはこう記されている。エヴリーは「良家の若いムスリム女性をとりことして連れ去った。女性はメッカへの巡礼を終えて故郷に向かっていた」。ここでのキーワードはもちろん「とりこ」で、この言葉はふつう「結婚生活のこのうえない幸福」とは縁遠いところで使われる。

そのじつ、エヴリーと女性とのなれそめについて甘口の描写が目立つ物語においてさえ、語り手の声のなかに疑念の響きが聞き取れる。デフォーの小説で、語り手は言う。「イングランドでこんなことがささやかれているらしい。私がこのレディーをはずかしめ、非常にむごい仕打ちをしたと。しかしそれは誤解だ。なぜなら、彼女に対してその種のことはいっさいしていないからだ。うそではない」

デフォーはエヴリーに、乗組員がとった行動の弁解もさせている。「もう一方の船の乗組員と寝た者が皇女の女官にいるのだとしても、多くは自ら応じて善意でしたのであって、それ以外にありえないと思う。それにことが終わったあとはその場から追い出し、怖がらせることもなければば、命や名誉を危うくすることもなかった」
ファン・ブルックもやはり、エヴリーの名誉を守ろうとしている。「皇女をはずかしめたというわさもあるが、［彼は］高貴な生まれにふさわしい敬意を皇女に払い、皇女と女官を自分の船に連れて行った。そして船に積まれた財宝をすべて奪うと、船と乗組員を目的港に向かうに任せた」。そうなのだ。たしかにエヴリーと乗組員は「船に積まれた財宝をすべて奪った」かもしれないが、皇女にだけはしかるべき敬意を払っていた。ほかの「うわさ」を聞いてどう考えるかはその人の自由だが――。

この不可解な説明はなんなのだろう。恋に落ちた海賊エヴリーという大衆向けストーリー――皇女に敬意を払ってプロポーズしたうえに、ムスリムの聖職者が式を執り行なうのを受け入れたという話――に異論が出ていたという事実自体は、イギリスとインドの関係が意味深い変化を遂げていたことを示している。

ヨーロッパの船乗りは――海賊であれ貿易商であれ、はたまた海軍士官であれ――少なくとも二世紀にわたり、自国から遠く離れた場所で残忍な悪事を犯してきた。そのなかには中米各地の港町で流血戦を繰り広げたドレイク船長や、インドネシアの香料諸島で集団殺戮《ジェノサイド》を引き起こしたオランダ人もいる。ところがそういう蛮行についての話がヨーロッパ各国の首都に届き、勇敢な探検家とされる人物の道徳性が問い直されることはめったになかった。本国での彼らは英雄であって、大量殺人犯ではなかった。

でもヘンリー・エヴリーと手下は自ら招いた汚名を返上することができなかった。じつはガンズウェイ号襲撃事件では、被害を受けた側が自ら、この出来事についてはるかに過酷なストーリーを逆の立場で書いているのだ。

ガンズウェイ号事件に関する甘口の理想化されたストーリーに対抗するようなものが書かれた事実は、ある面で当時のインドとイギリスの力関係を映し出していた。一七世紀前半にバンダ諸島（インドネシアのジャワ島から離れたところにある）でオランダ人に殺害された一万三〇〇〇人には軍艦もなければ、殺戮《さつりく》を記録したり抗議の声をあげたりする外交官も書記もいなかった。けれどヘンリー・エヴリーが標的にしたのは、世界でもっとも裕福な人物、ヨーロッパの「文明国」でもかなわないほどの巨大な国家機関を支配する人物の所有船だったのだ。

第二のストーリーが書かれたのには別の理由もある。珍しい幸運がめぐって来て、完璧な証人が折よくその場に居合わせたことだ。

エヴリーがガンズウェイ号を攻撃していたとき、内陸にある町ラヒーリの守備隊長の使者がスーラトにやって来た。ここでいくつかの取引をすませて、ボンベイに向かう予定だった。使者の名はハーフィー・ハーン。ハーンが依頼主につつがなく品物を届けられたかどうかはわからないが、スーラトでたまたま耳にした話はそうした仕事よりずっと意味深いものだった。聞いた瞬間にその政治的重大さがわかるほどの、衝撃的な虐待と殺人の話。ことの重大さを直感できたのはハーンであればこそだった。というのも彼はただの使者ではなく、歴史家を志していて、のちにアウラングゼーブ治世の正史を書いて高い評価を得ることになる人物だからだ。

　インドの船隊はエヴリーと出会ったときから、とんでもない不運に見舞われ続けた。けれどハーフィー・ハーンという人に恵まれたのだけは幸運だった。このすばらしい語り手は、世紀の大犯罪の知らせを乗せた船から情報を得るのにちょうどいいタイミングで、スーラトに入っていたのだ。

20　対抗するストーリー

インド洋、スーラト西方五〇マイル地点

一六九五年九月一一日

ふぬけた敵のおそまつな戦術

ハーフィー・ハーンは、ガンズウェイ号がほうほうの体《てい》でスーラトに着いたころ、つまりエヴリーがこのムガル船を見つけてからおよそ一週間後に、事件の生還者からじかに聞いた話をもとに執筆した。物語の初稿はアウラングゼーブの宮廷内やその周辺で回覧され、やがて世界の征服者その人のところに届いた。これはのちに、ハーンの手になる壮大なムガル王朝史に収められる。アクバルの時代から同時代のアウラングゼーブの治世までを扱った書物だ。

歴史家を父にもつハーンは、人生の大半を通じてアウラングゼーブのために仕えた。さまざまな身分で宮廷特派員のような役を務め、アウラングゼーブの目となり耳となった。ガンズウェイ号事件からこれほど日の浅い時点で書くことができたのは、そういうなりわいをしていたからだ。バラッド売りがまき散らしているような又聞きの又聞きをもとにしたファンタジーに比べて記述がリアルなのも、そのおかげだった。エヴリーとムガル皇女の大ロマンスは、伝聞から話を組み立てる売文家の書いたものだ。ハーンはそんな売文家とは次元が違い、歴史家でありつつジャーナリスト的な仕事をした。彼はエヴリーの手下が乗り込んできたときにガンズウェイ号に乗っていた人々から証言を聞き取っている。

ハーンは真っ先に、アウラングゼーブが最初にいだいたはずの疑問に切り込んだ。大きさも戦力も三倍以上ある船を、雑多な海賊グループがものにできたのはなぜか、という問いだ。ハーンはそれに答えようと、砲弾のまぐれ当たりや大砲の爆発について丹念に記したうえで、三つ目の理由も挙げている（これはやがて、ヨーロッパの文献ではほとんど無視されることになるが）。

なんと船長のイブラーヒーム・ハーンという不良貴族が、おじけづいてしまったらしいのだ。船の主檣が倒壊すると、エヴリーの手下が左右の舷側から船に乗り込み、まるでエロール・フリン主演映画のワンシーンのようにムスリム戦士と激しい大立ち回りを繰り広げたという。アウラングゼーブの兵士のなかには立派に戦う者もいたが、イブラーヒーム・ハーンはエヴリーの攻撃による混乱のなかで、正気を失ったようだ。

剣を扱うキリスト教徒は自信なげな様子だし、帝国船にはたくさんの武器があったから、船長が少しでも抵抗していたら、連中を負かすことはできたはずだ。しかしイングランド人が乗り込んでくるやいなや、イブラーヒーム・ハーンは走り出し、船倉に入ってしまった。そこにはモカで自分の妾《めかけ》として買ったチュルク人の娘が何人かいた。ハーンは娘たちにターバンを巻くと、剣をもたせ、戦うようにたきつけた。娘たちは敵の手に落ち、敵はいくばくもしないうちに船の完全なる主人になりおおせた。

ハーン船長のふぬけぶりは異様なだけに、かえってここにはいくらかの真実が含まれているように思う。この話は少し茶化した感じで語られることがしばしばある。残念な船長が船を守ろうと、男装の女性たちを敵に差し向けたのだと。

けれど受難に見舞われた当の女性にとって、現実は恐ろしいものだったにちがいない。トルコ人の「妾」——大量の樽《たる》詰めコーヒー豆と同じように売買され、皇帝の船に閉じ込められた性奴隷——の視点から、想像してみよう。暗いところに身を横たえていると、耳をつんざくような大砲の音が頭上で響き、燃える板材と、船室に漂う火薬の臭いがする。するといきなり、監禁者が——船に乗せられてから一カ月のあいだ、その男はあなたを繰り返しレイプしていたはずだ——狭苦しい船室に駆け込んで、あなたの頭にターバンを巻き、カトラスを握らせる。あなたは乱闘の繰り広げられる主甲板にあがるが、混乱をきわめる周囲の状況がまるでつかめない。

ムスリム船長がとった行動は想像するだけでそら恐ろしいが、そのあとにイギリス人がしかけた攻撃の前ではかすんでしまう。戦いが終わったとき、ガンズウェイ号では二五人の男性が（そしておそらく複数の女性が）死亡し、それとほぼ同数が重傷を負っていた。一方これほどの混乱のなかでも、エヴリーの側はひとりも失っていない（ハーン船長は後日、この壊滅的敗北について釈明を試み、エヴリーが一二〇〇人の海賊からなる軍勢で襲ってきたという自説を垂れ流している）。

性暴力の嵐

決着がつくが早いか、海賊たちは財宝を探して船内を物色し始めた。ガンズウェイ号が積んでいた莫大《ばくだい》な財宝のうち、大量の金塊や銀塊、そして何樽もの貴重なスパイスは簡単に見つかった。操舵手ジョゼフ・ドーソンが見守るなか、数十人が掠奪品をファンシー号に引きずって行った（掠奪品を根こそぎ運んだら、配分するのがドーソンの役割だった）。でもガンズウェイ号のような皇帝の所有船には、ほかにも貴重な品が隠されているにちがいないと海賊たちは思っていた。隠れている獲物の場所を突き止めようと、男たちは情報を聞き出すときの海賊の常套手段《じょうとうしゅだん》を使った。拷問だ。

財宝の隠し場所をガンズウェイ号の船員に吐き出させる目的で海賊が用いた具体的方法については、一六九五年の襲撃事件に関する史料のどこを見ても記録がない。けれど事件の反動のすさまじさは、厳しい手段が使われたことをうかがわせる。

しいて参考になるものを挙げるなら、乗組員から財宝のありかを聞き出そうとした別の海賊の発言についての記事くらいだろうか。《アメリカン・ウィークリー・マーキュリー》紙の特報によると、一八世紀の海賊エドワード・ロウは――海賊の合意規定として現存する四文書のひとつはこの人物によるものだが――乗組員の「何人かに切りつけたうえ鞭《むち》を当て、ほかの何人かについては指に火をつけて骨が見えるまで燃やし、金《かね》のありかを言わせせようとした」。

オランダの文筆家アレクサンドル・エクスキュムランは、非協力的な情報源から財宝の正確な場所を聞き出すときに使った「縛り《ウールディング》」のテクニックをつまびらかにしている。「その男を後ろ手に縛り、高いところにつり上げては落とすことを繰り返し、両腕を脱臼させた。それから細綱で頭の上部をきつく縛った。眼球が卵のように膨れあがるくらいに。それでも貴重品箱の場所を言わなかったので、男の象徴の部分からつり下げた。そのうえでひとりが殴って、ひとりが鼻を、もうひとりが耳をそぎ、さらにひとりが火であぶった」

だがハーンの説明によれば、この種の行ないは二次的な罪状にすぎない。本当の罪は、もっぱらガンズウェイ号の女性客に対してなされたことにある。

戦闘で海賊たちの感情が高ぶっていたこと。男だけの世界が一六カ月ものあいだ野放しにされ、異常な雰囲気になっていたこと。メイドのモスク破壊が物語るように、エヴリーの手下には反ムスリムの偏見があったこと。海賊たちが船に足を踏み入れると何十人もの女性がいて、しかも一部は宝石類を身に着け、その価値は男たちの全財産を合わせてもかなわないほどだったこと――これらの要素が重なって、性暴力の嵐がわき起こり、何日も続いたのだ。

ハーンの文章のかなめとなる箇所には、そのことが二文にまとめられている（なお、この内容は宮廷への報告文で紹介され、次に手紙やうわさ話の形で広まった）。

［海賊は］自分たちの船に［財宝を］積み込むと、その住みかの近くに帝国船を陸揚げし、一週間にわたってめぼしい品を物色し、老若の区別なく男は裸にし、女性についてはその名誉を奪った。……何人もの高貴な女性が操《みさお》を守るためすきを見つけて海に身投げし、また何人かは小刀や短剣で自害した。

控えめに記録されるレイプ魔の所業

奇妙なことだが、海賊に関する文献というのは総じて、この種の犯罪にカメラを向けることには熱心でない――ここで奇妙という言葉を使ったのは、海賊が繰り広げる血なまぐさい場面や恐怖の場面など、ほかのことなら微に入り細をうがって描いているからだ。たとえばアミティ号の甲板で自分の腸を押さえながら死にゆくトーマス・テューについてや、とらえた人間の脈打つ心臓を切り裂くエドワード・ロウについて読みたければ、そういう読書体験をさせてくれる無修正の記録は何千ページ分も見つかる。ところが、こと集団レイプについては、こういうもって回った表現に煮詰められてしまうのだ――そして男たちは女たちの名誉を奪った。

この事件の場合も、発生から数週間後に東インド会社のジョン・ゲイヤーが本国に送った親展扱いの書簡に、似たような表現が見受けられる。ボンベイでハーフィー・ハーンと話し合ったあとに書いた書簡のなかで、ゲイヤーはハーンの話を再現しながら、こう伝えている。

たしかなのは、海賊らが（全員イングランド人であるとこの人々は断言している）、ガンズウェイ号とアブドゥル・ガッファール所有船の乗組員に金銭のありかを言わせようと、彼らにきわめてむごい仕打ちをしたこと、そして国王と血縁関係にある高位ウンブローの年老いた妻（と我々は聞いている）が居合わせ、彼女がメッカ詣でから帰路に向かっていたことだ。海賊らがこの女性をさんざんなぶりものにし、ほかの女性も暴行したために、ある名家の人と妻、看護人は、女性たち（と自分たち）がはずかしめを受けるところを夫たちが目にすることのないよう自害した。

はずかしめ。名誉を奪う。現代人の耳には、こういう言葉はあまりに行儀よすぎて回りくどく、当の犯罪には不釣り合いに聞こえる。言葉をつくろってはいけない。そう、エヴリーの手下は最低最悪のレイプ魔だったのだ。

ハーンの言葉づかいにもゲイヤーのそれと同じような慎み深さが見られるが、これはイスラームを金科玉条とするアウラングゼーブの信仰心を刺激したくなかったからにちがいない。女性のベール着用に強い思い入れをもつ宗教文化において、ムスリム女性に対する性犯罪の生々しい描写が進んで受け入れられるはずがない。

けれどハーンは文章のなかでもゲイヤーへの証言のなかでも、受け手に推論を促す形で、衝撃的な事実をひとつ伝えている。ガンズウェイ号に対するイギリス側の犯罪がきわめて残酷だった、ということだ。エヴリーの手下が「名誉を奪う」事態を避けるために、宮廷人たちは自ら胸に短剣を突き立てたり、海に身を投げたりする道を選んだ。ヘンリー・エヴリーの手下が昼夜の別なくガンズウェイ号の女性たちを恐怖で押さえつけた日々にどんな出来事があったのかはわからないが、それは自害のほうがまだしもよいと思えるほど恐ろしいことだったのだ。

後年、ジョン・スパークスは死を前にこう語った。「人の道に外れた仕打ち、そして哀れなインド人や女性たちに容赦なく暴力を振るったことに、いまでも心をさいなまれています」

女性たちの「名誉」が奪われた事実をハーンがどれだけ遠回しに表現しているにせよ、このくだりを物語から消し去ることはできない。ヘンリー・エヴリーと手下は、船上反乱、殺人、拷問、窃盗と、すでに数多くの罪を犯していた。けれどハーンの報告を境に、ガンズウェイ号の女性に対するレイプは、エヴリーたちの罪状のなかでとくに重視されるようになる。

パンフレット書きやバラッド売りはその後もエヴリーの騎士めいた振る舞いをもてはやしたが、

事件の因縁にからめ取られた組織――アウラングゼーブの宮廷や東インド会社、イギリス政府――にとって、ガンズウェイ号のなかで起きた集団レイプは事件の核となる、争われない事実であり続けた。

海賊船にとらわれた皇女

この修羅場のどこに、アウラングゼーブの孫娘はいるのだろう。ゲイヤーは誰かを特定できない言い方ではあれ、「国王と血縁関係にある高位ウンブローの年老いた妻」や「名家の人」が自害したことに触れている（「ウンブロー」は貴族を意味するウルドゥー語「ウマラー」の英語なまり）。エヴリーが船を襲ったときにムガル皇帝の親族が乗船していたのはたしかだろう。少なくともゲイヤーの文章からは、うち何人かが海賊に「なぶりものに」されたり、レイプの恐怖から自害に追い込まれたりしたことがうかがえる。

そのなかに、巡礼者としてメッカ詣でをすませた若い皇女が、拉致のうえファンシー号へと連れ去られ、エヴリーその人の前に差し出された女性がいたのだろうか。だとしたら、対面の場では何が起きたのだろう。その後の出来事や証言が示すところでは、どうもヘンリー・エヴリーとアウラングゼーブの血縁者――孫娘か遠縁の娘かはわからないが――のあいだに何かがあったようなのだ。とは言っても、ガンズウェイ号でのような性暴力がふたたび起き、それで幕が降りたのか、それとも以後数十年のあいだ語り継がれた伝説のようなこと、つまりイギリスの海賊とムスリムの花嫁のうそっぽい異文化ロマンスに近いことが起きたのかはわからない。

フィリップ・ミドルトンの証言によれば、暴力に満ちた九月の数日間、ヘンリー・エヴリーがガンズウェイ号に足を踏み入れることはなかったという。けれど自分の部下が一線を越え、盗人《ぬすっと》よりはるかに劣る唾棄すべきもの――拷問者、レイプ魔、全人類の敵――に成り下がったことに、彼は感づいたはずだ。エヴリーほど経験豊かで利にさとい船乗りなら、自分たちのうわさがやがて本国に届いたとき、その種の振る舞いがどんな事態をもたらすかを、とっさに理解したことだろう。

ファンシー号の乗組員は新たな水域に入ったのだ。紅海上の宝物船が想像を絶するほどの財宝を積み込んでいるというエヴリーの予想は裏づけられたが、きっかけを与えられた「部下が期待以上の行動に」出るという暗い予言も当たってしまった。問題は、ふたつ目の的中がひとつ目の大当たりを台無しにするほどの規模かどうかだ。

ほとんど勝算がなかったにもかかわらず、ヘンリー・エヴリーは一《ひと》財産を築いた。が、波の向こうのガンズウェイ号から伝わってくる悲鳴を耳にし、手下の行動が自分を別のものに変えてしまったことを悟ったことだろう。そう、世界最悪のお尋ね者に。

21 復讐

一六九五年九月半ば
インド、スーラト

海賊との関係への疑念

ファテー・ムハンマディ号の乗組員がスーラトの港に着くと、アブドゥル・ガッファールの所有船がイギリスの海賊に襲われたという情報がものの数時間で市中に広まった。「何人もが戦闘中に殺害され、非常にむごい仕打ちを受けた人もいた」と。

造船所を見下ろす商館幹部の部屋で、サミュエル・アネスリーは、これ以上イギリス海賊に関するニュースが流れれば東インド会社の前途に影が差すということを、たちどころに見てとった。スーラト住民の多くは、同社が海賊とひそかに手を結び、インド商船からの掠奪品を使って貿易収入を補っていると疑っていたのだ。

たんなるうわさがはっきりした標的をもつ非難へと変わったのは、スーラトの大商人にしてファテー・ムハンマディ号の所有者であるアブドゥル・ガッファールの耳に、所有船がイギリス海賊の襲撃を受けたという情報が届いたからだった。アネスリーの伝記を書いたアーノルド・ライトの言葉を借りると「アブドゥル・ガッファールは復讐《ふくしゅう》の指を、真の首謀者と目されるアネスリーと同僚に向けたのだった」。

九月一二日には地元住民が東インド会社商館の門に群れをなし、悪癖に染まった会社への報復を叫んだ。そのあいだをハーフィー・ハーンが歩き回り、記録をとりつつ、ファテー号の乗組員に聞き取りを行なっていた。集めた証言をもとに書いた報告文は、やがてアウラングゼーブのもとに届けられる。

アネスリーは最初、抗議の群れを見ても落ち着いていた。この嵐をやり過ごせると思い込み、商館の門を閉じるよう命令を出した。ライトは説明する。「何か混乱が起きたときにはスーラトのバザールからごろつきが次から次へとやって来はするが、彼はこの建物の防御力をよくわかっていたから、完全武装の商館員と有象無象との戦いがどんな結果になるかについてまったく心配していなかった」

何時間かすると、ムガル帝国軍のスーラト守備隊長ウシェル・ベグが「高らかなひづめの音とともに、騎兵隊を引き連れて」門のところに到着した。ベグはスーラト県知事からの伝言をことづかっているとと述べて商館に通されたが、じつのところそれは計略だった。本当の目的はアネスリーと部下を監禁し、ファテー号から盗み出されたものを捜索することだった。

自分たちが派遣されたのは門外の群衆からイギリス人を守るためだとベグ隊長は言ったが、騒動より物騒なことが起きつつあるのではという疑いがアネスリーの頭をかすめた。一方で、ベグの言葉を信じていい理由もあった。というのもイギリス人はスーラトのムタサッディー（知事）、イッティマード・ハーンと親しくつき合っていたからで、会社は何年ものあいだしっかり賄賂を贈り続け、知事の機嫌をとっていたのだ。

ことによると監禁を受け入れてムガル側の守備隊に守ってもらい、街の騒ぎが収まるのを待ったほうがいいかもしれない、とアネスリーは考えた。

誤算

社員は商館のなかで保護されていたが、街の長老聖職者に率いられた路上の抗議者たちは、犯罪に関与したアネスリー以下、会社幹部を処刑してほしいと知事に直訴した。延々と続く苦情に、知事はおとなしく耳を傾けたが、裁きを下すのは断った。その代わり事件に関わる事実をアウラングゼーブに伝え、皇帝の考えにかなう処罰を必ず与えると約束した。

アネスリーが数日間の監禁に応じたのと同じく、知事もまた、アウラングゼーブの判断を待てば——自分だけでなく東インド会社も——時間を稼ぐことができると踏んでいた。ファテー・ムハンマディ号が受けた海賊被害の話がデリーの宮廷に届くまで、数週間はかかる。そのころには事件にまつわるあれやこれやが落ち着いて、東インド会社との実入りの多い関係ももとに戻るだろう。アウラングゼーブが抗議の声を聞き入れても、同社を完全に立ち退かせた場合に予想される減収の可能性を指摘すればよいと、イッティマード・ハーンは考えた。百歩譲って、海賊が東インド会社に雇われたごろつきなのだとしても、アウラングゼーブが海賊のせいで失うものより、同社がスーラトで営業する見返りとしてムガル帝国の役所に払う関税や賄賂から得るもののほうが大きいのだから。

と、彼はそろばんをはじいたが、わずか二日後に計算はまったく無意味になった。ガンズウェイ号とともに、心の傷を抱えた生還者がスーラトに着いたのだ。ライトは述べる。「皇帝が所有する巡礼船の拿捕は、マホメッド教徒にとっては犯罪を超えた行為で、聖なるものの冒瀆《ぼうとく》に等しかった」。イギリス人は大商人に対して盗みを働いただけでなく、アウラングゼーブの宮廷に連なる女性、イスラーム信仰においてもっとも尊ばれる旅をしていた女性に、性暴力という恐るべき危害を加えたのだ。

アウラングゼーブを憤激させるのに、これ以上うまく組み立てられた材料はちょっと想像できない。ヘンリー・エヴリーは——知ってか知らずか——世界の征服者が何より大事にしている、財宝、信仰、そして身内の女性を踏みにじったのだ。

過熱するボンベイ群衆の抗議活動

ハーフィー・ハーンは被害者や生還者と話をするなかで（そこには知人も含まれていた）、気がかりな言葉をたびたび耳にした。攻撃の混乱のなか、何人かのイギリス人がボンベイ城包囲の復讐を果たすと言っていたらしい。それは彼ら自身が五年前の持久戦で籠城していたことを物語っている。つまり、彼らが東インド会社の直系社員ではないにしても、傍系の人員であることを意味する。これは会社と海賊の関係を示す重要な証拠になるだろう――。

エヴリーの船の乗組員に関する情報からは、誰かがボンベイ城に立てこもっていたかどうかはまったくわからない。もっと言うと、エヴリー本人と同様、乗組員についてもほとんど何もわからないのだ。スペイン遠征隊に参加したメンバーの何人かが実際に東インド会社のために働いていて、城が包囲されたときに立てこもっていたとしても全然おかしくない。

あるいはまた、ボンベイ包囲の話をもち出すのは、当時イギリス人が反ムスリム感情をあらわすときの決まった言い方だったのか。一種の悪態、一七世紀バージョンの「アラモを忘れるな」かもしれない〈訳注：一八三六年のテキサス独立戦争の際、アラモ要塞に立てこもったテキサス義勇兵がメキシコ軍の攻撃により全滅。この言葉は現在、米国のメキシコ系住民に対する中傷とともに使われる場合がある〉。

現実がどうだったかはともかく、このストーリーに描かれる東インド会社は感情移入できる対象ではない。もしもゲイヤーとアネスリーが船への攻撃をボンベイ城包囲の報復として企てていたのなら、それは聖なるものの冒瀆であるだけではない。戦争行為だ。

知事邸前での抗議活動は過熱していった。「この街の受けた汚辱はあまりにひどく、正義の裁きが下されなければどんな祈りも神に受け入れられることはない」とアブドゥル・ガッファールは叫んだ。

ガッファールと聖職者たちが事件に関する衝撃的な事実をイッティマード・ハーンに伝えると、知事は局面ががらりと変わったことを悟った。この嵐はそう簡単に収まりそうにない。群衆が集まっているのは商館ではなく、知事邸の門前だ。罪に見合う罰をイギリス人に下さなければ、自分の命さえ危うくなるかもしれない。

ハーン知事はデリーからの指示を待つことなく、スーラトにいるイギリス人を一網打尽にし、東インド会社の商館に留め置くよう命じた。アネスリーと同僚は「犬のように」重い鉄の鎖につながれた。しばらくのあいだ、イギリス人たちは「ペンとインクを自由に使うこと」ができなくなり、外部との連絡を完全に断たれた。

東インド会社の化けの皮

だがいっときの停止をはさんで、ボンベイ城との通信は再開された（ゲイヤーとのやり取りの内容を監禁者に読まれるにちがいないと考えたアネスリーは、メッセージのなかに秘密の暗号をひそませている）。なんと惨めな状態に置かれていることかとアネスリーは言う。アウラングゼーブが激しい怒りを示すのか、はたまた慈悲をかけてくれるのかはわからないが、鎖につながれたまま皇帝の反応を待たされているうえに、いつ群衆が門に押し寄せ、勝手に報復を果たしてもおかしくない状況にある。

「わざわざ書くまでもありませんが、私たちは屈辱や奴隷並みの扱い、非道な仕打ちを昼も夜も耐え忍んでいます」。「ペン」をふたたび使えるようになったアネスリーはゲイヤーにそう書き送っている。「それに、このようないまわしいことについてくだくだしくお伝えしても、私たちの苦しみを埋め合わせることも、軽くすることもできないでしょう」

アネスリーは監禁者に、自分たちの収入の多くはスーラトとボンベイの取引相手との良好な関係に支えられているのだから、海賊に手を貸すのは会社の利益に反すると訴え続けた。「これまでの九年間」とハーン知事に伝えている。「私たちについて、事実に反する同様の中傷がなされたことはありますが、いつも最後には、私たちが貿易商であって海賊ではないことが明らかになっています。かりに私たちが海賊だったとして、そういう連中と一緒にいながら、一〇万ルピー分もの品々を街に運んで来たりなどしたでしょうか」

イッティマード・ハーンも、内心では同情していた。けれど公にはどうすることもできなかった。少なくとも状況がファンシー号の乗組員とのつながりをうかがわせるのだから、アウラングゼーブの仲介を待たずに囚人を解放するわけにはいかなかった。

ガンズウェイ号事件の報がデリーに届いたのは一六九五年初秋だった。ハーフィー・ハーン自らアウラングゼーブに伝えたのかもしれない。イギリス人の凶行に関する話には、ムガル皇帝を激怒させるふたつの重要な証拠が添えられていた。攻撃事件の生存者（アウラングゼーブの親族が含まれている可能性もある）が、イギリス人海賊の悪徳ぶりについて証言していること。そして、ウィリアム国王の顔が刻み込まれたボンベイ発行の硬貨。世界の征服者に対するイギリス人の侮辱を裏づける物証だ。

スーラトからの使者は、ガンズウェイ号とファテー号に対する攻撃の責任は東インド会社にあると言い張った。海賊行為は東インド会社に黙認されていたどころではない、同社のビジネスモデルを支える太い柱なのだ、と。

ハーフィー・ハーンはあれこれ計算していた。「ボンベイのおもな収入源はビンロウやココナッツで、総額は二〇万〜三〇万ルピーに届かない。この異教徒らが商いから得た利益は……二〇〇万ルピー以下にとどまる。イングランド人居留地の維持に必要な費用との差額は、神の家〈訳注：カーバ神殿〉に向かう船に対する掠奪によって得られ、彼らは毎年一隻か二隻を拿捕している」

驚くまでもないが、イギリス人に対する糾弾は、聞き手の耳にまっすぐ届いた（ライトの言葉を借りると「この狂信的で傲慢な［支配者］にとって、エヴリーの犯した大胆不敵な犯罪は、火薬樽にあえて火花を飛ばすようなものだった」）。イギリスの「異教徒」による冒瀆に衝撃を受けたアウラングゼーブは、スーラト商館の資産を差し押さえ、ボンベイ城攻撃の準備をするよう命じた。

そう、東インド会社は世界の征服者の忍耐力を試すような仕打ちをこれまでみだりに重ねてきた。長年にわたって、イギリス人はムガル帝国のビジネスパートナーを装ってきたが、ファテー号とガンズウェイ号に対する攻撃は、それがまやかしであることを示した。エヴリーの度しがたい行動が、イギリス人の化けの皮をはいだのだった。東インド会社は侵略者で、アウラングゼーブの主権と信仰を冒瀆するやからだ。いまこそ追放しなければならない。

22 戦場の東インド会社

ボンベイ、ボンベイ城

一六九五年秋

奇妙な戦争

ハーフィー・ハーンをはじめとするスーラトからの使者が示した証拠を見て、ガンズウェイ号襲撃事件は戦争行為にほぼ等しいとアウラングゼーブは思ったかもしれない。

ただ戦争であるにしても、少なくとも現代の定義からすれば、奇妙な戦争だ。厳密に言うと、一六九五年秋に高まっていたのは、帝国と企業のあいだの軍事紛争の可能性で、ふたつの主権国家間のそれではなかった。ウィリアム三世がインドに宣戦布告したことはいっさいない（終幕に差し掛かった九年戦争〈訳注：ファルツ戦争〉に忙殺されていたし、一六九四年末に妻のメアリー女王を天然痘で失った悲しみに暮れていたから、それどころではなかった）。

かりにウィリアム三世がインドと砲火を交えるつもりだったとしても、じつのところ、そういう軍事作戦を行なうなら東インド会社のほうがずっと適していた。ロンドンとインド亜大陸を結ぶ情報網は同社のそれのほうが充実していたし、信頼度も高かった。それにボンベイの拠点も、文字どおり正真正銘の要塞だった。もちろん王立海軍は船隊をもっていたが、それ以外の点を同社と比べれば、南アジアで戦争を起こし、戦い抜くのにあまりふさわしくなかった。

現代人は、エヴリーの時代から数世紀かけて固まっていった政治の仕組みに慣れきっているので、王室と企業のこういう奇妙な関係を何かに置き換えて考えてみようにも、簡単にはいかない。たぶんこういう見立てが一番わかりやすいだろう。イギリス政府がインドに関する問題の処理やチャンスの利用を民間下請け業社にアウトソーシングしていたのだと。その民間会社は、貿易条件を決めたり、水上戦を戦ったり、領土を獲得したりする権限を——そういうものは、いまは民間会社でなく国民国家が一手に握っているが——事実上の白紙委任状で認められていた。

このような権限分散は、現代人の理解を拒んでいるように見えるが、このころの当事者にとっても理解可能だったとは限らない。ひとつには、国家や企業といった概念があまりにも新しかったからだ。多国籍企業が外国と取引するときに果たすべき役割や責任とは何か、誰もよくわかっていなかった。歴史家のフィリップ・スターンが言うように、この時代は「領域国家が政治権力を独占していたわけではなく、主権も雑多で、不完全で、混濁していて、幾重にもなっていて、互いに重複していた」。

エヴリーとその手下にも、同じくあいまいなところがあった。はたして、ムスリム宝物船に対する海賊行為を生活の糧にしている人物が、フランシス・ドレイクのように、法を守るイギリス国民として認めてもらえるのだろうか。一六九五年秋の時点では、これも簡単に答えられる問いではなくなっていた。ヘンリー・エヴリーがスペイン遠征隊の出資者が所有する船を盗んでイギリスの法律を破ったのはたしかだが、そもそも出資者たちは労働報酬を支払わず、乗組員との契約に違反したのではないだろうか。エヴリーは私掠免許をもっていなかったが、海上でとった行動も、イギリス船を攻撃しないことを約束した当局あての文書も、彼が違法にならないぎりぎりの場所に自分たちを位置づけようとしていたことを物語っている。

海賊・企業・国家の境界線

これはつまり、主要なイギリス側当事者の誰もが――エヴリー、アネスリー、ゲイヤー、そしてロンドンの会社役員だけでなくウィリアム国王までもが――自らの役割の範囲を手探りで確かめようとしていたことを意味している。というのも、それぞれの役割がまだ完全に定まってはいなかったからだ。彼らは、自分の領域の境界線を精査しながら、新しい制度を打ち立てる手助けをしていた。そこには海賊、企業、国家という三つのカテゴリーがあったが、何がどこから始まり、どこで終わるのか、誰もはっきりしたことはわからなかった。ヘンリー・エヴリーの行動が引き起こした世界危機は、根本においてはたぶんにこの混乱によるものだった。

このぼやけた境界線がアウラングゼーブの目にたいして重要なものに映らず、区別の必要を感じさせなかったのは言うまでもない。海賊も東インド会社の社員も、そして国王もイギリス人なのだから。けれどアウラングゼーブの支配下で暮らしているイギリス人、とりわけサミュエル・アネスリーとジョン・ゲイヤーには、海賊と企業との概念上の違いをはっきりさせ、少なくともアウラングゼーブにわかってもらう必要があった。それがかなわなければ会社の存続もおぼつかない。両者の区別にムガル皇帝が納得しない場合、東インド会社はインドで活動できなくなるだろう。

一〇月一二日、ゲイヤーはロンドンあてに手紙を書き、過去一カ月に起きた危機的出来事を伝えた。手紙は不穏な言葉で締めくくられている。「海賊は誰の監視下にもなく、手強い存在になり始めています。連中はすでに自分たちの稼業のうまみをわかっていますから、叩きつぶすために何か手を打たなければ、年々その数は増えていきます。近いうちに被害者側が恨みに報いようとし、我が社の従業員と連中の活動がその対象にされるかもしれませんが、連中はそのことを知りません」

キャラコ・マダムと株価暴落

東インド会社はロンドンでも、これとは異質な存続の危機に以前から悩まされていた。何世紀も前にインドから世界に伝わったあの心奪うキャラコが裕福な都会人の体を包み、居間を飾っていたが、ことはそれにとどまらなかった。イギリス内の毛織物産業が、打撃を受けていたのだ。イングランド北部のいたるところで、「イングランドの毛織物産業を再び偉大に《グレートアゲイン》」的な運動が起きた。インドの職人（それと、外国製品をイギリスにもち込む仲買人）のせいで地元の勤勉な労働者の賃金が押し下げられるというのだ。「東インド会社船がやって来ると、わが国の織工の半分が代償を払わされる」と。

それだけでなく、非難は女性をはずかしめるような調子を帯びていった。「キャラコ・マダム」はやたらなまめかしい木綿服を身にまとい、イギリスで連綿と続いてきた産業を破壊している。真のイギリス女性なら毛織物を身に着けるはずだ、と。ロンドンの口やかましい人々も、同じメッセージを発した。バラッド売りはキャラコ・マダムの歌をつくり、詩やパンフレットはそういう女性たちをののしった（「派手なキャラコ・マダムほど／目にあまるあばずれは／いないはず」と言い切るバラッドもあった）。ダニエル・デフォーは異常な木綿ブームについてこう書いている。「貿易における病……ロンドンで発生したペストのように、最初に食い止めなければ、全国に広がる」

一六九六年三月には毛織物産業の保護活動――厳密な意味での史上初の労働運動――のおかげで、議会の少なくとも一部議員が抜本的手立てをとる必要性を確信するにいたった。その時代からすでに上院より進歩的だった下院は、「インド製絹製品、ベンガル織、さらにインドで彩色、捺染《なっせん》、着色されたキャラコをすべて」輸入禁止にする法案を通過させた。このとき、東インド会社の株価は一五カ月前の半分になっていた。上院でも同じ内容の法案が可決されれば、イングランド北部の織工はアウラングゼーブが突きつけているのと同じくらい強烈な一撃を、会社に食らわせることになる。絹織物と染色綿織物を貸借対照表から取り除くと、東インド会社は廃業に追い込まれてしまう。

創立一〇〇周年を数年後に控えていた世界初の多国籍株式会社は――現代の多国籍企業が国家の経済力と肩を並べると言っていいほどの世界最強の経済組織であるのとは対照的に――いつの間にやら国内外で存続の危機にさらされていた。イギリス政府はインドとの交渉を東インド会社にアウトソーシングしていたが、その戦略がどんな結果をもたらすのかは、一六九六年前半の時点ではまだはっきりしていなかった。

アウラングゼーブがわかりかけてきたように、帝国の支配者たちも、資本をもつ貿易商が寄生虫めいた貿易慣行や露骨な海賊行為を通して国家の権威を損ない、経済を食い物にしていることに気づくのだろうか。それとも織工たちが上院を味方につける方法を見つけ、東インド会社は議会の立法行為によって廃業させられるのだろうか。どちらのシナリオにも、現実味があった。

歴史の「もしも」には、あまり深入りしないほうがいい。反キャラコ勢力がどれほど騒がしかろうと、また海賊がどんな面倒を起こそうと、多国籍株式会社は結局のところ、強大な組織形態として幅をきかせることになるのだから。ただ、その長い歴史のなかで存続が非常に危うくなった時期があったとすれば、それは一七世紀最後の一〇年間なのだろう。なにしろ贈賄スキャンダルとボンベイ城包囲、インドでのエヴリー事件、イギリス本国での「キャラコ・マダム」叩きが重なっていたのだ。その一〇年間は、小さな振動が歴史という川の流れを決めてしまう、そういう変曲点だった。

エヴリー事件が引き起こした倒産危機

ボンベイ城のなかでこの危機的状況に立ち向かっていたジョン・ゲイヤーがロンドンに送った報告書の記述は、次第に悲痛の色を濃くしていった。一通目は一六九五年一二月、イーストロンドンのレドンホール街にある本社に届いた。翌年一月以降に、三通が送られている。ゲイヤーの警告はこうだ。エヴリーと手下どもを逮捕して裁きの場に引き出さなければ、アウラングゼーブの激しい怒りは、社員の殺戮とは言わないまでも、会社の全面撤退を強いるところまでいくだろう。

ここにいたって、役員たちもようやく事態がのみ込めてきた。アネスリーと部下たちがスーラトで監禁され、いつボンベイ城が攻撃されてもおかしくないインドの状況は、本国でのキャラコ叩きと同じくらい会社の未来にとって危険であると。そこでインド全土の商館に命令を伝え、インド海域にいるすべての船の乗組員をとらえて取り調べを行ない、エヴリーの居場所についての情報を探すことになった。どの船であれ海賊船から逃亡した者がいれば、情報提供者候補としてロンドンに身柄を送るべしとされた。

だが会社にとっては運の悪いことに、当時は海外で起きた危機への対応を政府から引き出すのが特別に難しい時期だった。その種の問題は、これまでなら商務庁にもち込めばよかったのだが、あいにく商務庁は専従職員を備えた組織への改変の真っ最中だったのだ。イギリス政府が強い措置をとることが会社だけでなく国家の利益にもなると断言できるだけのしっかりした根拠が、東インド会社にはあった。問題は、事件を取り扱うべき機関が、まだ改変を終えていなかったことだ。

東インド会社はいろいろな案を検討したが、当初考えたような大々的な捜査網を布《し》くことができるほどの人材や資力はやはりないということを認めるにいたった。六月一九日、レドンホール街の東インド館に役員二〇人が集まり、いまで言う取締役会のような会議を開いた。出席者には、ロンドンで絶大な力を誇る貿易商や政治家がいた。東インド会社総裁にして下院議員のジョージ・ボーアンや、元ロンドン市長のサー・ジョン・フリート、さらにナイト爵をもつ人物などだ。出席者のほとんどは過去一〇年の株価上昇のおかげで莫大な富を得ていて、エヴリー事件のせいで会社がインドから追放されるようなことになれば大きな損失をこうむる立場にあった。

会議室にはほかに、五八歳手前のアイザック・フブロンがいた。エヴリーが海賊に転身する引き金を引いた、あの救いようもないスペイン遠征社を設立したジェイムズの弟だ。フブロンが出席したのには、ふたつの動機があった。ひとつ目は東インド会社のインド権益を守ること、ふたつ目は兄が受けた損害――そもそもは私掠船チャールズ二世号が乗っ取られたことによるものだ――をなんらかの形で穴埋めすることだった。

会議ではいつもの議題――関税に関するちょっとした紛争や取引業者に対する高額な請求書の支払いなど――を扱ったあと、本題に入った。議事録には「イングランドの海賊」ヘンリー・エヴリーと「紅海における我が社の業務に大きな支障となるであろう、一部ムガル皇帝所有船に対する大規模な掠奪」について記されている。

役員は、次の任務を負う特別委員会を設けることで合意した。「この海賊を逮捕するのにもっとも適切な方法について助言する。なお、その方法としては、私掠免許状の使用、イングランド国璽《こくじ》〈訳注：国家の表象として用いる印〉のついた許可状を得て委員会を設けること、国王による布告などのほか、本件に関し我が社の名誉と無実を証明し、こうした憎むべき風習に対する我が社の嫌悪を宣言するためにとりうるさまざまな所定の手段がある」。委員会はさらに、東インド会社の無実と海賊行為への嫌悪をはっきり伝える手紙をアウラングゼーブその人にあてて書くことになった。委員に指名された役員四人のなかに、アイザック・フブロンがいた。

会社存続を懸けた嘆願書

　それから数週間以内に、東インド会社の秘書ロバート・ブラックボーンが「イングランドの裁判官閣下各位」にあて、手書きの請願書を提出した。この文書はエヴリーの犯罪をさまざまな角度から論じ、この海賊が一六九五年に書いた文書を長々と引用し、アネスリーらスーラト商館員が監禁状態にあることについて詳しく説明している。さらに「スーラトで受けるかもしれない報復……に加え、インドの港同士の交易やインドとイングランドとの交易の中断によって……スーラトなど各地の商館がこうむる恐れのある数々の著しい不都合」に警鐘を鳴らす。そしてこんな懇願で終わっている。「閣下各位におかれましては、弊社がこうむりかねない甚大な損失および損害を防ぐうえで適切とご賢察なさる手段を講じられますことを、何とぞひとえにお願い申し上げます」

　この請願書に裁判官たちはすぐさま反応し、正式な布告を出した。はじめの数行で、イギリスの法律の枠内に収まる行動と海賊の堕落した行動とのあいだにはっきり線を引いている。

　我々は「東インド諸地域に貿易するロンドン商人たちの総裁および会社」より、砲四五《ママ》門を搭載したファンシー号の船長ヘンリー・エヴリーなる人物と一三〇人の男が公海でイングランドの国旗を掲げてたちの悪い海賊および強盗として行動し、インドとペルシャの海で国旗を掲げて海賊行為をたびたび働き、イングランドの商人に甚大なる損害を与えるかもしれないという情報を受け取り……陛下のすべての海軍将官・大佐・その他士官、ならびに陛下の植民地その他の場所の総督、および要塞・城・その他の施設の長に対し、ヘンリー・エヴリーとその船に乗り組む者の身柄をとらえ、公海上の海賊として処罰することをここに命じる。

ついに〝値札〟をつけられたエヴリー

これに続いて、裁判官たちによる布告をもとに新商務庁が改めて布告を書いた。ここにはウィリアム国王の署名があり、エヴリーと手下の捜索に参加すべき機関――そして一般市民――の種類が大幅に増やされていた。

したがって我々は、我が国の枢密顧問官の助言をもとに、以下のことを求め、命じる。州《シア》の知事、王領地執事管轄区《スチュワートリー》の執事、封土《リーガリティ》の執行吏およびそれぞれの代理人、自治都市《バラー》の治安判事、陸軍の士官、陸海軍および守備隊の司令官、さらに文官か武官かを問わず、王国のあらゆる部署で勤務し任務を任されている者、また王国のあらゆるよき臣民は、このヘンリー・エヴリーおよび共犯者の身柄を押さえ、逮捕するため最大の努力を傾け、細心の注意を払うこと……

海賊に関する特別委員会との裏ルートの交渉が重ねられ、政府は報奨金を支払うことにした。金額はいまの貨幣価値に換算して約五万ドル超。資金は、東インド会社自身が陰で提供していた。

布告ではまた、ほかのファンシー号乗組員の逮捕についても、額は劣るが報奨金を提示していた。報奨金と「あらゆるよき臣民」に対する直接の呼びかけは、とても無視できないシグナルとして多くの船乗りたちに届いた。知事や司令官だけでなく、海賊でさえ、ヘンリー・エヴリーの首にかけられた賞金に食指を動かした。かりにエヴリーと手下をとらえる際に死傷させることになっても構わないと彼らは思った。というのも布告では「いかなる臣民についても、殺傷をはじめ、このヘンリー・エヴリーにおよぼされうるさまざまな暴力の害に対する責任を免じ」ていたからだ。引き金を引くことを王室が許可していたので、賞金稼ぎたちはこの悪漢の身柄捕獲のために必要な場合、相手を情け容赦なく殺すことができた。

このとき歴史上初めて、軍隊と各地の法執行官、遠く離れた植民地の総督、商船の船員、それから海賊が大半を占める素人賞金稼ぎのグローバルなネットワークがつくられ、ひとりのお尋ね者の追跡が始まった。

もっとも、このグローバルな捜索が後世の見世物の予告編なのだとすると――ウサマ・ビンラディンみたいな現代の「世界一のお尋ね者」探しのさきがけなのだとすると――当時の通信手段はそのわりにスピードが遅いという限界を抱えていた。ボンベイ・ロンドン間の船による通信には時間がかかったし、商務庁の改革のせいで官僚の仕事も遅くなったから、この危機に対する政府の即応力にはたいへんな縛りがかかった。布告はエヴリーの「恐るべき悪行」を厳しく非難し、報奨金という餌をまいてはいたが、ヘンリー・エヴリーにとって何より重要なことは、ひとつ目の布告の末尾に書かれていた。一六九六年七月一七日、署名の日づけだ。

官憲はやっとのことでヘンリー・エヴリーの首に値札をつけ、地球規模の全力捜索に乗り出したが、当の本人は一〇カ月前にスタートを切っていたのだ。

第4部

追跡

23 高飛び

インド洋および大西洋

一六九五年秋～冬

何より厳密な略奪品の配分法

「気がすむまで作業したら」、ジョン・ダンは後日、ガンズウェイ号での掠奪について平然と言った。「人を乗せた状態で、その船をスーラトに行かせました」

のろのろと本国に向かうガンズウェイ号を見つめるヘンリー・エヴリーの頭は、あるひとつのことでいっぱいになっていただろう。絶好のタイミングを待ち続けた忍耐の一六カ月が終わったら、目の前に秒読み時計があらわれた。ファテー号はもうスーラトに着いたはず。ガンズウェイ号も数日以内に到着する。宝物船から最後のひとりがおりるときには、総動員されたムガル皇帝の密偵が――東インド会社の社員はもちろんのこと――エヴリー追跡に乗り出しているだろう。

エヴリーたちは、ファンシー号が出せる限りの速さで、犯行現場から離れなければならなかった。がそれはともかく、まずは戦利品を配分せねばならない。このときまで残っていたファンシー号、パール号、スザンナ号の三隻はムスリムの宝物船隊に戦力の点で優《まさ》っていたが、いまの状況で三隻が群れているのは具合が悪い。順風に乗って軽快な航行を半日ほど続ければ、ほかの二隻が水平線の向こうに見えなくなるのをエヴリーはわかっていただけに、どうにかしたいところだった。けれどファテー号とガンズウェイ号から奪い取った財宝を分け合うまでは、二隻を見捨てるわけにもいかない。

海賊の取り決めで唯一と言ってもいい明瞭な箇所、それは掠奪品の配分法に関する部分で、ほかの決まりとは違い、まるで洗礼式や聖餐式《せいさんしき》の作法のように厳密だ。配分を公正にしなくては、海賊業そのものの金銭的魅力が崩れ去ってしまう。途方もないリスクに、耐えがたい生活環境。そのうえ故国から五〇〇〇マイル離れた大海のまんなかに投げ出されて命を落とす危険も、現実にありうる。そういうおぞましいあれこれを辛抱できるのも、あるふたつのことをわかっているからこそだった。

まず、自分が参加している航海には、数カ月程度で莫大なもうけを出す可能性があるということ。次に、船のなかではすべての参加者に富を分け隔てなく配分する仕組みができていることだ。

海賊が生きていたのは、何世代も前の先祖が築いた富を世襲したジェイムズ・フブロンやアウラングゼーブのような人間の支配する世界で、そこには自らのルーツと縁を切り、（一六カ月前エヴリーがギブソン船長に宣言したように）自分の力で一財産《ひとざいさん》もうけようとする庶民など、数えるほどしかいなかった。海賊稼業には、隷属と貧困のサイクルから自由になるという、大きな見返りが期待できた。けれど、自由になれるのも掠奪品が平等に配分されてこそだ。

平等な配分はなまやさしいことではなかった。二隻から集めた貨幣は、おそらく十数種類にのぼっていた。為替相場の専門知識もなく、その時点のレートを知ることもできないのだから、公平な形で乗組員に配分するのは当て推量に近かったろう。それに、宝石や象牙や絹製品やスパイスといった貨幣以外の掠奪品の価値を評価するのはもっと難しかった。操舵手《そうだしゅ》のドーソンが正しい配分率を求めるのに数日は必要だったろうし、配る作業自体にも時間がかかったはずだ。しかも船はきわめて危うい状態にある。三隻がかたまって投錨《とうびょう》しているうえ、乗組員は金銀の輝きに気をとられている。

エヴリーは引き続きインド沿岸を南下するよう部下に指示した。一行はボンベイ南方のラージャープル（東インド会社の小さな出先拠点がある）の近くで水と食糧を積み込み、その間《かん》にドーソンが略奪品を分けた。

三隻のあいだでの配分には、結局いくつかの階層ができた。「乗組員全員が妥当と思う額が払われました。一〇〇〇ポンドもらった人もいれば、六〇〇ポンドや五〇〇ポンドの人も、それより少ない人もいました」とフィリップ・ミドルトンはのちに述べている。乗組員のなかではかなり若いほうだったので、ミドルトンが手にした額は「一〇〇ポンドあまり」だったが、あとで同僚のジョン・スパークスに「盗まれてしまった」。

ふつうの船員から見れば、五〇〇ポンドは一生かけて稼ぐお金に近い水準だったろう。資金潤沢なスペイン遠征社が、乗組員の大半に一月《ひと》当たり三ポンド前後支払うと約束していたことを思い出してほしい。それにもとづいて計算すると、五〇〇ポンドというのは金払いが最高レベルの遠征隊で一〇年通して働き続けて得られる額に等しい。王立海軍なら、三〇年働けばこの金額を稼ぐことができるだろう。

後年に巷《ちまた》で語られるようになったヘンリー・エヴリーの物語では、ガンズウェイ号を襲ったおかげで彼は「海賊王」として余生を送ることができるほどの金《きん》を手にしたと言われたが、公式史料によると、分け前は二〇〇〇ポンドだ。悠々自適の隠居生活を送るのには十分だが、王侯貴族の富には届かない。

ただエヴリーを標的に捜査網がかけられるはずだから、悠々自適の生活を送るには、もちろんその網をくぐり抜ける必要があったろう。エヴリーたちにはファンシー号をテムズ川の船渠《ドック》に戻し、ドレイクのように英雄として船に別れを告げるなど、とうてい無理な話だった。捜査の網、そして自分たちを探しているにちがいない賞金稼ぎの目を逃れるには、船を乗り捨て、宝物船から奪った金《かね》を洗濯しなければならなかった。三隻はまず南西に進んでインド洋を渡り、レユニオン島（当時の呼び名はブルボン島）に着いた。

もぐりの奴隷商人ブリッジマン

隣のマダガスカル島に人が住み着いたのは一〇〇〇年以上前のことだったが、レユニオン島は山がちなせいか、長らく人々の移り住む気をくじいてきた。初めてヨーロッパ人に発見された一六世紀初頭にはどこにも人がおらず、人間の定住という点で世界の島々にかなり後れをとっていた。

だが一七世紀半ばにフランス人がこの島に拠点を設け、やがて収益性の高いバニラ栽培事業に乗り出して長く継続させる。バニラは一時期、世界でもとくに価値の高い商品だった。傾斜の険しい土地を開拓して植民地を建てるために、フランス人はマダガスカルで拉致したり買ったりした人を奴隷として使った。エヴリーと手下がやって来た一六九五年秋には、この島もマダガスカル島と同じように海賊の巣窟と呼ばれ、急成長を続ける奴隷貿易の中心地とみなされるまでになっていた。

エヴリーはレユニオン島に船をとめると、自分はもぐりで奴隷を扱う商人だとフランス人に語った。これはスペイン遠征社と契約する以前に携わっていた仕事だ（もぐりの奴隷商人も限りなく犯罪者に近い連中だったが、世界一のお尋ね者より、ごく平凡な無届け業者と思わせておくほうがずっとましだった）。エヴリーはベンジャミン・ブリッジマンという偽名をふたたび名乗り、ガンズウェイ号から奪った財宝のいくらかを使って奴隷九〇人を買い入れた。

手足を縛られ、船倉に閉じ込められた人のほとんどは、フランス人に連れられてレユニオン島に来たマダガスカル島民だったかもしれない。この人たちのたどった寄る辺なく、恐ろしい旅路を思うと、なんともいいようのない気持ちに襲われる。何世紀も昔から先祖が暮らしてきた島に生まれていながら、フランス人につかまって遠く離れた山また山の島、これまでずっと人間の定住を拒んできた島に送り込まれ、火山性の土地を曲がりなりにも農耕ができる土地に変える仕事を押しつけられるのだ。挙げ句に、自分のあずかり知らないところでイギリス人の海賊に売り飛ばされ、どこに向かっているかもわからない船のなかに留め置かれるとは。

「国際通貨」を使った資金洗浄

エヴリーはレユニオン島で九〇人の奴隷を購入することで、手練《てだれ》の犯罪者にとってはおなじみの肝心な作業をしていた。そう、資金洗浄だ。

現代人にしてみればぞっとするような話だが、この時代、奴隷が集まりそうな大きい交易地では、奴隷は国際通貨のように扱われた。ファンシー号乗組員のポケットにあった「アラビアの金《きん》」とは違い、奴隷はガンズウェイ号事件とのつながりを露見させる恐れがまったくなかったのだ。エヴリーがもぐりの奴隷商人ベンジャミン・ブリッジマンをかたるつもりだったなら、船内に一〇〇人のアフリカ人を置いておくことは現実味をぐっと高めるのに役立ったはずだ。

それに、船内では奴隷の労働力が必要になった。というのも乗組員五〇人ほどがレユニオン島で下船してしまったからで、たぶん海賊の楽園という呼び声が高いマダガスカル島に、あとで向かうつもりだったのだろう。下船者の半分はフランス人、三分の一はデンマーク人だった。「あの人たちはイングランドに行って逮捕され、縛り首になるのを心配してました。あそこにいれば安全だと思ったんです」とミドルトンはのちに説明している。

けれどエヴリーの頭には別の航路が描かれていた。バハマ諸島にある辺鄙《へんぴ》な入植地の腐敗ぶりを間近に見た経験が、エヴリーにはあった。五〇〇〇マイル離れたニュープロヴィデンス島（中心都市はナッソー）まで探知されずに行ければ、ファンシー号を処分して解散できるかもしれないと思ったのだ。

ジョン・ダンによると、一部の乗組員は周りがイギリス人ばかりのニュープロヴィデンス島にいるより、どんなに腐敗していようと南米のカイエンヌ島にあるフランス入植地のほうが安全だと言ってエヴリーの計画に反対し、反乱をちらつかせた。「でも船長は頑として受けつけなかった」とダンは語る。そしてファンシー号はバハマに針路を取った。

東アフリカから西インド諸島へと向かう場合、ふつうは航路上の友好的な港――アフリカにあるオランダのケープ植民地や南大西洋に浮かぶイギリスの辺境拠点セントヘレナ島にある港――に寄港しながら水や食糧を積み込むものとされていた。けれどエヴリーは、自分の首に賞金がかかっていることを想定しなければならない（彼には知るよしもなかったが、国王の布告が出るのは六カ月も先のことだった)。バハマへは、どうあってもヨーロッパ人の設けた港にいっさい寄ることなく行く必要があった。

パール号、スザンナ号と別れてやっと全速力で走れるようになったファンシー号は、喜望峰を回り、アフリカ大陸から一〇〇〇マイル西に浮かぶ小さな無人島、アセンション島に向かった(エヴリーの海賊生活の多くはファンシー号の速さに支えられてはいたが、そのみごとな航海術も軽視できない)。

アセンション島への到着は、この島に生息する巨大ウミガメの営巣期にたまたまあたった。乗組員は五〇頭を船に運び込み、それから残りの航海はほぼずっとウミガメだけを食べてしのいだ。驚くのは、乗組員のうち一七人がアセンション島に残る道を選んだことで、彼らはニュープロヴィデンス島でイギリスの官憲に逮捕される危険を冒すよりも、絶海の孤島で漂流者のように生きるほうがまだしもよいと考えたのだ。

翌年春、ファンシー号はバハマの離島に着いた。目的地のニュープロヴィデンス島までせいぜい一日か二日程度の距離にある島だ。そのとき船は一一三人の自由人と九〇人の奴隷を乗せていた。一般的な補給港をすべて回避するエヴリーの危険な戦略は、きわどいところで成功した。ニュープロヴィデンス島への入港についてエヴリーが考えをめぐらせていたとき、厨房《ちゅうぼう》に残っていたのはたった二日分の食糧だった。

24 あからさまな反逆

一六九五年晩秋
ボンベイ城

立つ場所によって変わる太陽の位置

ハーフィー・ハーンはスーラトでガンズウェイ号生還者への聞き取りを終えると、本来の仕事に戻った。ラヒーリの守備隊長アブドゥル・ラッザークのためにもち帰る品物とともに、スーラトから海岸沿いに南へと進んでいき、一六九五年晩秋ごろボンベイ近郊に到着している。

どうやらラッザークは大昔にジョン・ゲイヤーと接点があったらしく、大胆にも東インド会社幹部であるゲイヤーに手紙を書き、近くボンベイに使いの者を送ると知らせていた。よければその使者と話し合い、いまの膠着《こうちゃく》状態を切り抜ける方法を探ってみてはどうだろう、とラッザークは提案した。ボンベイ城に立てこもり、アウラングゼーブに会社の拠点を攻撃されるのを座して待つしかなかったゲイヤーは、ハーンに会って話せるチャンスに飛びついた。ボンベイ城で二者協議を行ないたいという伝言を自身の補佐官の兄弟を通じ、ハーンに伝えた。

アウラングゼーブ時代を描いたハーンの歴史物語を現代の目で読むと、イギリス商人への嫌悪をあらわす表現が目を引く（ゲイヤーとの会見についてはこうある。「こうした厄介な状況で、私、つまりこの書の筆者は、運の悪いことにボンベイのイングランド人に会うはめになってしまった」）。ただ、東インド会社に対する軽蔑感が、彼ならではの洞察に富む伝達力を鈍らせることはなかった。ゲイヤーのもとを訪れたときのことについて彼が書き残した文章は、危機の最中《さなか》にイギリス側とムガル側が行なった交渉がどんな雰囲気だったかを教えてくれる、じつに珍しい記録だ。

城門をくぐったハーンの視界に真っ先に入ってきたのは、気をつけの姿勢であちこちに立っている、いかめしい警備兵の姿だった。

行けども行けども、私の目には若い男の姿ばかりが入ってきた。髭《ひげ》を生やし、顔立ちがよく、身なりも整っていて、上等なマスケット銃をもっている。先へと進むと、同じ装具をつけて同じ服装をし、長い髭を生やしたほぼ同年代のイギリス人に気づいた。それから服装と身なりの整った若いマスケット銃兵が整列しているのが見えた。さらに行くと、白い髭を生やして錦織の服に身を包み、マスケット銃を肩にかけたイギリス人が整然と二列に並んでいる様子が目に入った。

次に見えたのは、真珠の縁取りのある帽子をかぶった、容姿端麗なイングランド人の子どもだ。

合わせて七〇〇〇人のマスケット銃兵のあいだを行き過ぎたとハーンは見積もっているが、当時のイギリスのインドにおける活動規模からすると、この人数はずいぶん多い。

ハーンは警備兵の長い列のあいだを通り抜けると、ゲイヤーの執務室にまっすぐ通された。そして抱擁の挨拶を受け、椅子を勧められる（おそらくそこには通訳者がいたにちがいないが、ハーンはそのことには触れていない）。ふたりは共通の知人であるアブドゥル・ラッザークについて、しばらく会話を交わした。ゲイヤーは礼儀を尽くそうと、ラッザークのことをほめそやした。がほどなく、会話は喫緊の――そして剣呑《けんのん》な――その日の本題に移る。ゲイヤーは客人に問いかけた。スーラトの商館員がいまだに鎖でつながれているのはなぜなのかと。

ハーンはまるで詩のような答えを返している。「あなたはあらゆる良識人の非難に値するあの恥ずべき行ない、あなたがたの邪悪な仲間による犯行を認めていないにもかかわらず、そんなことをお尋ねになるのですか。日の光があまねく地上を照らしているのに、太陽がどこにあるのかを分別ある人がきくようなものです」

ゲイヤーも引き下がらない。「私に敵意を向ける人たちは、他人が犯した罪のことで責めているのです。これが私どもの仕業だと、どうして言えるのでしょう。いったいどういう証拠をもとに、立証されるおつもりですか」

これについては、ハーンは少なくとも当事者に会っている点で、胸を張ることができた。「あの船には大勢の裕福な知り合いと、現世の富をいっさいもたない二、三の貧しい知り合いが乗っていたのですよ」。そう説明し始めた。

「知り合いたちによると、船が掠奪を受けて自分たちがとらわれたとき、イングランド人のような服装と風貌をし、手やほかの場所にあざや傷や傷跡のある何人かの男が、『この傷跡はシーディー・ヤークートによる包囲のときにできたものだが、今日で心の傷は消える』と自分たちの言葉で話していたとか。男らのそばにヒンディー語とペルシャ語のわかる人がいて、友人たちのために通訳したのです」〈訳注：シーディー・ヤークート・ハーンは一六八九年のボンベイ城包囲を指揮した人物〉

この非難の言葉を聞いたゲイヤーは大笑いしたが、ハーンの示した事実は打ち消さなかった。「たしかに連中はそう言ったかもしれません。その男らはヤークート・ハーンの包囲の際にけがを負い、軟禁されたイングランド人です」。だが男たちは東インド会社の従業員ではないし、会社は連中の行ないをすでに最大級の厳しい言葉で糾弾しているとゲイヤーは説明した。

ハーフィー・ハーンはまずゲイヤーにほほえんでみせ、社交辞令で応じた。「うわさどおり、当意即妙の方でいらっしゃいますな。このような自己弁護のための賢明なお答えを、思いつきでいいかげんに口にされるとは、まことにたいしたものです」

ところがハーンは笑顔の仮面をつけたまま、東インド会社がイギリス国王の顔を彫った硬貨を発行していることを突いて、脅し文句を投げつけた。「ですがビジャープルとハイダラーバードの国王も、役立たずのサンバも、アウラングゼーブ王から逃げおおせなかったことを思い出していただきたい。ボンベイの島は安全圏でしょうか。あなたがたはルピーを発行しつつ、あからさまな反逆の宣言をしているではありませんか！」〈訳注：サンバは、マラータ王国第二代の王サンバージーを指しているのかもしれない〉

ゲイヤーはやはり、ハーンの訴えにある罪状を否定しなかった。その代わり、インドの貨幣を悪者にすることで形勢を変えた。「私たちは毎年、大量のお金、つまり事業の収益を本国に送らなければなりませんが、ヒンドゥスターン王の硬貨を使うと損をするのです」とゲイヤー。「しかもヒンドゥスターンの硬貨は重量が足りないうえにきわめて価値が低い。おまけにこの島では、その硬貨を売り買いするときに大きないさかいが起きます。それだから私どもは硬貨に社名を記して、管区内で流通させているのです」。イギリス人はアウラングゼーブが至高の権力をもつことになんら異議はないと、ゲイヤーはたたみかけた。自分たちはビジネスマンで、安定した通貨が必要なだけなのだと。

話し合いは暗礁に乗りあげたようだ。ただふたりはとにもかくにも面談した。ゲイヤーはもう少しつき合ってほしかったのかもしれないが、ハーンは会談を事務的な場にとどめるに越したことはないと判断した。「［イングランド人は］彼らなりのやり方で私を楽しませようとしたが」と書き残している。「気持ちだけ受け取り……辞去できたのは幸いだった」

25 推測は何も証明しない

一六九六年四月一日
バハマ諸島、ナッソー

英雄か、世界最悪のお尋ね者か

一八世紀はじめの一〇年間に活躍した海賊にとって、ナッソーは安全港であり、放蕩《ほうとう》の限りを尽くすことができる南国のレジャーランドでもあった。

けれどニュープロヴィデンス島のこの中心都市も、一六九六年の時点では生き残るのに必死の一集落にすぎなかった。もともとチャールズタウンと呼ばれていたこの村は、一六八四年にはスペイン人に焼き討ちされている。エヴリーが到着する前の年には、バハマの総督ニコラス・トロットがオレンジ公・ナッソー伯（ウィリアム三世の別称）にちなんで、この集落の名をナッソーに変えた。トロットは村の建て直しに努めたが、長期化した対フランス戦争が妨げになり、ニュープロヴィデンス島での貿易は大幅に減った。村の資源は貧弱で、港にもまともな埠頭《ふとう》ひとつ設けることができなかった。

そのうえ近くのエクスーマ島がフランスに攻略され、次はこの島が狙われるといううわさが流れた。トロットには、砲二八門を配備した新しい要塞こそあるが、フランスによる海からの攻撃をはね返せる軍艦はない。島の住民はたったの六〇人、要塞の大砲をなんとか操作できる程度の人数だ。

正体不明のロングボートが港に入ってきた一六九六年四月一日、総督の心にはこの呪わしい状況がずっしりと重くのしかかっていたにちがいない。だがボートに乗っていたベンジャミン・ブリッジマンなる奴隷商人が彼にもちかけた提案は、破格のものだった。

ヘンリー・エヴリーはファンシー号がバハマ到着を果たしたときにとるべき戦略について、何カ月ものあいだ考えを練る贅沢《ぜいたく》に恵まれた。二〇〇人ほどの乗組員を除き、人との接触をもたずに過ごしてきた。ニュース報道に触れることも、それどころか友好的な港での補給作業中に飛び交う口コミのうわさを耳にすることもないから、自分が逃亡犯の身であることなど、知りようもなかった。ガンズウェイ号攻撃事件から、七カ月がたっていた。たぶんインドでは激しい怒りの嵐も静まっているだろうし、ナッソーの官憲には、自分のあげた戦果について何も伝わっていないだろう──。

海賊の巣窟として全盛をきわめる前から、すでにナッソーはイギリスの法律が届かない町と言われていて、海賊やもぐりの奴隷商人を黙認していた。エヴリーと手下たちが英雄として迎えられることさえ、考えられなくもなかった。だが一方で犯罪者として、いや世界一のお尋ね者として迎えられる恐れもあった。

極端な取引

エヴリーは持ち前の慎重さを発揮して、まずは様子をうかがうことにし、ニュープロヴィデンス島の港から見えない場所にある人気《ひとけ》のない島、ホッグ島の北にファンシー号をとめた（ホッグ島は一九六〇年代、装いも新たにパラダイス島へと名前を変え、いまではリゾートホテル「アトランティス」の増殖地になっている）。

次に部下を甲板に集め、計画のあらましを話した。ファンシー号の乗組員がナッソーの総督に賄賂を贈り、見返りに保護を受けるというものだ。全員が持ち金のなかから八レアル銀貨二〇枚と金貨二枚を拠出する。ただ公平な利益配分という海賊の伝統と矛盾のないよう、エヴリー船長はトロットの買収資金に、ほかの乗組員の二倍の額を出した。掠奪の場面であれ買収の場面であれ、海賊の合意規定は犯してはならない、きわめて神聖なものなのだ。

エヴリーは奴隷商人を装い、トロットに手紙を書いた（ファンシー号に九〇人の奴隷を乗せていたおかげで、仮の身分に現実味が加わった）。この手紙をじかに読んだことがあると、のちにフィリップ・ミドルトンは述べている。トロットに示された提案には、わかりやすいギブアンドテイクの考えが色濃くあらわれていた。ミドルトンの回想によれば、「上陸する自由と、好きなときに出港することを認めるなら、総督に対して、乗組員一人当たり八レアル銀貨二〇枚と金貨二枚を支払い、［ファンシー号と］なかに積み込まれているものを全部差し出すと約束して」いたという。

ファンシー号はアコルーニャでの反乱事件以来、エヴリーと乗組員のために二年近くもすばらしい働きをしてくれた。でもいまは足手まといだ。耐航性がすこぶる高く、「後続船に頓着なく高速度で航行できる」船ではあった。でもエヴリーは、以前とは種類の違う恐怖を抱えている。敵船を追い抜く必要はもうなくなった。そろそろ解散したほうがいい。

上級船員のヘンリー・アダムズが、何人かの船員と一緒にロングボートに移った。一行はベンジャミン・ブリッジマンからの手紙を携え、ニュープロヴィデンス島の港を目指してこぎ進んだ。手紙に目を通したトロットにとって、提案は怪しいものに思えたにちがいない。入港許可だけのために、イギリスの船長がこんなに多くのもの、しかも船まで手放そうとするのはいったいなぜなのだ。貢ぎ物として提示された金貨や八レアル銀貨が違法な手段で手に入れたものであることをトロットは察したはずだ。ファンシー号は――それに「なかに積み込まれているもの」も――盗品にちがいない。

ただトロットの立場を代弁するなら、地球規模のエヴリー捜索を知らせる布告が出されるのは三カ月あまり先だった。スーラトから八〇〇〇マイル以上離れているうえ、フランス海軍のせいでヨーロッパとの通信経路が途切れがちだったのだから、トロットがガンズウェイ号をめぐる騒動のことを知らなかったとしてもまったくおかしくない。ベンジャミン・ブリッジマンの提案を受け入れれば、海賊と取引することになるのはわかっていたはずだ。でも、その海賊が地球上で最悪の海賊であることはつゆほども知らなかっただろう。

ブリッジマンの提案には、賄賂の金額を上回る魅力があった。手紙の文面からはファンシー号の「耐航性」がどれだけ高いかはわからなかったが、砲数四六門の武装船で建設間もない入植地を守れるなら、フランス人に島を攻撃されたときの反撃能力をかなり伸ばすことができる。それにこの男たちが上陸すれば、一夜にして町の人口が三倍になる。ナッソーにとどまるのがブリッジマンの部下の一部にすぎないとしても、動員できる人員の数としては十分で、武装船と新しい要塞があればフランス人を相手に善戦できる。西インド諸島の有望かつ新しい辺境拠点を維持するのに役立つのなら、イギリス人との交渉を——たとえどんなにうしろ暗い人間相手でも——本国もよしとするはずだ。

良心と利益をどう天秤《てんびん》にかけたのかはわからないが、トロットは返事を送った。「たいへん丁寧な書き方で」とミドルトンは後日語っている。「エヴリー船長一行を歓迎すると請け合っていました」。取引成立。トロットはファンシー号の乗組員に上陸の許可を与える見返りに、武装船と四六門の大砲、それに掠奪された財宝の一部を手に入れた。

ファンシー号との別れ

それから一年以上たち、総督が世界一のお尋ね者に隠れ場所を与えたうえ、掠奪船を手に入れたことが明らかになると、スペイン遠征隊の出資者はトロットを訴え、惨憺《さんたん》たる結果に終わった事業の損害を一部でも補塡《ほてん》しようとした。このときトロットは供述のなかで、町にはエヴリーを受け入れる以外、選択肢はなかったと述べた。「プロヴィデンス島の島民にもっと力があったとしても」と宣誓のもとで証言する。「船を招き入れる必要はあったでしょう。というのもフランスが四月四日に［島からもっとも近い］塩水池を奪い、四六門の大砲を配備した船が来たことも知らない連中は、プロヴィデンス島攻撃を考えていたのです」

男たちが海賊であることをそのとき認識していたかと聞かれたトロットは、知らなかったと明言している。「そんなこと、わかるはずないでしょう。推測は何も証明しないのですから」

歴史家のコリン・ウッダードは「その後間もなく、大きな船がホッグ島を回ってきた」と書いている。「甲板には船員がひしめき、両舷には砲門があり、船体は積荷の重さで深く沈み込んでいる。アダムズたちが最初に上陸する。乗っていたロングボートには袋や箱がところ狭しと並ぶ。約束の掠奪品はそこに入っていた。八レアル銀貨と、アラビアその他の場所で発行された金貨からなる富だ」。ミドルトンによると、ファンシー号の乗組員は「象［牙］五〇トン、配備されていた砲四六門、火薬およそ一〇〇樽《たる》分、バッカニア銃の入った箱数個」を残して下船したという。

乗組員が積荷をおろすとヘンリー・エヴリーはロングボートをこいで着岸し、ニコラス・トロットに迎えられた。それからふたりは膝を交えて話をしようと、別の場所に向かった。その後ヘンリー・エヴリーがファンシー号の甲板を踏むことは、二度となかった。

26　海上ファウジュダール

一六九五年冬〜一六九六年春
インド、スーラト

監禁が生んだ作戦

スーラトの商館で「犬のように」鎖でつながれたサミュエル・アネスリーは、身体の自由こそ奪われていたが、ひとつの贅沢だけは満喫できた。ほとんど無制限に近い思考の時間があったことだ。監禁が続き、一六九五年冬に入ると、ある考えが彼の頭のなかで固まっていった。東インド会社は、うまくするとガンズウェイ号事件の惨劇を逆手にとることができるのではないか。

そのひらめきのもとは、ハーンによる説明を耳にしたときに、アウラングゼーブが正式に発した言葉だったかもしれない。東インド会社が今後もこの地で事業を続けたいのなら、「海にはびこる海賊を探し出すか、さもなければ［被害にあった］貿易商に対し、ガンズウェイ号から盗まれた財産について補償金を払うことによって償わねばならない。商船については、それがなんらかの損傷を受けた場合、どこに向かう船でも、償いのために大砲を配備させる」というのだ。

東インド会社はすでに「海にはびこる海賊を探し」出そうとしていた、というより特定の海賊の捜索に乗り出していた。むしろ、ムガル皇帝による勅令のかなめは後半にあった。アウラングゼーブはここで、同社が「補償金を払う」こと、イスラーム・インドの商船に「大砲を配備させる」ことを提案している。イギリス人が今後も愛顧を受け続けるうえで必要な譲歩として示したのだ。

でもアネスリーのとらえ方は違った。これを突破口と考えたのだ。ゲイヤーへの手紙のなかでアネスリーは、ムガル帝国のファウジュダールを引き合いに出した。ファウジュダールとは、インドの特定地域で法の執行のために働く士官のことだ。

東インド会社船はこのころほとんど他の船の追随を許さないほどの強さを誇っていて、アウラングゼーブの所有船やアブドゥル・ガッファールのような商人の船を守るのにうってつけだった。陸上で警備隊に与えたのと同じ権限を、我が社にも認めるようムガル皇帝を説得することが、もしかすると可能なのではないか。

「陸上のファウジュダールがもうけの大きい路上強盗に手を出さず、責任感を保っているのは給料があってこそです」。一六九五年後半、アネスリーはゲイヤーへの手紙でこう書き、ある提案をした。「そのやり方にならえば、［東インド会社も］海上でこうむった損害の埋め合わせができるのではないかと思われます。そこから得られるすばらしく尊い利益は、いま現在我々が受けている不名誉と損失に十分見合うものになるでしょうし、イングランド国民は今回のような虐待の危険に二度とさらされないはずです」。アネスリーはまた、新たにこの任務を担えば会社の業績にもプラスになると考えた。手紙のなかで、海上警備の報酬としてアウラングゼーブに年間四〇万ルピーもの額を請求することも可能だとほのめかしている。

東インド会社のリベンジ

最初ゲイヤーはアネスリーの作戦に反対した。それはたぶんに、東インド会社の体力が弱まっていて、アウラングゼーブの船を守るのに十分な資力がないためだった。けれどアネスリーはひたすら自分の意見を伝え続けた。ムガル帝国の船隊を警備することはガンズウェイ号が引き起こした危機に対する短期的な解決策になるし、会社の新規事業にもなりうるが、それだけにとどまらないと彼は考えていた。

会社そのものに海上での絶対的権力をもたせる仕組みをアネスリーは思い描くようになっていたのだ。会社の船はこういうものとしてとらえればよいという。「我が社の指揮下にある城などに近いもの。たとえば自然法や友愛精神ゆえに守らねばならない、我々の港のようなもの」。インド洋での法執行機関の仕事をイギリス人に代行させれば、この海域に勢力の均衡状態が生まれて、ふたたび情勢は落ち着くだろう。

現状では、会社が実権を行使できるのはボンベイ島だけで、しかも拠点としては頼りないとアネスリーは思っていた。それに来る日も来る日も鎖や牢番《ろうばん》の姿を目にし、スーラトの商館においてさえ会社の影響範囲がきつく制限されていることをひしひしと感じていた。でもムスリムの宝物船と商船を海賊から守る権限をアウラングゼーブが認めてくれたなら、東インド会社は、（陸上については時期尚早かもしれないが）海上で絶対的権力を大きく伸ばすことができるだろう。

スーラト商館に監禁されていたサミュエル・アネスリーの考え出したこの戦略は、印英関係に重要な節目をもたらしたと、歴史家のフィリップ・スターンはいみじくも述べている。けれどこの節目は、インド亜大陸における大英帝国の権力拡大というおなじみの歴史叙述では必ずと言っていいほど無視されてきたという。

スターンによれば、一般的にはこう語られる。「一七五七年のプラッシーの戦いでロバート・クライヴが勝利を収め、その八年後に東インド会社はそれまでムガル帝国のディーワーン〈訳注：州財務長官〉に属していた徴税権と行政権を肩代わりし、ベンガルの広大な領域を獲得した。同社はそのおかげで——たまたま、思いがけなく、はからずも——主権者に『変わった』だけの営利組織体である」

だがスターンの再解釈に従えば、東インド会社による主権の肩代わりは、それより遠い昔、アネスリーによる「海上ファウジュダール」構想に源流があるという。「正義の暴力と不正義の暴力、公共の権利と私的な権利、名誉ある振る舞いと不名誉な振る舞いのあいだにきれいな境界線を引く。海賊との戦いは、その線引きが可能であると海の上で示すことを意味していた」とスターンは書いている。「それにはまた、線引きに実体をもたせ、戦略海上交通路《シーレーン》に対して絶対的な力を振るう権利を誇示するという意味もあった」

ゲイヤーはやがてアネスリーの戦略に長所を見いだし、アウラングゼーブに示す和解案について、ロンドン本社の取締役会からめでたく承認を得た。会社側はムガル皇帝の損失を償い、皇帝の船を防護する任務を担う、という内容だ。一六九六年が明けてから数週間後には、スーラト商館の囚人解放まであと一歩のところまでいったが、宮廷との交渉はだらだらと何カ月も続いた。これは、ひとつにはエヴリーの冒瀆《ぼうとく》的振る舞いについて、ムガル皇帝その人がまだ怒りをたぎらせていたためだった。

ただハーフィー・ハーンによると、アウラングゼーブの義憤も、アネスリーに籠絡されたスーラト県知事イッティマード・ハーンのせいで尻すぼみになった。ハーンはこう書いている。「イッティマード・ハーンは戦備の様子を見て、失ったものは取り返せないし、イングランド人と戦っても関税収入が激減するだけだと考えた」。かたやアネスリーの伝記を書いたアーノルド・ライトは、アサド・ハーンというインドの政治家が果たした役割を評価している。アサド・ハーンは「[東インド会社と]ふたたび銃火を交えればきわめて厄介なことになるし、なんにせよ国庫は甚大な損害をこうむるだろう」と思っていた。ふたりとも、ゲイヤーが最初から訴え続けていた意見に近づいていった。東インド会社はムガル帝国体制内の人間にとっても利益の源としてあまりに大きく、追放することができない、という考えだ。

そして、「誤報に次ぐ誤報の末、港を再開せよとの勅令がスーラトに来たという吉報が、六月二七日に商館に届いた。この日、知事はとらわれ人をつないでいた鉄鎖《てっさ》を取り去り、牢番を帰した」とライトは書いている。ヘンリー・エヴリーのガンズウェイ号襲撃から九カ月後、東インド会社は業務を再開した。

ひとつでも歴史が違っていたら

ボンベイ城のジョン・ゲイヤーが策を考え、スーラトのアネスリーが鎖を引きずっていた解放までの数カ月間には、東インド会社がそれからわずか六〇年そこそこでインド亜大陸の行政機関、一億の民を支配する会社／国家になりおおせるなど、想像もつかなかっただろう。けれどアネスリーの千里眼とゲイヤーの交渉力のおかげで、ピンチを逆手にとって、会社の勢力を広げるチャンスをつかむことができた。東インド会社にとって存続の危機に見えたものが、意外や意外、大英帝国の最初の鼓動へと変わったのだ。

「もしも」の歴史はその性質からして、フィクションと区別がつかないが、ちょっと調整するだけで、結末はまるで違ったものになる。もしもガンズウェイ号危機を解決する取引がアウラングゼーブとのあいだで成立していなかったなら、そしてもしもムガル皇帝が最初に突きつけた要求のなかに潜むチャンスにサミュエル・アネスリーが気づいていなかったなら、東インド会社はスーラトとボンベイを放棄せざるをえなかっただろう。

金のなる木を取り上げられ、織工や保護主義集団の非難を浴びた同社が、国内外の課題の重みに耐えきれずに、もろく崩れ去った可能性もなくはない。そして後継会社のグループが何年もしないうちにスーラトやボンベイに帰って来て、オランダ人、ポルトガル人とうまくやっていたはずだ。でも数十程度の小さな会社が二国間の通商のパイプ役を果たす程度だったなら、イギリス人がインドを征服する結果になっただろうか。確実なことは何ひとつ言えないが、その可能性がもっと小さかったことはまちがいない。

「好きなように物を売買し、自らの国に送る」権利をジャハーンギールから与えられてから八〇年以上、イギリス人はなじみのない土地で商いをしてきた。歓迎されたこともあれば、追放の危機にさらされたこともある。けれどいま、海賊を取り締まるかたわら、ムスリムの宝物船隊がメッカに巡礼に向かう様子を眺めるイギリス人は、それまでになかった資産を手にしていた。インド亜大陸と自分たちの関係を基礎づけることになる新しい力、法律の拘束力だ。

27 帰郷

アイルランド、ダンファナヒー

一六九六年六月下旬

アメリカ本土へ

男たちはナッソーに逗留《とうりゅう》するつもりはなかった。彼らはいまや莫大な賞金のかかったお尋ね者で、六〇人の住民しかいない最果ての島には、大きすぎる獲物だ。トロット総督のつかさどる貧しい村に建つ二軒の居酒屋で財産のごくごく一部を使いながら、彼らは悟ったことだろう。捜査網が全世界に広げられている状況で、腐敗したイギリス人総督の厚意にすがって群れているのは危険だと。ニコラス・トロットは未来のバハマ人候補を引き止めようと、宴席を設けるなど力を尽くした（ちなみにフィリップ・ミドルトンは当時を振り返り、「グラスを割った人がいて、八セキン払わされました」と述べている）〈訳注：セキンは欧州の一部地域およびオスマン帝国で発行されていた金貨〉。

ただ、トロットは目新しいものならなんでも大事にしたわけではなく、ファンシー号の扱いは違った。エヴリー一味から船を明け渡されると、総督は船に対する権利を別のところに譲った。後日商務庁に送られた文書によると、譲渡先は「能力といい人員といい、船を痛ましい事件から守るのに十分ではなかった」という。そしてジェイムズ・フブロンの「比類ない帆船」は、太く短い人生をポンコツ船として終えた。このときの様子をミドルトンは「せつない眺め」と言い表している――敵船という敵船を追い抜き、一万マイルを超える航海のあいだ乗組員の命をつないでくれた船は、ナッソー湾の浅瀬で浸水、沈没したのだ。

エヴリー一味のうち六、七人はニコラス・トロットの歓待ぶりにほだされて島に残り、この最果ての入植地で里暮らしを送るうちに、忘却のかなたへと消えていった。島に残るという決断には、色恋も関係していたらしい。残留組の何人かは、ナッソーの女性と結婚している〈操舵手のアダムズは、島の女性のひとりと出会ってすぐに一緒になったようだ〉。

一、二週間で、男たちは三つのグループに分かれた。二三人は町で一隻のスループ船を手に入れ、イングランドへの帰路についた。テムズ川船着場のルーズな国境管理官の目を盗んで、家族や親しい友人のもとへとひそかに戻ることができると考えていたのだ。一番大きなグループは、今回も海賊の巣窟に向かう戦略を選んだ。これはマダガスカルやナッソーを目指したのと同じ発想だが、今度の巣窟はもっと大きい。彼らはアメリカ植民地に行ったのだ。

海賊たちがアメリカ本土に引き寄せられたのは、ひとつには距離の近さという単純な理由からだった。わずか四〇〇マイル先には現在のチャールストンがあった。ただ、アメリカを目指したのには法律上の理由もあった。ロードアイランドのトーマス・テューが紅海で海賊行為を働いた一六九三年を境に、植民地当局は海賊の背中を押し、野放しにしているという風説が広がっていたのだ。

少なくともエヴリー一味に関する限り、うわさは裏づけられた。カロライナに向かった五〇人のうち、その後ガンズウェイ号襲撃事件にからんで有罪になった者はひとりとしていない。法にそむいた者もいるし、行方をくらました者もいるが、自ら犯した罪のせいで罰を受けた者はひとりもいない。

いくつかの説によると、エヴリーの手下はインド洋での波乱万丈の日々について得意げに言いふらしていたらしい。一六九七年はじめのこと、ジェイムズ・フブロンは怒りに駆られたペンシルヴェニア開拓民から手紙を受け取った。その人物は居酒屋にいたところ、元乗組員がほかの常連客に、ファンシー号に乗っていたころにあげた戦果の話をして「周囲を沸かせている」のが聞こえたのだという。座の雰囲気はたるみきっていて、海賊はご丁寧に自分たちの正体を口にしたとか。「カップを手に、連中は誰はばかることなく得々としゃべっていました」と手紙の主は書いている。

新しい目的地

アメリカ植民地には、一味に有利に働く別の特長があった。ここでは奴隷の市場が好況に沸いていたのだ。おそらくギニアで拉致された人やレユニオン島で買い入れられた人の一部は、乗組員とともにカロライナまで行き、ガンズウェイ号の残りの財宝もろとも売り飛ばされたのだろう。フィリップ・ミドルトンの話では、奴隷のなかにはナッソーでトロットと部下たちに売却された人もいたという。一部がその後も島にとどまったのだとすると、その人たちはバハマの人口構造に、かなり早い段階で変化をもたらしたことになる（現在この国の人口は、八〇パーセント超がアフリカ系で占められている。とはいえ、彼らも奴隷制がつくりだした膨大な数のディアスポラのごく一部にすぎない）。

ニコラス・トロットに取引を持ちかけたときから二カ月後、ヘンリー・エヴリーはヘンリー・アダムズやジョン・ダンら二〇人の部下に伴われてナッソーをあとにした。世界一のお尋ね者をメンバーに抱えていたから、イングランドにまっすぐ帰る危険を冒したりはしなかった。その代わりにシー・フラワー号という一本マストの船を買ってアイルランド北東部に向けて舵を取った。

歴史を見渡してもこれほどロマンチックでない新婚旅行もないと思うが、ヘンリー・アダムズは新婚の妻を連れていた。

六月下旬ごろ、シー・フラワー号はシープヘイヴン湾西端にあるダンファナヒーという町の小さな港に入った。ベルファストの北西一〇〇マイルほどのところだ。ダンの説明によれば、到着したばかりの一行の目の前に「ランド・ウェイター」、つまり税関吏があらわれたものの、結局はひとり三ポンド支払うだけで通してくれ、一行はダブリンを目指すことができたという。

それからもエヴリー——偽名のベンジャミン・ブリッジマンをまだ名乗っていた——はダンらと旅を続けたが、六マイル移動したところで、自分はここで一行と別れて別行動をとると告げた。後日ダンはこう語っている。「エヴリーはスコットランドのドナディーに行ったと聞いてます。イングランドに入ったらプリマスの人間になってエクセターを目指すと、本人は言ってました」

逮捕が始まる

エヴリーたちがイギリス諸島各地に散らばったころ、ロンドンの東インド館では、海賊に関する特別委員会が捜索活動の準備を整えていた。逮捕協力者への報奨金を盛り込んだ裁判官たちの布告が出されたのは、シー・フラワー号のアイルランド到着から数週間後のことだ。東インド会社は費用を負担して布告を一〇〇部印刷し、インド各地の商館に送った（会社はエヴリー逮捕につながる情報を提供したインド人への報奨金として四〇〇〇ルピーを上乗せしている）。

七月後半、アイザック・フブロンと委員たちはエヴリーがナッソーに上陸したこと、乗組員と小さなグループをつくってイングランドやアイルランドを目指したことを知った。そこで東インド会社秘書のロバート・ブラックボーンがイギリス諸島各地の港湾所在市町村にあて、エヴリーらに警戒の目を光らせるよう依頼する手紙を大急ぎで送った。「ヘンリー・エヴリー船長は、現在ブリッジマンと呼ばれています。誰であれ一味の者が貴地に入った場合、その身柄を確保することは王国への立派な貢献となり、ゆえにそのようにされることをお勧めいたします」と、ブラックボーンは助言している。

エヴリーの犯罪のおかげでサミュエル・アネスリーの構想が生まれ、同社がインド洋上で新たに海軍力を手にしたように、イギリス本国での犯人捜索のおかげで、同社従業員と官憲との関係が緊密になっていった。ブラックボーンはもともと、取締役会の議事録をつくったり、海外の代理人あてに手紙を書いたりする一介の会社秘書にすぎなかった。けれどエヴリー逃亡中のいまは、新しい責任を負っている。英国一のお尋ね者を全国に指名手配する仕事を担っているのだ。

会社は代理人たちに警戒体制をとらせた。地元官憲が逮捕した容疑者をロンドンに送って尋問するため、各地に代理人を送る用意も整えた。それまで政治的な緊張関係やスキャンダルのために政府と会社のあいだには溝ができていたが、エヴリーやその蛮行が突きつけた脅威が呼び水となって、ふたつの組織は統一戦線をつくるまでになった――統一がとれすぎて、それまで国家に任されていた義務を、なんと東インド会社が肩代わりしている。

ジョン・ダンはダブリンに着くと、船でウェールズのホリーヘッドに行った。それからロンドンに何日か滞在して北に向かい、故郷のロチェスターに戻ると、地元の宿屋に部屋をとった。とところがこの帰郷は、惨憺たる結果に終わる。ダンは史上最大級の掠奪事件で得た財産を上着の裏地に縫い込んだ状態で、一万マイル超の道のりを旅してきた。ところが、ロチェスターに戻った初日、好奇心にあふれたメイドがダンの部屋の清掃中、衣服をたたもうとして上着の異常な重さに気づいたのだ。メイドはこのことを通報、そして官憲は一〇〇〇枚超のトルコ硬貨が「上着に縫い込まれている」のを発見した。町長は硬貨を押収すると、窃盗容疑でダンを牢につないだ。

ダンの逮捕は始まりにすぎなかった。その夏のあいだに、リヴァプール、ダブリン、ニューカッスル、そしてエヴリーの生まれ故郷に近いウェストカントリーの町で、さらに七人の乗組員が逮捕されている。

特別委員会は、報奨金や、捜索に協力した役人への「謝礼」に一〇〇〇ポンド近くを費やした。裁判にできるだけ衆目を集められるよう、囚人をロンドンに送るための費用まで負担している。残虐事件の詳細を知らせるジョン・ゲイヤーの手紙がロンドンに届いた一六九五年終わりごろからずっと、東インド会社と政府内の積極的な協力者は、ガンズウェイ号の海賊に対して法の力を見せつけようと必死だった。そしていまや、彼らは八人を手の内に収めた。これでようやく、世界は――そしてとりわけアウラングゼーブは――海賊についてのイギリスの立場を確かめることができる。

第5部

裁判

28 海賊国家

一六九六年九月〜一〇月
ロンドン

国家の汚名返上を懸けた極刑

アウラングゼーブがスーラトの虜囚を解放してから数カ月後、つまり東インド会社が南アジアでの業務を再開したのちのこと。ジョン・ゲイヤーはロンドンに手紙を書き送って、ガンズウェイ号危機とそれがもつ意味についての考えを伝えた。

イギリス政府は国内外で海賊行為に断固反対する姿勢を示さなければならないとゲイヤーは述べている。フランシス・ドレイクの時代――海外におけるイギリスの権益を守るため、海賊を裏の代理人にするのがほぼ当たり前だった時代――に相手にしていたのは明らかな敵国の国民や、香料諸島の氏族集団（やがてオランダ人に虐殺された）だったので、海賊も役に立っていたかもしれない。けれどインドのような本来の意味での貿易相手国とのつき合いでは、ドレイク時代のおおらかさはまったく通用しない。つまりイギリス政府は、ガンズウェイ号事件後にアウラングゼーブが東インド会社に与えた紅海での警察権を正式に認める必要があるのだ、とゲイヤーは言う。

「インドで海賊を抑え込む手立てを講じなければ、また海賊をしかるべく罰する権限を現地商館員に与え、しかも処罰のことで帰国後に中傷される心配を取り除かなければ、彼らはみな、再三の損失に対する腹いせとして現地の悪漢や住民に喉をかき切られるかもしれません」。それに、紅海の海賊に見て見ぬふりを決め込めば、「閣下各位のインドにおける貿易活動は無に帰してしまいます」。ゲイヤーはこのように会社の経済的利益の土台について力強く語り、自説を締めくくっている。

もっとも、海賊との戦いを担うことができるのは、アネスリーの「海上ファウジュダール」にとどまらなかった。エヴリーの手下八人を掌中に収めているイギリス政府には、これら全人類の敵を公の場で徹底的に追及することが可能だった。市井ではバラッド売りやパンフレット書きが、エヴリー船長のロマンあふれる冒険活劇を伝え広めていたが、政府は新興大衆メディアにはない道具、刑事裁判を使うことができたのだ。

もちろん、大衆メディアが生き延びてこられたのは、刑事裁判記録に書かれた迫力ある場面やどぎつい描写を借用したからこそだった（バラッド売りが節をつけて読んでいたおびただしい数の歌は、ありていに言えば殺人事件裁判の音楽つき筆記録だ)。ただし、呼び売り人も原始ジャーナリストも、裁判自体をどうこうすることはできなかった。いつものように消費者の劣情をそそる脚色は施したが、できるのは裁判の内容を伝えることだけだった。

かたや政府は裁判という公の場を拡声器として使い——とりわけ訴追側の冒頭陳述と最終陳述では声をはりあげ——歴史家のダグラス・R・バージェス・ジュニアの言う「海賊に関する決定的かつ歴史を画す語り」を定着させていく。

国王と商務庁は国家イメージの危機に瀕していた。イギリスは「海賊の国」と見られていたし、(恥ずかしいことに)少なくとも植民地では、その非難は当たっていたからだ。そしてエヴリーの手下に正義の裁きを下し、ムガル帝国と関係を構築し直すことよりも、政府の立場をはっきりさせること、つまり海賊は全人類の敵であり……イギリスだけでなく全世界の敵であると明確に示すことのほうが重視されるようになった。こうしてエヴリー一味は世界最悪の犯罪者に位置づけられ、国家としてのイギリスは海賊の一掃を最優先課題とするにいたったのだ。

この刑事裁判は「決定的かつ歴史を画す語り」を定着させるうえで鍵となる、もうひとつの手段を国家に与えていた。それは極刑だ。エヴリーの手下が処刑ドックで首つりにされた光景は、ガンズウェイ号事件を引き起こした世界級の犯罪者をイギリスはけっして許さないという明確なメッセージを世界に伝えた。

寝返ったダン

そんなことから国家としてのイギリスは司法の領域だけでなく、世論の領域、ドイツの社会思想家ユルゲン・ハーバーマスの言う「公共圏」も操作するようになった。公共圏とは、ここでは一八世紀の啓蒙文化を形づくったコーヒーハウスでの議論やパンフレット、路上演説などの新しい領域を指す。

もっとも、劇場型の刑事裁判や国家主導の見世物まがいの処刑といった道具が使えるようになったのは、少し前に海賊事件の管轄裁判所が変わったからだ。海賊による犯罪の舞台はもっぱらイギリスの法律がおよばない遠い場所なので、そうした事件は長らく、海事裁判所が大陸法に従って裁いてきた。審理は非公開で、被告人にはさまざまな法的手段が認められていたが、もっと重要なのは海事裁判所には死刑判決を下すことができなかった点だ。

かたやイギリスのコモン・ローにもとづく一七世紀後半の刑事裁判では、力の重心が国家に置かれていた。裁く側には死刑という選択肢があったうえ、被告人は弁護人をつけることができなかった。つまり訴追側は法律専門家に陳述を担わせていたが、一方で被告人は乏しい知識だけを頼りに自分で自分を弁護しなければならなかったのだ。そのうえ刑事裁判は一般大衆の傍聴も可能だったので、波乱に富む公判の展開やドラマチックな判決は、パンフレット書きやバラッド売りによって芝居じみた物語に仕立て直されることも、ままあった。

一七世紀には、大陸法にもとづく海賊事件の判例が、政府にとって満足のいく裁きを下す妨げになっていることが明らかになってきた。そこで一連の司法改革が始まり、海賊がらみの特定の犯罪事件は、どっちつかずの奇妙な状態に置かれることになった。悪質さが度を越していること、またイギリスという国家の安定や貿易相手との関係を揺るがしかねないことから、理屈の上では海事裁判所によって大陸法で裁かれるはずの事件が、コモン・ロー法廷で訴追されるようになったのだ。

エヴリー一味の犯罪が起きたのがもう一世紀早かったら、その裁判は「海賊に関する決定的な語り」を定着させる推進力としてはずっと弱々しかったはずだし、被告人が処刑を恐れる必要もなかっただろう。もっとも、大陸法からコモン・ローへの転換のおかげで、ある点が海賊たちに有利に働くことも考えられた。じつは、コモン・ロー裁判では陪審が判断を下すことになっていたのだ。海賊らが有罪か無罪かを決めるのは、どんな海賊行為もひとしなみに糾弾しがちな海事裁判所のベテラン判事ではなく、ふつうの市民からなる陪審団だった。つまり、長く尊ばれてきた「全人類の敵」という法律概念にほとんど影響されず、むしろバラッド売りやパンフレット書きの影響のもとで、海賊についての考え方を身につけていった人々だ。

加えて証言の問題があった。ガンズウェイ号襲撃事件の被害者本人は、当たり前だがひとりとして証言できなかった。それに一六九六年当時のふつうのイギリス市民からなる陪審団が、海で掠奪の標的にされたムスリム商人の話を聞いて心を痛めるなんていうことはありそうになかった（ガンズウェイ号での性暴力にしても、一七世紀イギリスではレイプ事件の裁判自体が多くなかったし、被害者が外国人という事件にいたっては皆無に等しかった）。

訴追側がエヴリーの手下を確実に死刑にできる説得力ある陳述をなすには、海賊本人たちから目撃証言を引き出さねばならない。別の言い方をすると、被告人の少なくともひとりは訴追側証人に変える必要があるということだ。

政府側にとって好都合なことに、探していた裏切り者は最初に逮捕した男、ジョン・ダンだった。当局がどんな方法を使ってこのロチェスターの海賊から自白を引き出したのかはわからないが、トルコの硬貨が発見されてから数日もしないうちに、ダンはエヴリー一味の掠奪行為について包み隠さず供述している。

八月三日、ダンは宣誓のうえ、過去二年間にあったことを洗いざらい語った。スペインでの船上反乱やインド洋での海賊行為、避難を許してくれたニコラス・トロットについてなど、エヴリーと一緒にアイルランドに到着するまでにあったことを余すところなく。

その翌日にはアイルランドの裁判官たちが、フィリップ・ミドルトンから同様の証言を聞いている（その後東インド館で書かれた取締役会の議事録によると、仲間を裏切る証言をミドルトンにさせることの代償として、東インド会社は母親にたびたび支払いを行なっている）。

数十年前から行なってきた司法改革のおかげで、政府は世界に向かって、海賊行為がイギリスの価値観に照らしてどんなにおぞましいものであるかを示す法的な足がかりを得ることができた。そしてダンとミドルトンがしゃべったいま、供述証拠という材料もそろった。

とびきりの証人は確保できたが、最後にひとつ問題が残っていた。囚人たちを具体的にどの罪で起訴すべきか、だ。容疑のリストは長大だった。彼らはイギリス人船長に反旗をひるがえし、ロンドンの有力者から武装船を盗んだ。さらにファテー・ムハンマディ号とガンズウェイ号を標的に海賊行為を働き、乗っていた男女を虐待、レイプした。一六九四年夏には、イギリス人とデンマーク人に対し掠奪をなした。また、メイドのモスクを焼き払ってもいる。

政府は訴追方針の準備に数カ月を割き、結局、「海賊国家」という悪評の払拭が優先されることになった。主任訴追人のヘンリー・ニュートン博士は裁判官や海事裁判所との話し合いを受け、ムガル皇帝に対する犯罪行為を軸に容疑を固めることにした。

こうして裁判は地球規模の見世物になり、イギリス政府と東インド会社内の協力者は、この国が海賊をいっさい容赦しないことを全世界に示す機会を手に入れたのだ。

一六九六年一〇月に裁判にかけられた六人は数々の罪を犯していたが、実際に読み上げられた起訴状に記してある訴因はたったひとつ、「ガンズウェイ号と呼ばれる船を身元不詳の人々から悪意と海賊的方法をもって奪い去ったこと」だった。

29 幽霊裁判

一六九六年一〇月一九日
ロンドン、オールドベイリー

ニューゲイト監獄

ロンドン発祥の地であるシティの北端に向かって走るオールドベイリー通りは、およそ一〇〇〇年にわたって司法制度と因縁をもち続けている。ローマ時代に七つの市壁門のうちのひとつがここに設けられ、一二世紀に改築されて、債務者や重罪人を収容する小さな監獄の一部として使われるようになった。やがてこの施設はニューゲイト監獄と呼ばれるようになり、数世紀後には同じ敷地に裁判所が建って、容疑者や既決犯を運んで法廷と監獄とのあいだを効率的に行き来できるようになった。オールドベイリー裁判所という名前は市壁門に由来する（「ベイリー」には城や要塞の外壁という意味がある）。

もとの建物は一六六六年の火災で焼け落ち、七年後にイタリア風の三階建ての裁判所が新たに建てられた。一六七五年制作のエッチングには、この建物の最大の特徴がはっきり描かれている。法廷がある一階の東側は開放され、屋外のセッションズハウス・ヤードとつながっている。

法廷が風雨にさらされるままになっているのは、衛生上の理由からだった。ニューゲイト監獄では発疹《ほっしん》チフスが蔓延《まんえん》していて（そういうわけで、この病気は「監獄熱」というあだ名をつけられた）、法廷に新鮮な空気を送り込めば、法務官や裁判官を発疹チフスから守ることができると考えられていたのだ。公衆衛生上の措置としては、吹きさらしの設計はほとんど効果がなかった（発疹チフスはノミやダニなどを介して伝染する）。

けれど裁判所の構造は、司法と市民との関係に意味深い影響をおよぼした。法廷が外に開放されていたために、見物人や記者が通りに群れることがあり、群衆はときに審理を妨害したり野次を飛ばしたりしながら、話題の裁判の成り行きを見守った。セッションズハウス・ヤードの群衆が立てるざわめきに、かなりの陪審団が影響されたのだ。

一〇月一九日朝、オールドベイリーの外には、悪名高いエヴリー一味を一目でも見て、あわよくば証言を聞こうと、群衆が早くから集まっていた。正面の共用空間には、ジョン・ダンとフィリップ・ミドルトンが見物人や廷吏に混じって立ち、入廷を促されるのを待っていた。上部に鉄の忍び返しのついた煉瓦塀《れんがべい》が、ダンとミドルトンをかつての仲間六人と隔てていた。ベイルドックと呼ばれる場所に寄せ集められていた六人の多くは、一カ月以上前から牢獄《ろうごく》に閉じ込められ、公判を待っていた。

錚々たる裁判官たち

ベイルドックに立つ囚人たちの耳に、裁判官の名前と称号を読みあげる廷吏の声が聞こえた。学のない船員にとっては無意味な名前だったかもしれないが、この時代のイギリス司法制度に詳しい人には、これが鉄壁のリストであることが一瞬でわかったことだろう。

高等海事裁判所裁判官のサー・チャールズ・ヘッジズが裁判長を務め、国王がらみの事件を扱う王座裁判所の首席裁判官サー・ジョン・ホルトが陪席。さらに人民訴訟裁判所と財務府裁判所――いずれも窃盗など私有財産に関わるコモン・ロー事件を扱う――の首席裁判官も同席していた〈訳注：王座裁判所、人民訴訟裁判所、財務府裁判所はいずれもコモン・ロー裁判所で、管轄は著者の説明ほど明確に分かれてはいなかったようだ〉。イギリスの主要な司法機関から最高水準の有能かつ経験豊かな裁判官がかき集められ、オールドベイリーで海賊裁判を担うことになったのだ。元ロンドン市長でイングランド銀行初代総裁のジョン・フブロン（アイザックの兄でジェイムズの弟）も、他の名士とともに傍聴していた。

このように法曹界きっての破格の実力者が集められたのは、エヴリーの手下に公正な裁判を保障するためではなく、なんとしても有罪にもち込むためだった。

裁判を担当するのは、「イングランドの商人に甚大なる損害」を与えた「たちの悪い海賊」としてエヴリーを指弾する七月の布告を発表したのと同じ裁判官だった。つまりアイザック・フブロンや東インド会社の特別委員会と手を組み、イギリスの貿易網の末端にまでエヴリー捜索のお触れを流した人々であり、エヴリー逮捕への協力者に東インド会社が報奨金を出すことを歓迎した人々だ（一六九六年、ヘッジズ裁判官はこの裁判に先立って、スペイン遠征隊の未払い給料の支払いを求める訴えをあっさり却下、ジェイムズ・フブロンら、この不出来な事業の出資者を勝訴させている）。

形式上はヘンリー・ニュートンが主任訴追人の立場にあったが、ヘッジズとホルトも被告人に対して積極的に尋問を行ない、自分たちの意向を隠すそぶりさえ見せなかった。これを現代に置き換えるなら、アメリカの連邦最高裁判所でO・J・シンプソンの裁判が行なわれ、裁判官が自分の席から検察側陳述について平然と意見し、シンプソンその人に尋問するようなものだ〈訳注：シンプソンはアフリカ系の元フットボール選手にしてスポーツキャスター・俳優。白人の妻とその男友達を殺害した容疑で逮捕されるも無罪の陪審評決を得て放免される。裁判は全米の関心を集めた〉。一〇月のあの朝、オールドベイリーでエヴリーの手下が直面した司法の壁とは、こういうものだった。

ヘッジズ裁判官は開廷直後の大陪審への冒頭説示で、起訴の妥当性を判断して起訴状を認定するかどうかを決めるよう伝えた。ベイルドックに立っていたのは六人だが、読みあげられた起訴状は七人の被疑者に対するものだった。初老の司厨 長《しちゅうちょう》ウィリアム・メイ、一九歳のジョン・スパークス、エドワード・フォーサイス、ウィリアム・ビショップ、ジョゼフ・ドーソン、ジェイムズ・ルイス、それにもうひとり、ヘンリー・エヴリーだ（そのあと作成された文書には、オールドベイリーにエヴリーがいないことの説明として、そっけなく「未逮捕」の文字が添えられている）。

ヘッジズ裁判官は陪審に事実の要旨を伝え、海賊事件については法的管轄権の重複があることを説明すると、退廷して起訴状の妥当性について考えるよう促した。訴訟記録によると、大陪審は「少ししてから」起訴状を携えて戻ってきたという。ヘッジズの指示で警備員が六人の被告人を法廷へと急き立て、人道に対する罪を問う裁判が始まった。

裁判所の設計は、空間内での権力の流れを一方向に集中させるつくりになっていた。部屋の装飾は国家の権威を強調すべく、紋章を使って王室の威光を示している。裁判官席下前面のタペストリーに描かれた三つの錨《いかり》などの海事のシンボルは、海軍省の存在をあらわしている。たった数十年前はがれきにすぎなかったオールドベイリーの法廷は、改築後には過去のどんな被告人も見たことがないほど設備がそろっていた。

おまけに被告人が立たされた場所は、自身が孤立無援であることを痛いほど感じさせた。裁判官は被告人を高い法壇から見下ろしている。頭上の鏡はセッションズハウス・ヤードに射す日光を反射して、被告人の目を照らす。被告人の顔に光を当て、本人が正直に話しているかや反省しているかを陪審が表情から読み取れるようにすることがこのしかけの狙いであるのは明々白々だ

（声がよく聞こえるように、共鳴板も置かれている）。ロンドンには珍しい晴れの日なら、効果は絶妙だったろう。でもどんより曇ったふつうの日であっても、次のことははっきり伝わるはずだった――被告人は舞台に立たされ、監視を受け、国家の審査の目にさらされる、というメッセージだ。

被告人は台に立ち、ヘッジズ裁判官が起訴状を読みあげるのを聞いた。五人は自らの潔白を訴え、ジョゼフ・ドーソンだけが罪状を認めた。

小陪審が宣誓を終えると、髪粉《かみこ》をかけたかつらとフリルつきの白いカラーで正装した主任訴追人のヘンリー・ニュートンが立ちあがり、冒頭陳述の口火を切った。ニュートンは起訴状と同じ言い回しを使いながら、まずはアウラングゼーブに対してなされた犯罪について話し始めた。「被告人らはインド洋上で、ムガル皇帝と臣民の所有するガンズウェイ号に対して強奪および掠奪を働いた。その被害額はきわめて大きい」。それからニュートンはヘンリー・エヴリーが海賊に転身してからの足跡を簡単に伝えた。スペインでの船上反乱、大西洋とインド洋での「おびただしい大規模な海賊行為」、そしてガンズウェイ号襲撃。

公判

事実のあらましを述べると、ニュートンは重要な点、つまりイギリスには海賊行為を容認するつもりはないという点に話題を移した。ここでニュートンは、ジョン・ゲイヤーが前年にボンベイ城で組みあげた議論から多くを取り込んでいる。つまり、インドとの交易から利益を得たいなら、また世界のどの国とであれ信頼にもとづいた商取引をしたいなら、イギリスは最大級の強い言葉で海賊行為を糾弾しなければならない、という主張だ。

ニュートンは説明した。ガンズウェイ号襲撃は、「ムガル皇帝の権力や、復讐《ふくしゅう》に傾きがちなインド人の性質を考えると、とくに貿易に対してきわめて悪い結果をもたらすだろう」。しかし、陪審には「その犯罪について妥当な判断」を下すことによって、「悪い結果」を正すチャンスがあるのだと。この犯罪は本質においてただの強奪事件よりもはるかにゆゆしきものだ、なぜならそれにより個人の財産権だけでなく、成長を続ける国際貿易網も脅かされるからだ、とニュートンは述べた。

海賊行為は……陸上での窃盗や強盗よりもはるかにけしからぬことだ。諸王国や諸国民の利害や関心は、一般家庭や特定個人のそれに勝《まさ》る。海賊を黙認すれば世界の通商は途絶えるが、我が国民は世界の通商に当然の重大な利害を有するし、ここから多大な恩恵をこうむっている。この海賊らがどこの臣民なのかを知られているにもかかわらず、彼らが処罰を受けなければ、国民が戦禍に巻き込まれる恐れがある。交戦国にいる無辜《むこ》のイギリス人は殺害され、インド貿易は壊滅し、その結果我が王国は窮乏に追い込まれるかもしれない。

ニュートンによる冒頭陳述の結びでは、ゲイヤーがロンドンの東インド会社役員に書き送った苦悶の手紙の表現がそのまま使われていた。ニュートンはこのように言った。陪審が自ら誓った義務を果たさず、エヴリー一味に正義の裁きを下さなければ、その結果は罪人の集団を野放しにするという次元をはるかに超える。「我が王国は窮乏に追い込まれる」だろう、と。

評決

こうして裁判の柱が打ち立てられ、訴追側はふたりの重要証人を呼んだ。ジョン・ダンとフィリップ・ミドルトンが証言台に案内される。仕切りを挟んで被告人と真正面に向かい合う場所だ。わずか数カ月前には熱帯の島で、掠奪の成功を祝ってともに乾杯した八人が、いまではオールドベイリーの法廷で、敵同士として対峙《たいじ》している。それまでの二年にわたり海賊コミュニティを団結させていたものがなんであれ、そんなものは処刑ドックの脅威を前にして、はかなく消え去っていた。いまや八人は互いに敵同士となってしまった。

その後の数時間のあいだに、何があったのかは明らかでない。わかっているのはダンとミドルトンが公海上での海賊行為について話したこと、また人道に対する罪を犯したと、かつての仲間に非難を浴びせたことだ。そして、ニュートンが被告人を尋問したこと。弁護人をつけてもらえない被告台の六人は、乏しい法律知識を寄せ集めて弁明を試みたことだろう。それ以外は推測の域を出ない。この公判の筆記録は発行されていないからだ。それどころか、国家は公判に関する記録はいっさい残すまいと手を尽くした。

ヘンリー・エヴリーの経歴でこの時期が空白になっているのは――海賊事件に関する公判の記録がきれいさっぱり消えているのは――公文書管理がしっかりしていないことだけが原因ではない。ニュートンの冒頭陳述を除いて公判の記録が残されていないのは、最後に陪審が下した評決のためだった。それは海賊に関する決定的な語りを台無しにする内容で、アウラングゼーブがイギリス人にいだく最大の疑念を裏打ちするメッセージを本人に送るような評決だった。ウィリアム・メイ、ジョン・スパークス、エドワード・フォーサイス、ウィリアム・ビショップ、ジョゼフ・ドーソン、ジェイムズ・ルイス――その全員が、ひとり残らず無罪とされたのだ。

人道に対する罪に問われ、ムガル皇帝の財産を盗んで親族を凌辱《りょうじょく》した罪に問われた六人に対し、庶民からなる陪審は、すべての罪について無罪の評決を出した。「未逮捕」でありながら起訴されたヘンリー・エヴリーまでもが無罪とされている。

30　これを証拠と言わずしてなんと言うのか

一六九六年一〇月三一日
ロンドン、オールドベイリー

エヴリー船長の英雄物語

国家によるエヴリー一味の訴追が水の泡になったのはなぜだろう。訴訟戦略の何かが裏目に出たとか、被告人が無学ながらも自らの行動についてすばらしく感動的な弁論をしたとかいうこともあるかもしれないが、その後の展開を見ると、どちらのシナリオも真実味に乏しい。

衝撃的な無罪評決の説明として一番納得がいくのは、エヴリー神話が巷《ちまた》でどれほどの訴求力をもっているかを、訴訟を組み立てた海軍省と裁判官が過小評価していた、というものだ。国家の側は、被告台の海賊がムガル皇帝とインド国民に対して盗みを働いたことについて、説得力ある論を立てたはずだ。けれど勇敢なエヴリー船長をはじめ、さまざまなあらくれ者の英雄物語に慣れ親しんでいる陪審には、五〇〇〇マイル離れた外国の皇帝にも臣民にもほとんど共感できず、エヴリーたちの行ないが犯罪であるとは、ましてや死刑判決に相当する罪であるとはまったく思えなかったのかもしれない。

事情はどうあれ、評決は国家にとって論外のものだった。ガンズウェイ号襲撃から一年たってもエヴリーと他の男たちがつかまっていないのはひとまずおくとして、六人の身柄を確保し、ふたりの証人から彼らについて有罪の証言を引き出していながら、無罪放免にするというのか。無罪評決は、国家としてのイギリスに対する非難――全人類の敵だのなんだのと騒いでおいて、イギリスは海賊を裏で支えているか、そうでなければ法で裁く能力がないのだという声――を裏書きするのに等しい。

海軍省ははじめ、エヴリー一味の裁判を見世物にして、イギリス政府は海賊行為をいっさい容赦しないというメッセージを世界に向けて発信する計画だった。公判の筆記録を出版し、セッションズハウス・ヤードまで行くことができない大英帝国全土の読者に公判の一部始終を知らせようと、ジョン・エヴァリンハムという出版社主と契約さえ結んでいた。エヴァリンハムが本を刊行しなかったのは言うまでもない。またロンドンで発行された定期刊行物のひとつは、筆記録を掲載できなかったことをこのように謝罪している。「この海賊裁判についてもっと充実した記事をお届けすべく準備してまいりましたが、当局による禁止措置に従い、掲載を見送ることとあいなりました」

同情作戦

オールドベイリーで見せつけられた法律の道具立てが並大抵のものでなかったことからすれば、無罪を訴えた五人には評決が奇跡に思えただろう。にもかかわらず、その後に警備員が自分たちを釈放するどころか、ニューゲイト監獄にふたたび引き連れていったのには面食らったはずだ。無罪の囚人は二日のあいだ、いまかいまかと釈放を待ちわびながら、監房で苦悶《くもん》にさいなまれた。

そしてこの四八時間に、ヘッジズおよびホルトの両裁判官、訴追人のニュートン、そして海軍省の他の面々は必死の話し合いを重ねた。一事不再理の原則ゆえに、ふたたび公判を開くことはできない。いつか官憲の手で一味の他の男、もしくはエヴリー本人を逮捕できる日が来るかもしれないが、最初の裁判に関するうわさがアウラングゼーブの耳に入ることは疑いなく、そうなればムガル皇帝とのもろく新しい同盟関係が危うくなる。自分たちの大方針を打ち出したいなら――イギリスはもはや海賊の掠奪行為を黙認しないというメッセージを完璧な形で根づかせるなら――ニューゲイト監獄で釈放を待っている連中を使わなければならない。

この板挟み状態を解いたのが、歴史家のダグラス・バージェスが言う「法的こじつけという離れわざ」だ。遠く離れたムガル帝国の皇帝が同情すべき被害者になりえないのなら、もっとイギリス人陪審員の哀れを誘いそうな人物に被害者役を割り当てればいい。海賊はアウラングゼーブの財産だけでなく、ジェイムズ・フブロンやスペイン遠征隊の出資者の財産も盗んでいる。ガンズウェイ号での強盗で訴追するのでなく、チャールズ二世号の強取《ごうしゅ》を柱に論を立てたらどうなるか。男たちは海賊行為についてこそ無罪になったが、政府は船で反乱を起こした罪を問うことができるだろう。

一〇月三一日の土曜日、前回と同じ被告人六人がオールドベイリーに戻され、別の起訴状が読みあげられるのを聞いていた。新しい陪審員が入廷すると、ホルト裁判官は最初の裁判で出された評決に対する不快感を露骨に示した。「前回の陪審員をひとりでも戻してみろ、そんなことは認めないからな。あの評決は我が国の司法を汚したんだ」と、書記官に向かって声を荒らげている。

二回目の裁判

大陪審に向けた冒頭説示で、ヘッジズ裁判官は初回よりも慎重に話し、チャールズ号での反乱と一般犯罪としての海賊行為とを巧みに結びつけ、こう説明した。「いまや海賊行為は強奪を意味する海洋用語であり、海軍省の管轄権内でなされた強奪を指す。この管轄権内で人を襲い、その船や貨物を法的権限なしに奪えば、それは強奪であり海賊行為になる」。つまりスペインの港での船の乗っ取りも、インド洋での金銀財宝の窃盗も海賊行為なのだ。

海賊行為と船上反乱を一緒くたにするこの論法は、起訴状の主要部分にも見られ、そこにはこう書かれている。被告人は「グロインからおよそ三リーグに位置する公海上にしてイングランド海軍省管轄下にある場所で、海賊的方法と悪意をもって……チャールズ二世号なる商船の船長……チャールズ・ギブソンを襲った」と〈訳注：冒頭説示前半で、イギリスの管轄権がおよぶ範囲は本国近海だけでなく、場所によっては管轄権が他国と共有される場合もあると述べられている〉。

被告人はひどく混乱した状態で、起訴内容に耳を傾けた。自分たちはすべての容疑について無罪にされたのに、いったいどういうわけで、オールドベイリーに戻り、裁判官や陪審員の前に立たされているのか。

廷吏がまず、はじめの裁判で罪状を認めたエヴリーの元操舵手《そうだしゅ》に、今回も罪状を認めるかどうかを尋ねた。

「ジョゼフ・ドーソン、あなたはこの海賊行為および強盗について有罪ですか、無罪ですか」

自分の置かれた状況に当惑したドーソンは「裁判の段取りを知らんのですが」と答えた。

「無罪を訴えていますか」と廷吏。書記がドーソンに、有罪か無罪かで答えねばならないことを教えた。

「有罪です」とドーソンは言い、もとの答弁に立ち返った。

エドワード・フォーサイスとウィリアム・メイは今回も無罪と答えたが、年若いウィリアム・ビショップの番になると、法廷の混乱ぶりが浮き彫りにされた。

「ウィリアム・ビショップ、あなたは有罪ですか、無罪ですか」

「起訴状をもう一度読んでほしいです」

「いま聞いたばかりではないか」と裁判官は言った。「が、もう一度聞きたいなら、聞かせてもよろしい」

「前の起訴状です」。ビショップが誤解を正した。

「いや、それはできない」。裁判官はぴしゃりと答えた。

「今回はそれとは別の事実に関する起訴なのだから」

結局五人は、最初の裁判と同じく無罪答弁をした。陪審団は前回、アウラングゼーブに対する海賊行為について無罪の評決を出した。今度はジェイムズ・フブロンに対する同じ行為について有罪かどうかを決めなければならない。

海軍省法務官のトーマス・リトルトンが立ち上がり、陪審団に向かって被告人に対する非難の言葉を叫んだ。「被告人らの邪悪さは、その犯罪の性質と同様に野放図かつ無慈悲なのです」。しかも、世界の目に見えるところで彼らの犯罪はイギリスの名誉を傷つけた。リトルトンはいくらかの誇張とともに、全世界が「被告人らの猛威と野蛮さに敏感になっている」と訴えた。

最初の証人として、チャールズ号の二等航海士、ジョゼフ・グラヴェットが呼ばれた。グラヴェットは反乱の経緯を詳しく話し、エヴリー一味が船室に自分を閉じ込め、武装の見張りをつけたと訴えた。彼がロングボートに乗ってチャールズ号と別れる決断をしたときに、エヴリーが「親切にも」コートとウェストコートを手渡してくれたことも話した。そして、かなめとなる証言も。ロングボートに乗ろうというとき、「ウィリアム・メイが手をとって道中の無事を祈ってくれ、奥さんによろしく伝えてほしいと言いました」と。

「陸に戻りたい人には、そうすることが許されていましたか」。訴追人が尋ねた。

グラヴェットはうなずいた。「ギブソン船長からそう聞いてましたし、だいたい一七人くらいが出発しました」

「ボートには、それ以上乗せることができたのでしょうか」

「はい」

無罪の転覆

次にジェイムズ号の一等航海士、トーマス・ドルートが証言台に立った。そして「飲んだくれ甲板長」の暗号に戸惑ったこと、反乱メンバーをジェイムズ号に呼び戻せなかったことについて話した。

「戻って来いと命令したんです」。ドルートは陪審団に言った。「でもだめでした」

ドルートが証言を終えると、チャールズ号に乗り組んでいたもうひとりの二等航海士、デイヴィッド・クレイが証言台に呼ばれた。一緒に逃亡しようというエヴリーの誘いを断った人物だ。だから当時クレイがスペインで選んだ航路にはまったくうしろ暗いところはなかったのだが、彼はその後「海賊的」行為に加担して別の事件で起訴され、ニューゲイト監獄にいた。

操舵輪を握っていたエヴリーに「一緒に行くか」と言われたときの会話を再現したクレイは、グラヴェットと同じく、無罪を訴えるウィリアム・メイに一打を食らわせた。「[自分の船室に]おりようとしたときに、そこの被告台にいるウィリアム・メイに会いました」と裁判官に説明する。「『ここで何してる』って奴に言われたんですが、何も答えないで船室におりていきました。そしたら奴は『この野郎。頭をぶち抜いてやってもいいんだぜ』と言って、俺の頭にピストルを突きつけたんです」

クレイはそれからエヴリーとギブソン船長とのあいだで交わされた会話についてや、ピンネース船に乗って陸に戻れというエヴリーの出した指示について詳しく話した。「医者は逃すなと奴らが命令しているのが聞こえたんですが、それ以外でボートに乗りたい奴がいれば乗ってもいいと言ってました」

ここでふたたび、訴追人は核心に関わる問題、ピンネース船の空きスペースについて尋ねた。「ボートには、それ以上乗せる余裕がありましたか」。コニヤーズが言う。

「はい、ありました」とクレイ。

「脱出したい人には、そうすることが許されていましたか」

「はい」

弁護人のいない法廷

クレイの証言後、訴追側は鍵となる重要証人、ジョン・ダンとフィリップ・ミドルトンのほうを向いた。ふたりはファンシー号に残る選択をし――あるいはそうさせられ――エヴリーの犯した人道に対する罪について、公表しても差し支えない話を余すところなく語れる立場にあった。もっとも、この公判での焦点は、正式にはアコルーニャで起きた反乱だけだったのだが。

ダンの証言は公判筆記録の数ページ分にわたり、そこにはファンシー号がマダガスカルで待機していたときのことや、紅海の出入り口で悪行を働いたときのことがつまびらかにされている。ダンがインドの宝物船二隻との戦闘について説明を終えると、ホルト裁判官が掠奪品の配分はどうだったかを尋ねた。

「じつにたいしたものではありませんか。それまで経験した航海で一番大きな成果では？」とホルト。

「はい」。ダンがはっきり答える。

「みなで分けたのですか」

「はい、船にいた全員で」

それからホルトはダンに対し、台に立つ被告人一人ひとりについて、掠奪品の分け前にあずかったかを確かめてほしいと言った。訴追側は被告人をガンズウェイ号に対する強盗と結びつけたうえで、かつての仲間に質問させようとしたのだ。

ウィリアム・メイはここぞとばかりに、自分にとって肝心かなめの話をしようとした。自分はファンシー号の紅海進入の少し前に体調を崩してコモロ諸島に取り残され、あとで合流した、だからガンズウェイ号襲撃にはまったく関係していないのだと。

「裁判官殿、話をさせていただけるでしょうか」。メイはホルトに尋ねた。

「彼に何か尋ねたいのなら、聞いてもよろしい。そのうちこちらから発言を求めるので、そのときに自分で話しなさい」とホルト。

「裁判官殿、船が勝手に出発するってことを私が知っていたと思うか、ダンさんに尋ねていただけますか」

ダンは明言を避けた。「そんなこと、わかりません」

この質問法が、ホルト裁判官の反撃を招いた。「被告人は現場にいて、分け前にあずかった」。そう言って、メイを突き放した。「それに航海の成功を祈って乾杯したではないか」

ホルトに非難されたメイは、引き下がった。「裁判官殿、質問したからって、怒らないでください」

「いや、誰も怒ってなどいない」とホルト。「尋ねたいことはなんでも聞きなさい」

次にフィリップ・ミドルトンが証言台に立った。ダンが証言した内容の核心部分に触れつつ、一〇分ほど切れ目なしに話し続けた。バハマ諸島でニコラス・トロットと交渉したことや、この総督が賄賂を受け取ったことも詳しく語っている。

話が終わると、被告人のうちの五人がエヴリーとともにナッソーに行ったのかどうか、そして五人ともトロットに迎え入れられたのかを訴追人たちがミドルトンに確認した。また、ニュートンに代わって訴追の手綱を握ったホルトは、ガンズウェイ号襲撃後に掠奪品がどのように配分されたのかを、もう一度この証人に語らせている。ミドルトンは仲間と真っ向から対峙することになったわけを説明しようとしたのか、自分は分け前として一〇〇ポンドあまりもらったものの、あとでジョン・スパークスに盗まれたと訴えた。

ダンとミドルトンの証言は、二回目の裁判が国際的海域での海賊行為を国家が糾弾するための舞台として使われていることを浮き彫りにした。けれど、これはそもそもイギリス市民の所有船に対する掠奪についての裁判だった。厳密には、ガンズウェイ号に対する攻撃やトロットとの違法取引は、ここで問題になっている船上反乱とはなんの関係もない。しかもニュートンをはじめとする訴追人や裁判官は、男たちがインド洋で犯した罪の「猛威と野蛮さ」や、バハマ官憲の腐敗ぶりを証明することに、多くの公判時間をさいた。

被告人にきちんと弁護人がついていたなら、裁判の本題とは関係ないインド洋での掠奪に関する陳述に異議を唱えていたにちがいない。第一、それについてはすでに無罪が成立しているのだ。けれどコモン・ロー法廷は国家の権威にばかり重心を置いていた。窮地に立たされた被告台の五人には法律の専門知識がなく、ホルトとニュートンはこの機会をとらえ、はじめの裁判ですでに扱った事件をすべて、二回目の裁判にもち込んだのだ。

俺の意思じゃない

「勅選弁護人は証拠の検討をすませた」。ミドルトンの証言が終わると、ホルトは被告人に伝えた。「何か言いたいことがあれば、いま話しなさい」

被告人は許可のもと、それぞれ自分の口で話したり、すでに証言を終えた証人を呼び戻すなどした。各人各様の説明が、ある一点に集中していた——意思に反して海賊行為に加担させられた、という点だ。

エドワード・フォーサイスは、トーマス・ドルートを証言台にふたたび呼んでほしいと述べた。そして反乱のあった夜、チャールズ号の反乱メンバーに反撃するためピンネース船に乗り込むよう自分に命令したではないかと、ジェイムズ号の元一等航海士に尋ねた。

「ええ、命令はしました」とドルートは認めた。「で、そのあと戻って来るように言った。でもあなたはそうしませんでしたよね」

「戻って来いなんて、言ってねえだろ」。フォーサイスが返した。

「いや、言った。それから銃を発射してボートを撃ち抜いた」

フォーサイスは、ピンネース船にほかの反乱メンバーが乗り込んだので、選択の余地がほとんどどなかったのだと説明した。「ボートが止まるよう、オールを立てることぐらいしかできなかったんです」

「船を救い出すどころか、乗ったまま逃げただろう。彼は戻って来いと言ったのに、そうしなかったではないか」。ホルトが水をさした。

「俺の力では、引き返させるなんて無理です。海に飛び込まない限り、自分が戻ることだってできませんでした」

ホルトはフォーサイスに、ほかに言い残したことはないかと尋ねた。最後にフォーサイスが語ったことは、あとに続く仲間の被告人によって、そっくりそのまま反復された。自分は反乱のカオスに飲み込まれ、ジェイムズ号に戻ることができなかったのだ、と。

「裁判官殿」、フォーサイスが口を開いた。「ボートに乗っていたとき、俺はほかに誰がいるのかも、何人いるのかも知りませんでした。チャールズ号に乗り込むと、帆があがっていて、自分ではどうしようもない状況でした。連中はボートを切り離し、流してしまいました。だからボートに戻れなかったんです。一分かそこらで離れていったんで。船の行き先も、何人くらい乗っているのかも知らなかったし、次の日の二時になるまで何も教えてもらえませんでした。あと裁判官殿、俺らは哀れな船乗りで、法律のこともわからないんです。どうかそのことも忘れないでください」

フォーサイスがことさらに無知を強調すると、ホルトは怒りの一喝を浴びせた。「そうは言うが、お前たち船乗りは、法律を、海賊行為が違法だということを、わかっているだろう。それに、その罪を犯した者が絞首刑の報いを受けることも」

若いウィリアム・ビショップも、そしてジェイムズ・ルイスもジョン・スパークスもほぼ同じことを話した。ピンネース船に乗れというトーマス・ドルートの命令に従ったが、チャールズ号にいる一味の頭目、ヘンリー・エヴリーに合流しようとする反乱メンバーが乗り込んできて、いつの間にか押し切られてしまったと。

ビショップは、最初になされた証言のうち、運命を左右する論点のひとつを俎上《そじょう》にのせようとしている。エヴリーがギブソンとクレイを含む一部の船員にチャールズ号からおりることを許したものの、船員たちが乗り込んだボートには人数の余裕がまだあった、という点だ。

「チャールズ号に乗り込んだとき」、ビショップは説明した。「連中はピストルとカトラスをちらつかせ、罪のない人たちを従わせてました。俺は船倉に行けと言われ、そのあと指示どおりにしました。……で、あとで聞いたんですが、連中が追い返そうとしてた人だけが陸《おか》に戻ったんだと――連中っていうのはエヴリーと手下です。そんなことは知らなかったから、俺は脱出できませんでした。それに知ってたとしても、帰らせてもらえなかったと思います」

必死の弁明

初老の司厨長ウィリアム・メイは、五人の被告人のなかで一番熱心に自らの無実を訴えた。はじめに語ったのは、反乱計画についてはなにひとつ知らなかったということだ。「知っていた人はほんのわずか、九人とか一〇人のはずです」

ホルトはこの弁明をあっさりと退けた。「被告人が陰謀の話し合いに加わっていたとは誰も述べていない。が、こういう証言はある。『この野郎。頭をぶち抜いてやってもいいんだぜ』と言ってピストルを突きつけたと」

「甲板にはあがってません」。メイが反論した。「ハッチから出ようとしたら、エヴリー船長が立ってて、指揮をとってたんです」

「エヴリーは船長ではない」。ホルトが口を挟んだ。「指揮する立場にはなかった。ギブソン船長の部下でありながら、ギブソンから船を奪ったのだ」

「裁判官殿、船が勝手に出発するなんてこと、全然知らなかったんです」。メイはすがるように訴えた。

「被告人はあくまでギブソン船長の味方につき、なんとしてもエヴリーの無礼な振る舞いをやめさせねばならなかった。指揮をとるのはギブソン船長だ。船長に従うべきだったし、反抗する者や、暴力を振るおうとする者がいたなら、船長を助けるべきだった」

「何がどうなってるのか、わからなかったんです」。メイは弱々しく答えた。

メイは次にピンネース船の空きスペース、そしてグラヴェットに投げかけたあいまいな別れの挨拶の問題を取り上げた。筆記録からは、国家の出してきた証拠を訴追側に不利なものに変えてやろうと、法律の知識が乏しいながらも、裁判という司法の枠組みのなかで必死にもがく男の機知が感じられる。

「私がもとの場所に戻ったころに、奴らは船長たちを急き立て始めたんです」とメイ。「そのなかにグラヴェットさんがいました。二等航海士の人です。……家内にはもう会えそうもないから、よろしく伝えてほしいと言いました。あそこから出られるかどうかは、奴らの胸三寸にかかってたんで。船長たちはボートに乗ると、バケツを投げてくれと叫びました。じゃないと沈んでしまいます。三リーグ先までこいで行かないといけなかったんで。あれを上回る人数が乗ったらそんな距離を進めるかどうか、怪しいと思いました。すでに沈みそうだったんですから。そのことは王冠証人の方も裏づけてますよね」〈訳注：王冠証人とは訴追側証人のこと〉

ややあってから、ヘッジズ裁判官が割って入った。「被告人は追い込まれ、恐怖に陥っていたようだが」、と裁判官席から発言する。「自由の身になってすぐに、あるいは国王陛下の領土に初めて入ってすぐに告訴の手続きをとったり、通報したりしたのか」

メイは、ことの次第をロードアイランドの行政官に「知らせた」あとにイギリスに戻り、自分の犯した罪について打ち明けようとロンドンに向かっていたところを逮捕されたのだと答えた。

そして、紅海に向かう途中で体調を崩したことについて語り始め、長広舌《ちょうこうぜつ》をふるった。自分は熱病が治るまで陸《おか》にいて、航海の肝心な部分には関わっていないのだと、またも訴えた。エヴリーはファンシー号に戻るよう何度も自分に働きかけたが、病気のせいで船に乗れなかったのだと。

「エヴリー船長が次にやって来たときには、体が言うことをきかなくなってました」とメイ。「船長と呼んではならない」。ホルトが吠える。「この男は海賊だったのだから」

印象操作のゆくえ

被告人が涙ぐましい弁明を終えると、法務次官が立ちあがり、最後の意見陳述を行なった。次官はまずヘンリー・ニュートンが最初の裁判の冒頭で示した意見の、とくに国際社会との関係に関わる部分に注意を促した。

「[被告人は]船内以外、世界のどこにも身を隠す場所がありませんでした。この国においても、かかる犯罪が隠されることはない。そのことをはっきり示すよう、みなさんにお願いしたいと思います。……これは諸国民の法律に反する犯罪であり、陸上での強奪行為よりもけしからんことです」

そして、反乱メンバーに押し切られ、意に反してつき合わされたという被告人の弁明に触れた。

「被告人たちが自己弁護のために言っているのはこの一点だけです。強制されて、やむをえずそうしたのだと。ですが、強制されたのでないことは、みなさんの目の前で証明されました。陸に戻りたい人は誰でも戻ることができたと、そう証言のなかで言われています」

ホルトがあとを引き取り、訴追側証拠をふたたび列挙すると、退廷して評決を考えるよう陪審に指示した。陪審は数時間後に戻って来ると、質問を投げかけた。ジョン・スパークスについて確認したいのだが、彼が船で逃亡することに同意した証拠はあるのか、と。

ホルトは質問をにべもなくはねつけた。「船が去ったときも、複数回にわたる掠奪の際もスパークスはその場にいたし、あとで略奪品の分け前を得ています。これを証拠と言わずしてなんと言うのか。本人の行動以上に、同意を示すものがあるのですか」

ウィリアム・メイたちは反乱に自分の意思で加わったのか、それとも意に反してそうしたのか。同意に関するこのシンプルな問いには、軽々しく扱えない深い意味合いがあった。これは海賊たちの生き死にを左右する問題だったが、それ以上の問題でもあった。

反乱には不賛成だったというメイたちの発言は本当だと陪審が判断すれば、裁判全体の目的――イギリスが海賊行為から手を引くことになったと世界に、わけてもアウラングゼーブに、納得のいく形で示すこと――が果たせなくなるのだ。オールドベイリーの裁判官がこの連続裁判で有罪をひとつもものにできなければ、その瞬間に、アネスリーとゲイヤーが世界の征服者をなだめようとインドでもくろんだことがふっ飛びかねなかった。ヘッジズもホルトも、そして東インド会社特別委員会の協力者も、海賊反対というイギリスの断固たる姿勢を示す理想的な見世物としての裁判をつくりあげるため、できることはすべてしていた。

けれど見世物自体の筋書きがめちゃくちゃになる恐れが出てきた。すでに一回、陪審団が海賊行為での起訴に無罪の評決を出している。今回の陪審団も、船上反乱について同じことをしないとも限らない。

陪審員は退廷し、「ごく短時間だけ」話し合った。そしてふたたび姿をあらわし、陪審席に並び立った。書記が評決は全員一致になったかを尋ねる。陪審たちは「はい」と答えた。

「エド・フォーサイス、挙手しなさい」。書記はそう指示すると、陪審のほうを向いた。「この被告人を見てください。エドワード・フォーサイスは起訴された海賊行為および強奪について有罪ですか、無罪ですか」

被告人一人ひとりについて、陪審は評決を下した。被告人全員が、起訴どおりに有罪とされた。

有罪判決を受けた罪人が法廷から追い立てられ、判決までの日々を過ごすニューゲイト監獄へと向かうかたわらで、ホルト裁判官は陪審に結びの言葉を述べた。「紳士諸兄、すばらしいお仕事をなさいました。そしてこの国とこの街の名誉回復に、多大な貢献をしてくださいました」

31 処刑ドック

ロンドン、イーストエンド
一六九六年一一月二五日

死刑宣告前の嘆願

二回目の裁判が終わって数日後、有罪判決を受けた六人の反乱メンバー——二回にわたり罪状を認めたジョゼフ・ドーソンも含め——は刑の言い渡しを受けに、オールドベイリーに戻っていた。いま一度被告台に立った六人は、死刑を相当と考えない理由について、ひとりずつ順番に書記から発言を促された。

最初にドーソンが、あきらめ気味に「この身を国王陛下と裁判官のみなさまに委ねます」と答えた。

フォーサイスはこのときも無罪を訴えている。筆記録は「そして自分を正当化し続けた。以下略」とそっけない。が、途中でヘッジズ裁判官が口を挟んだ。「被告台の囚人はまことに公正な裁判を受けることができ、弁明も尽くされている」。しかし陪審の評決が下された、と裁判官は続けた。ここでの問題は、この重罪を犯した被告人を国家が死刑に処さない理由があるかどうかなのだった。

最後の最後にフォーサイスは弁明をあきらめ、「インド送りの流刑がいいです」と答えた。

ウィリアム・メイはまたも健康上の問題をもち出し、やはり死刑でなく外国送りにしてほしいともちかけている。「裁判官殿、私はたいへんな虚弱体質で、航海のあいだ、ろくに仕事もしてません。三〇年にわたって国王陛下とお国のために働いてきましたが、東インド会社の指示する場所で、喜んで働くつもりです。ですから裁判官のみなさま、私の件についてお考えください。もしも罰を受けなければいけないのなら、インドに送られ、そこで刑に服することを望みます」

ジェイムズ・ルイスは無罪の訴えを取り下げ、「俺は無学ですんで、国王陛下のご慈悲にこの身を委ねます」と述べた。ジョン・スパークスも国王の慈悲を求めている。

ウィリアム・ビショップ青年の陳述は、もっとも哀れを誘うものかもしれない。「俺は無理やり連れて行かれたんです」。そう言って続けた。「そのときはまだ一八歳でした。いまもまだ二一歳です。国王陛下、裁判所のみなさん、どうかご慈悲を」

慈悲を請う声もむなしく、判決文がヘッジズ裁判官によって読みあげられた。判決は最初の裁判での無罪評決などなかったかのように、国際的犯罪としての海賊行為を起訴内容としていた。

「三件の異なる起訴内容、すなわちインド人、デンマーク人、そして同胞の所有船および貨物に対してなされた一様にいまわしい犯罪について被告人らは有罪となった」とヘッジズは宣言したうえで、こう述べた。「法律は被告人の犯した凶悪犯罪について、不名誉な死という厳しい刑罰を定めている。その法律の示す判決は次のとおりである。被告人をもといた場所に移したのち、処刑場に移送し、絞首台からつるして全員の命を絶つ。そうすれば、神は被告人に慈悲を与えられる」

罪を認めたジョゼフ・ドーソンだけが、死刑を免れた。

自由意志からかどうかはさておき、勇敢なエヴリー船長と運命をともにするようになってから二年半後の一六九六年一一月二五日、五人の男がニューゲイト監獄から連れ出された。市中を引き回された末にロンドンはイーストエンドのワッピングにある埠頭《ふとう》に到着した。チャールズ二世号の建造された船渠《ドック》からそう遠くない場所だ。

最後の言葉、そして公開処刑

処刑ドックの正確な場所については、ロンドン史研究家のあいだで意見が分かれている。処刑場跡に建ったとされるパブは今日三軒ある。ただ正確な場所がどれほどあやふやでも、当時の大衆メディアが処刑の模様をじつに詳しく報じているので、ほぼ正確に全体の様子は想像できる。

公開絞首刑という暗くむごたらしい見世物は、エヴリー時代の見世物のなかで、現代の大規模スポーツイベントにもっとも近い性質を備えていた。大群衆が生で見物する暴力。メディア報道を通じて、何千何万もの人が追体験できる。

処刑ドックは川に面していて、それには象徴的な理由があった。この場所で縛り首にされた海賊は、腐敗するまま何日も遺体を放置されることが多く、あるメッセージを船乗りたちに伝える働きをしていたのだ。テムズ河口を抜けて海に出るからといって、自分が法の届かない場所にいるなどと考え違いをしてはならない、と。川沿いという立地のために、見物人が集まると、処刑場前には錨をおろしたボートの船隊ができた。

想像してみてほしい。有罪判決を受けた罪人が姿をあらわし、生けにえの儀式が執り行なわれるのを、テムズ川の上に浮かびながら何時間も待ちわびている、のぞき見趣味の見物人らの様子を。想像してみてほしい。ワッピングの通りから水際線《みずぎわせん》へと続く階段で繰り広げられる狂騒の行事を。前かがみになった人の群れががなり立てるなか、五人の囚人が絞首台に向かって進んでいく様子を。

公開処刑の御多分に漏れず、このときも最後の言葉が残されている。騒がしい都会の川でのことだし、人間の声帯が発した音を増幅する技術もなかったから、テムズ川上に浮かんでいた群衆は囚人たちの語った言葉のほとんどを、実際には耳にしていない。

けれど、その言葉は活字メディアを通じて文字の形で瞬く間に増幅された。一《ひと》月もしないうちに、「強盗、海賊行為、重罪を犯したウィリアム・メイ、ジョン・スパークス、ウィリアム・ビショップ、ジェイムズ・ルイス、アダム《ママ》・フォーサイスの処刑ドックにおける……振る舞い、最後の言葉、処刑の実録」と題したパンフレットが出版されている。

告白のおおかたは、「犯罪は労多くして功少なし」という月並みなパターンを踏襲している。たとえばフォーサイスはこんなことを語ったとか。「自らの違法行為への罪の意識や死刑というこの罰はもちろんだが、盗みとともになした極悪非道の行ないがついて回る悪しき人生は、それ自体が刑罰とたいして変わらない。邪悪さには……おびただしい悩みや苦しみが伴うものだから」

だが若いジョン・スパークスの言葉ほど強い印象を残すものはない。ムガル船上での性暴力によって、スパークスは心に深い傷を負ったようだ。「彼は自らの人生の邪悪さについて、正しい認識を示した」とパンフレット書きは報じている。「とくに、異教徒や不信心者に対してではあれ、それらの人々に自身がなしたまことにいまわしい蛮行について。たとえば、前に述べたように哀れなインド人は非人間的な掠奪や無慈悲な扱いの標的にされている。いまは自らの罪を見つめていると彼は語った。国王陛下の船で掠奪を働き逃亡するという悪行や強盗は、ふたつの罪のうちではまだ軽いほうで、自分はそれよりも非人間的な振る舞いの償いとして死を正面から受け入れる、と」

ジョン・スパークスが有罪とされたのは、厳密にはチャールズ二世号での反乱のためかもしれないが、墓場にはガンジ・サワーイー号で犯した罪についての贖罪《しょくざい》意識を背負って行ったのだ。

最後の言葉の記録が終わると、五人は絞首台に立った。一人ひとりの首に、縄が巻かれた。処刑ドックで刑を受ける海賊にはふつうよりも短い縄が用いられ、これはとくに残酷な処刑方法だった。縄を短くすると、足の下の台を取り去っても首の骨は折れない。全人類の敵には、脊髄損傷による即死など不相応というわけだ。その代わり、窒息死させる。即死を許されない五人は、輪縄でつるされたまま、野次馬の前でもがき苦しみながらゆっくりと死にいたった。

有罪評決と公開処刑のおかげで、イギリス政府と東インド会社は、もともとの計画どおり裁判を見世物に仕上げることができた。海賊に関する決定的な語りを、ようやく完璧な形で締めくくったのだ。ジョン・エヴァリンハムとは新しい契約が結ばれ、数週間もたたないうちに全二八ページの公判筆記録が出版された――ただし最初の裁判には、遠回しな表現で簡単に触れているだけだったが。筆記録は版を重ね、大英帝国全土で読まれた。最後の文は、海賊行為という犯罪に関するイギリス政府の立ち位置について、あいまいなところを残さず、はっきり述べている。

一六九六年一一月二五日水曜日、判決に従い、エドワード・フォーサイスらは海賊の処刑場として受け継がれてきた処刑ドックにて処刑された。完。

エピローグ：リベルタリア

姿を消したエヴリー

五人の乗組員が処刑ドックで絞首刑に処されたそもそもの発端は、ジョン・ダンの上着に縫い込まれた硬貨が見つかったことだった。その数日前、ダンはロンドン郊外のセントオールバンズで、ヘンリー・アダムズの新妻にばったり出会っている。彼女は誰も伴わず、行き先は不明だが乗合馬車に乗っていた。ダンとアダムズ夫人は短いやり取りを交わしたが、この元操舵手《そうだしゅ》の妻は会話のなかで、ヘンリー・エヴリーに会いに行くのだと口を滑らせたという。

アダムズ夫人との偶然の出会いについては、ダンの逮捕直後にとられた供述書に書かれている。ダンが真実を語っているのだとすると――それにダンがそこまで細かい話をでっちあげる明白な理由も見当たらない――ヘンリー・アダムズの新妻の人物像が、いたく興味深いものに見えてくる。

複数の証言によると、アダムズはファンシー号でほかの乗組員とともにバハマ諸島にやってきて、何週間もしないうちに結婚した。相手については、アダムズ夫人という呼び名しか知られていない。それはともかくアダムズは妻を説得、ふたりはほかの二〇人とともに、四〇〇〇マイル離れたアイルランドへと小さな帆船で向かった。成功の見込みは皆無に等しい航海だったが、一行はダンファナヒーに無事到着、この港の税関吏に賄賂を渡して通過し、ふたたびイギリスの土を踏むことができた。しかも受け取った財宝にはほとんど手をつけずに。

そして、これだけの経験をともにしていながらヘンリー・アダムズと妻は別れ、妻はひとりで乗合馬車に乗って、所在不明のエヴリー船長のもとへと向かった。ダンはセントオールバンズで彼女となごやかに談笑したと思われる。ということは、彼女は自ら進んでアイルランドを目指し、ヘンリー・アダムズとは自分の意思で結婚したのだろう。けれどアイルランドに着いてわずか数週後に、新婚の夫のボスとの密会に向かった。いったいどんないきさつでそうなったのか、想像がつかない。

とはいえ、もっともらしい説明ならいくつも挙げられる。たぶんアダムズはエヴリーと同じ場所にいて、彼女は夫もその場にいることを言い忘れただけなのだろう、とか。あるいはダンが供述の際、取調官は何よりエヴリーの情報を欲しがっているはずだと決めつけ、わざわざアダムズの名を出さなかったのだろう、とか。政府の注意を最悪のお尋ね者から逸らそうと、ダンがあえてつくり話をしたとも考えられる。ただ、そういう戦略なのだとしたら、話をもっと細部までつくり込まなかったのはなぜなのだろう。密会場所の具体名を挙げなかったのはなぜか。

いろいろな可能性について考え出したらきりがない。でもダンの証言をごく素直に受け取ると、このころの社会常識から見て怪しい点が出てくる。一六九六年当時のイギリス社会の決まりごとを考えれば、ヘンリー・アダムズと結婚したおよそ一カ月後に、妻がひとりでエヴリーに会いに行くというのはどうも引っかかる。そこで、アダムズ夫人がエヴリー船長のもとに行ったのは愛情のもつれのせいではないかという疑問が浮かびあがる。何があったのかはわからないが、エヴリーは自分のもとで働いていた操舵手の妻を奪ったのだろうか。

エヴリー一味の恋愛相関図をどんな角度から見たところで、アダムズ夫人との出会いに関するダンの証言の重要性に比べれば、海賊たちの恋愛模様など取るに足らない。アダムズ夫人が乗合馬車で口にした何げない言葉は、ヘンリー・エヴリーの消息を伝えるものとして、史料に残る最後のたしかな痕跡なのだ。アイルランドに到着しておよそ一カ月が過ぎた一六九六年八月はじめ、ダンとミドルトンは尋問を受けていたが、世界一のお尋ね者は忽然《こつぜん》と姿を消してしまった。今日にいたっても、彼の身に何が起きたのかはわからないままだ。

海賊ユートピアの主人公

リアルなヘンリー・エヴリーは一六九六年八月に消えたかもしれないが、伝説上のヘンリー・

エヴリーは、以後数十年にわたって存在感を増していく。

一七〇九年、ファン・ブルックが、乗組員の視点で語られた（九割がた架空の）短い伝記『ジョン・エイヴリー船長の人生と冒険』を上梓《じょうし》。ファン・ブルックによる伝記は、アウラングゼーブの孫娘の美しさに魅了され、ロマンチックな求婚者としてエヴリーを描いた最初の出版物だ。物語は幸せなエヴリーと妻がマダガスカルに家を構え、エヴリーの建てた海賊王国が栄えていくところで幕を閉じる。四〇隻の軍艦からなる艦隊と一万五〇〇〇人の人員を率いるエヴリー船長だが、ファン・ブルックの説明によると、第二幕ではどうやら都市開発プランナーに転身したようだ。「町がつくられ、地縁が生まれ、要塞が築かれ、塹壕《ざんごう》が掘られ、そして彼の領土は海上の攻撃からも陸上の攻撃からもしっかり守られ、容易に近づくことのできない場所になった」

エヴリーの物語はファン・ブルックの手によって、自力でのしあがった男についての月並みな海賊ファンタジーから、かなり異色なストーリーへと――ファン・ブルックの言葉をそのまま使うと、「給仕から王者」にのぼり詰めた人物の話へと――変化を遂げている。この伝説は、イギリスの庶民をうっとりさせるようなふたつのユートピア理念と表裏一体をなしている。

ひとつ目は、極端なまでの階級移動という夢。デヴォンシャーの労働者階級の家に生まれても、度胸とカリスマ性だけを武器にのしあがることは不可能ではない。大富豪はおろか、何千何万もの忠良な臣民を従え、世界でもっとも裕福な人間の孫娘を妻にもつ国王にもなれる、という夢だ（もっとも、姻戚との仲は気まずいわけだが）。ふたつ目のユートピア理念は、海賊王国という発想そのものにある。船上の海賊コミュニティが備えていた平等主義の気風を陸にもち込み、さらにスケールを大きくしたものがそれだ。

海賊ユートピアというファンタジーの反響はあまりに大きく、一八世紀前半には装いを変えて何度も登場した。ロンドンの王立劇場では「花を咲かせた海賊」という芝居が上演されている。マダガスカルを舞台に、エヴリーの君臨するならず者国家で数年にわたって繰り広げられる騒動を軸に描いた喜劇風の作品だ。

チャールズ・ジョンソンはベストセラー『海賊列伝』のなかで、外洋での血湧き肉躍る襲撃に関するおなじみの語りのあいだに、マダガスカルで書かれた本物の海賊法典に関するじつに詳しい説明を挟んでいる。「翌日、入植地の全員が集められ」とジョンソンは述べる。「自分たちの存続のために、なんらかの形の政体を設けようと三人の指導者から提案された。……人民自身が自らの法をつくり、判断を下す民主政体をもっとも好ましいものとみなしていた。……財宝と家畜は人民のあいだで公平に配分する［ことが提案された］」

ヘンリー・ニュートンはエヴリー一味の裁判を使い、海賊を全人類の敵とみなす大きな物語を声高に唱えようとしたが、ジョンソンの物語のなかの海賊はまるで正反対で、「海の英雄、暴政や貪欲を罰する者、自由を勇敢に唱える者」とされている。マダガスカル入植者のひとりによると「彼らは海賊などではなく、神と自然が与えた自由を守る強い決意をもった人間で、全体の利益を図り、何ものにも服従することはない。……正義が等しく行き渡るよう目を光らせる、人民の権利と自由の真面目な守護者」なのだった。ジョンソンによれば、海賊は自分たちの「民主的な」国家に名前をつけた。リベルタリアというその名前は、後世のヨーロッパで、革新的な世界を夢想する人々の心のなかでこだまし続けることになる。

エヴリーの逆説的な功績

インド洋でエヴリーの犯した罪は、近代以降の世界に浸透していくさまざまな制度を基礎づけ、安定させるにいたった。サミュエル・アネスリーが才覚を働かせたおかげで、東インド会社はガンズウェイ号事件から新しい力を得ることになり、やがてインド亜大陸を宗主国のように支配するまでになる。また、アウラングゼーブとのいざこざによって、イギリス政府はそれまであいまいにしていた国際水域での海賊行為について、やむなく法的態度をはっきりさせた。政府や多国籍企業は、その庁舎や社屋と同じく巨大で威圧的な存在であるかに思えることが多い。けれどそうした制度も行使される権力も、境界線のはっきりしないグレーゾーンでの紛争を通じて、形や範囲を確定していくものなのだ。その役割を一七世紀に果たしたのが海賊だった。

さらに言うと、エヴリーの物語は別のものをも描き出した。富と特権の階層構造ははるかに公平な社会へと組み替えることができるという、民衆の心を強くかき立てる理想図だ。時とともにその理想図は、海の猛犬《シードッグ》や船上反乱者、そしてそもそもの火つけ役であるヘンリー・エヴリーとのつながりを失っていく。海賊は飼いならされ、子ども向けの本やテーマパークのアトラクションのなかに押し込められる。でも経済的・政治的な解放という海賊コミュニティの革新的な夢は、数世紀を経て、後ろ暗いところがない、新しい船を見つけることになる。

生まれたばかりのそういう政治的仕組みにエヴリーと次世代の海賊が引き寄せられたのは、海という場所自体が突きつける難題のためでもあった。大航海時代の幕開けから数世紀のあいだ、海はつねに試行錯誤を強いる場所だった。海での生活はある意味、文化の極限と言える。生き物である人間にとって、船のなかや周囲は、水、喉の渇き、飢えなど、命を危険にさらしかねないものだらけだ。それでも人間はさまざまな工夫を通じてこういう過酷な環境でも生存できる余地をつくり、暮らしを営むことさえ可能にした。

ただ、人類がこのような芸当をやってのけるには、新しい技が編み出されなければならなかった。それには精度の高い地図や羅針盤、時計など、技術的なものもあったが、政治的な工夫もあった。政体を組み立てたり、富を分配したりするための新しい方法だ。

海賊エヴリーの人生から、民衆に夢を与える旋律が聞こえてくるからといって、そこを美化してはいけない。より公正な社会をつくろうと戦う下層民という価値観をエヴリーたちが育んだのは間違いなく、それから何世紀にもわたり、政治的進歩論者や革命家はこの価値観を取り込み続けている。

けれどその海賊が、外国人嫌悪をむき出しにした性の捕食者であるのも否定できない事実だ。

さらに彼らは、ただ金銭を得るためにほかの人間を虐待した。要求が満たされなかった腹いせとしてモスクを焼き払った。奴隷をとらえ、人間ではなく通貨のように扱った。船の上で何日にもわたり、巡礼者をレイプした。

かつてカール・マルクスは、人間社会にもたらされた最良でありつつ最悪のものとして資本主義をとらえる必要があると言っていた。これと同じように、海賊のこと、わけてもヘンリー・エヴリーのことを理解するには、ふたつの意識を両立させつつ考えなければならない。つまり、海賊は大衆にとっての英雄、より公平で民主的な新しい社会秩序を導く前衛だったのと同時に、人殺しでレイプ魔で盗人《ぬすっと》で、全人類の敵だったことを意識する必要がある。

全世界を変える火種

ガンズウェイ号危機はまた、おもなアクターのあいだの非対称性や、地球全体におよぶ余波という特徴を備えている点でも時代を先取りしていた。エヴリー一味の物語でとくに目を引くのは、こんなに小さなグループが、しかも公権力といっさい関わりないところで活動していたにもかかわらず、世界中で語り草になる事件を引き起こす能力をもっていた点だ。

エヴリーが全世界に呼び起こした恐怖と称賛、そしてグループの規模には不釣り合いなほど強い影響力は、世界システムの進化を記す節目だった。ならず者が国民国家の枠組みの外で暴力を行使して地政学上の危機を引き起こし、国際指名手配犯になるというシナリオは、アルカイダとイスラム国の時代を生きる現代人には珍しくもないものだが、その草稿を最初に書いたのは三世紀以上昔のエヴリーと手下たちなのだ。

この分岐点はエヴリー個人に関することよりも、一七世紀後半にあらわれる「新世界秩序」について、多くを教えてくれる。いたるところに事件の波紋が広がったのは、何もひとりの人間の力量や奸智《かんち》のせいではなく、一六九五年九月のあの日に二隻の船を出会わせるにいたったさまざまな要素のからみ合いのなせるわざだった。ムガル皇帝の富。帝国拡大を狙うイギリスの野心。国民国家の増大する重要性。近代的な多国籍企業の誕生。世界貿易ネットワークの重みが増してきたこと。海賊が国境と主権を脅かすようになったこと。

これらのつながりがもっと弱ければ、少なくとも三つの大陸に対して目に見える影響をおよぼすような世界規模の危機が、二〇〇人の男たちによって引き起こされることなどなかっただろう。ヘンリー・エヴリーはそれらのつながりに光を当てる最初の役割を、たまたま振られただけだった。エヴリー一味はそこを照らし出すとともに、システム全体を形づくる要素がどれほど深くからみ合っているか、一見取るに足らないと思われるアクターがどれほど簡単にシステムを乱せるかを浮き彫りにしたのだった。

たったひとつの暴力が世界炎上のきっかけになりうるという意味で、大砲の爆発と主檣《しゅしょう》の直撃は、サラエヴォの路上で起きたフランツ・フェルディナント銃撃事件の予告編と言える。

エヴリーのロマンス

海賊たちの処刑から二カ月後、ジェイムズ・フブロンは憤慨したフィラデルフィア人から、エヴリーの乗組員たちが過去の戦果をひけらかしていると訴える手紙を受け取った。この手紙は海賊への法的な締めつけがゆるかった一七世紀末の植民地の雰囲気を明らかにしていて、歴史の観点から興味をそそる。

と同時に、この手紙はヘンリー・エヴリーの人生地図上の別の地点にスポットを当ててもいる。手紙の主によると、エヴリーの手下は「インドの皇女をとらえたが、エヴリーは自分たち一人ひとりに数袋分の金《きん》を渡して、彼女を連れ去った」と話していたらしい。

ひょっとするとこの男たちは、地元の人をあっと言わせようと、手あかのついた伝説を使って話を脚色しただけのほら吹きだったのかもしれない。ただ、この話をフィラデルフィア人が立ち聞きしたのは一六九六年末、つまり処刑ドックで刑が執行された一一月からおそらく数週間以内のはず。エヴリーについての（ほとんどフィクションに近い）英雄物語が出版される何年も前のことだ。

エヴリーとムスリムの花嫁についての伝説は、うわさを通じてすでにフィラデルフィアまで届いていたのだろうか。それともフィラデルフィアの居酒屋にいた男たちは正直に本当のことを話していたのか。彼らは一六九五年九月にスーラト沖にいて、勇敢なエヴリー船長がインドの皇女を「連れ去る」のを自分の目で見たのだろうか。さらに言うと、かりにそれが事実なら、もっと興味をそそる疑問が浮かび上がる。インドの皇女はどこに行ったのか、だ。

謎めいたアダムズ夫人がじつはインドの皇女で、アイルランドに入国するため身分を偽ったと考えるのは可能だろうか。つまり、エヴリーは、皇女と自分との関係——アウラングゼーブとの関係は言うにおよばず——を知られたら、官憲は自分を逮捕した者への賞金を増額すると考えたのかもしれない。そういうわけで彼女は新しい身分を得て操舵手の妻になりすまし、税関を通ってからは偽装がばれないようエヴリーと別の道を行き、自分に合流しろというエヴリーからの合図を待っていたのだ——。

けれど、この筋書きを事実にもとづいたものとして受け入れ可能なところまでもって行くには、エヴリーがかなりのロマンチストだったというファン・ブルックの説の少なくとも一部は認めなければならないが、この説には信憑性《しんぴょうせい》の問題がある。

アダムズ夫人はインドの皇女だったという筋書きを採用するなら、皇女はさらわれたのでなく、ある程度は自らの意思でエヴリーたちについて行ったことになる。ただ、これは一六九五年ごろのことで、当時の慣習が実際どうだったかも考えなくてはならない。それでも、裕福なムスリム女性が海賊一味との出会いを、デリーでのハレム生活から脱出するチャンスとみなすことはありうるのだろうか。

ふたりがなんらかの形で手を結んだことの説明として、皇女に出会ったとたんにエヴリーが求婚するというファン・ブルックのこっけいなストーリーより納得できる解釈はつけられるだろうか。
　ひょっとすると皇女の器量のよさに気づいたエヴリーの手下が、船長は征服欲を満たそうとするにちがいないと踏んで、彼女を船長のところへ連れて行ったのかもしれない。ふたりが出会った瞬間、彼女がエヴリーよりも高い身分であること、「高貴な野蛮人」ではない本物の貴婦人であることが、はっきりする〈訳注：「高貴な野蛮人」は、西洋文明に毒されていない無垢な未開人というイメージ。一七世紀以降、さまざまなメディアに登場〉。エヴリーはふたりのあいだに溝が存在することをなんとなく理解する。あるいは、これまで十分見せつけられてきた乗組員の危険な「飢え」を心配し、これを機に部下を教育しようとまで考えるかもしれない。部下にメッセージを送るため、騎士のように振舞うのだ。
　そして、皇女は皇女で不満を抱えていた。ムガル王朝数百年の歴史でもっとも厳格なムスリムを祖父にもつ彼女は、ひょっとすると、エヴリーとファンシー号を見て、大事にされつつ抑圧を受け続ける生活から抜け出すチャンスが来たと考えるかもしれない。一目ぼれしたというより、残酷な二択の一方を選んだのかもしれない。そうして最初にできた小さな結び目が、もっと強い絆へと変わる。彼女はアダムズ夫人という身分で通してロンドンに着き、じっと身を伏せる。と、数週間たったある日、郵便受けに手紙が届き、彼女はあの乗合馬車に乗ってエヴリーと再会する
――。

が、現実はたぶん、海賊王や熱いロマンチストなどといった絵空事よりも重く、暗いのだろう。ファンシー号の乗組員が実際にインドの皇女をエヴリーに捧げたのだとしたら、彼はきっと（社交上のそれではなく）犯罪的な「はずかしめ」を皇女に加えたはずだ。彼女は英語を話さなかったにちがいないから、ふたりのあいだにコミュニケーションがあったとしても、ごくごく低いレベルのものだったろう。さらに言うと、かりに彼女が自ら進んでファンシー号に残ったのだとしても、はるかかなたのバハマに向かう途中で命を落としていたかもしれない。

人種も階級も超えた駆け落ち

いま確実にわかっているのは、彼女に関する伝説が生まれたことだけだ。この伝説そのものは、労働者階級の男性を主人公に据えた冒険物語――活字メディアによって広く浸透した最初の物語――がムスリム聖職者のつかさどる異人種間結婚で終わるという点において、歴史的な興味をそそる。

もちろん今日なら、労働者階級のイギリス男性が南アジアの裕福な家の娘と結婚するのは、どのかいわいでも珍しくないだろう。それはエヴリーの時代に形をとり始めた地球規模のネットワークや、以後何世紀も続くことになる人種差別撤廃や宗教的不寛容撲滅を目指す戦いのなせるわざだ。けれどエヴリーの時代には、異文化間のロマンスなど前代未聞に近かった。

インドの皇女の身元がわからないことも踏まえると、彼女をめぐる話の肝《きも》は詰まるところ、それが実際にあったかどうかでなく、そういうことが憧れの的だった点にある。一七世紀末には、ムスリムの皇女がイギリスの庶民と駆け落ちし、いつまでも幸せに暮らすなどということはありえなかったかもしれない。けれど、受け手である読者がそういう結末を望んだこと、そのような結びつきがひんしゅくを買うのでなく祝福を受けるような世界を思い描いていたことは、ありうるだろう。

ヘンリー・エヴリーの生涯に関しては――少なくとも海賊になってからの二年間についてては――裏づけとなる史料がインドの皇女の生涯に比べてはるかに多く残されている。でも晩年がどうだったかは、やはり謎に包まれている。信頼できる史料には、エヴリーがマダガスカルに戻ったことをうかがわせる情報はないし、リベルタリアにしても、階級社会のロンドンでの生活より理想に近い生き方を夢見るバラッド売りや物書きが針小棒大に書いたファンタジーに近いものだったようだ（ウッズ・ロジャーズはマダガスカルの海賊のもとを訪れた一七一〇年、住民が「いまでは六〇、七〇人に減り、そのほとんどは原住民と結婚しているが非常に貧しく、原住民にも見下されているありさま」であることを知ったという）〈訳注：正確には、マダガスカルに住んだことのある海賊からロジャーズが聞いた話〉。

チャールズ・ジョンソンによれば、エヴリーは帰国後間もなく、金《きん》の取引業者を使って資金洗浄を試みたが失敗し、財産の大半を失ったらしい。ジョンソン版の物語では、彼は帰国から二〇年後にデヴォンで貧困のうちに、しかも驚いたことにひっそりと死没したという。

でもヘンリー・エヴリーの身に何が起きたか、誰も知らないというのが本当のところだ。エヴリーは数年のあいだ世界中から強烈なスポットライトを浴びせられ、その後なんとなく暗がりに消えてしまった。

カリブの海賊

サミュエル・アネスリーの「海上ファウジュダール」計画は実施当初、大きな挫折を経験している。

東インド会社がムガル皇帝所有船の護衛を始めたころ、船長として雇った人物のなかにウィリアム・キッドがいた。キッドは一六九六年、三四門の大砲を装備した新船アドヴェンチャー・ギャレー号に乗って、インド洋を目指した。正式に与えられた任務は想定以上に厄介だったために、キッドは早ばやと海賊に転身、そしてケダー・マーチャント号というインド人とアルメニア人の所有船を襲い、ガンズウェイ号事件に劣らないほどの憤激を招いた。ところが追っ手をまく腕については、彼はヘンリー・エヴリーにおよばなかった。キッドは数年後にボストンでつかまってイングランドに送還され、裁判にかけられた。一七〇一年五月、エヴリー一味が処刑された五年後に、キッドは処刑ドックで絞首刑に処せられている。

キッドは一般に最後の「紅海者《レッドシー・マン》」とみなされる。イギリスのファウジュダールがムガル皇帝所有船や商船の護衛に成果をあげるにつれ、海賊はカリブ海に集まるようになり、インド洋はまっとうな貿易商の海になった（オールドベイリー裁判所でかつての仲間を売る証言をした若いフィリップ・ミドルトンもそんな貿易商の仲間入りを果たし、ベンガルで東インド会社のために働いている）。

スーラトの商館で鉄鎖《てっさ》につながれたアネスリーが考え出した軍隊は、それから数十年のあいだに、インドにおける東インド会社のプレゼンスにとってきわめて大事なものになっていった。一七五〇年代に同社がインドで保持していた兵力は三〇〇〇にすぎなかったが、一八〇〇年代には一〇万単位に増えている。

アウラングゼーブはその後、子や孫に先立たれ、一七〇七年に八八歳で生涯を終えた。世界の征服者は晩年、ムガル王朝の土台が揺れていることを感じ取っていた。「朕《ちん》の死後は、混沌」と予言したと言われ、どうやらこれは正確な予測だった。アウラングゼーブの死から五〇年後に、インドは「弱い皇帝が続き、後継争いが発生し、貴族がクーデターを起こす」国になっていた。その間《かん》にも東インド会社は権力基盤を確固たるものにしてゆき、一七五七年のプラッシーの戦いを機に行政権を獲得、その後インド亜大陸全体に支配を広げた。そして以後一〇〇年にわたり、行政権を握り続ける。

サミュエル・アネスリーが東インド会社の権力掌握に大きな役割を果たしたと言えるなら、成人後の数十年にわたって仕えた会社のほうは、そのことをほとんど認めていなかった。エヴリー事件からほどなくして、アネスリーはスーラト商館の帳簿管理のずさんさを理由に解雇された。その後もスーラトに残って個人で貿易商を営み、商いの浮き沈みを経て――この時代としてはかなり長生きしたほうだろう――七七歳で他界している。

最晩年には零落して、イギリスに戻ることも考えた。手紙にこんなことを書いている。「健康によくない環境で災難に見舞われ続けると、これ以上インドにとどまるより、母国で静かな隠居生活を送りたい気持ちが強くなる」。けれど帰国の準備をするには遅すぎた。アネスリーは一七三二年、スーラトで生を閉じている。一九歳で初めてインドに渡ってから、ついぞイギリスを目にすることはなかった。

特別な存在

イギリスは海賊行為との関わりを正式に絶つ、というヘンリー・ニュートンの語った大きな物語は、最初の裁判の失敗を乗り越え、信用を勝ち得たのだろうか。最終結果を言うと、イエスだ。一八世紀前半にカリブ海を震撼《しんかん》させた黄金時代の海賊がエヴリーに原型を置いているのはたしかだが、オールドベイリーでの裁判を境に、イギリス政府は海賊の法的な位置づけを徹底すべく、統一戦線を形成した。ニュートンが最初の裁判の冒頭陳述で述べたこと――「海賊を黙認すれば世界の通商は途絶える」という考え――は、イギリスの基本路線になった。ジョン・ゲイヤーがボンベイ城から訴えかけたことは、公式な政策に変わったのだ。

東インド会社とムガル帝国、スーラト商人との取引は徐々に回復し、ウィリアム・キッドの処刑後にはもとの状態に戻った。東インド会社船が警備に当たるようになった紅海では海賊が減り、巡礼船はふたたび安全にハッジに赴くことが可能になった。イギリスと植民地は、海賊国家の汚名を少しずつそそいでいった。

一七〇一年三月、ウィリアム三世は「海賊の逮捕に関する布告」を出している。オールドベイリーで派手な演出を試みた反海賊の主張を改めて確認するもので、エヴリーの首に懸賞金をかけた際のやり方を一部なぞっている。それによると、同僚乗組員と敵対する道を選んで司直に通報した海賊は、「当人がそれに先立って犯した海賊行為についてのきわめて寛大な恩赦」に加え、通報にもとづいて国家が押収した財宝の三分の一を与えられる。法の外で海賊稼業をしてきたイギリス臣民も、犯罪者仲間をひとり売れば、恩赦を受けられるうえに、充実した見返りを得ることができるというのだ。

布告は数ページにわたり、この種の文書の御多分に漏れず、凝った修飾語や美辞麗句がちりばめられている。けれど最後の行にある次の但し書きは、読む人の視線をくぎづけにする――すでに海賊になってしまったイギリス臣民は、誰でも恩赦の対象になりうる。ただし、ヘンリー・エヴリーについてはこの限りでない。

謝辞

ほぼ一五年前、私は『感染地図』という本を出版した。一八五四年にロンドンで起きたコレラ流行を取りあげたものだ。私の著書のつねで、この本の記述は微生物学から都市計画や社会学へと、さまざまな分野のあいだを行き来した。けれど私の著書には珍しく、ハリウッドの業界人が言う「背骨《スルーライン》」を備えてもいて、それなりに連続性のある中心的ストーリーから大きく逸れることなく、筋をたどれる構成だった。この本にはロンドンの街をさまよう殺人菌と、それを追う(医学)探偵が登場する。語りがどこに飛んでも、本筋から遠ざかることはない。

暗い題材にもかかわらず――あるいはむしろそのためなのか――『感染地図』は刊行以来、徐々に良質な読者を獲得していった。そんなわけで、私は『感染地図』の読者とたくさんの会話を交わし、そのなかから本書の最初の構想が生まれた。『感染地図』の筋立てには、読者を引きつける、読み出したらやめられないようなところがあり、本書でも久しぶりにその種の筋立てを試みている。今回登場するのは遠洋をさまよう海賊と、地球規模の追っ手だ。以上の次第で、この謝辞の冒頭には、一本の筋に沿って話を書く楽しさを思い出させてくれた読者のみなさんへの感謝の言葉を置くのがふさわしいと思う。

ヘンリー・エヴリーの話は、さかんに研究されている主題でありつつ、一般読者にほとんど知られていない物語であるという点で、『感染地図』に似ている。そういう場所に身を置き、すばらしい学術研究を土台に物語を組み立てられたのは、著者として思いがけない幸せだ。この本ではそれらの論文や注釈を大事に扱わせていただき、ヘンリー・エヴリーとファンシー号にまつわる事実を伝えるだけでなく、何が起きたのかをめぐる論争も努めて俎上《そじょう》にのせた。

その意味で、著作や助言、そしてときには私の原稿の熟読を通じて本書を形にしてくれた以下の研究者や友人に特別な謝意を表したい。フィリップ・J・スターン、ダグラス・R・バージェス、デイヴィッド・オルショガ、ジョエル・ベアー、ソーマ・ムカルジー、クリス・ハイムズ、マーク・ベイリー、スチュワート・ブランド、アダム・フィッシャー。

そして、はるか昔に大学院でメンターとして私を導き、西洋の諸制度が「東洋《オリエント》」との出会いからどれほど大きな影響を受けていたのかを考えるきっかけをくれたエドワード・サイードにも感謝を捧げる。サイードがいまも元気で、この本を読んでくれたらと思う。大学院時代に彼をへきえきさせたポスト構造主義の用語を私がやっと振り回さないようになったことを、確かめてもらうだけでもいいのだけれど。

ロンドンの図書館書庫のあいだに深く分け入り、詰めの調査を手伝ってくれたジョー・デイヴィスにも感謝している。また本書の執筆に欠かすことのできない史料を、大英図書館のインド局図書館、イギリス国立公文書館、国立海洋博物館（ロンドン）、ドックランズ博物館、ニューヨーク公共図書館など、多くの施設で閲覧させていただいた。

担当編集者のコートニー・ヤングは、この本に最適な構成を見つけ出そうと、どんな章立てがありうるかを視覚化し、しばらく仕事場の壁を映画『ユージュアル・サスペクツ』に出てくるメモ用紙だらけのホワイトボードのようにしてしまった。また、本書の主題が投げかける論争含みのさまざまな問題をさばく手助けをし、ストーリーの運びにもしっかり目配りしてくれた。

ケヴィン・マーフィーの熟練の技には今回も助けられ、荒っぽい草稿をはるかに読み物らしいものへと変えることができた。長年にわたり私の本を出版しているジェフリー・クロスキーは、いつもと変わらず創造性と柔軟性を発揮し、本書を送り出してくれた。ひとりを除くと、ジェフは私が出版界で仕事を始めてからもっともつき合いの長いパートナーだ。これからも実り多い年月をともに重ねていきたいと思う。

その「ひとり」が私のエージェント、リディア・ウィルズで、彼女と私はおよそ二五年にわたって手を携えてきた。本書は彼女との共同作業から生まれた一三冊目の本だ。不吉な数字だが、この本にはなんの影響もない。リディアは私のキャリアを通じて導きの光をともし続け、「職業生活《キャリア》」という長い道がそもそも何を意味するかを考えるきっかけを与えてくれた人だ。

それから、本書をはじめとするさまざまな企画で、エンデヴァー社のすばらしく善良な人々、なかでもアリ・エマニュエル、ジェイ・マンデル、シルヴィー・ラビノー、ライアン・マクニーリーに支えてもらっていることは大きな喜びだ。

家族には、私が夕食をとりながら一七世紀の海賊について思いつくまま長々としゃべるのを——ときには面白いこともあったと思うが——耐えてくれてありがとうと言いたい（とくに息子のディーンに。「リベルタリア」というエピローグのタイトルは彼に提案してもらった）。

本書を妻のアレクサ・ロビンソンに捧げる。海洋史に生涯尽きせぬ情熱を傾ける彼女は、序盤でこれ以上ないほど優秀なリサーチ・アシスタント役を果たした（そのうちほかのことに取り紛れてしまったが）。私の「新米水夫っぽい」言葉づかいをからかうのをちょっと楽しみすぎたきらいもあるが、いつものように優れた編集者ぶりを発揮してくれた。この本は君に贈るよ、レクシー。

二〇一九年七月
カリフォルニア州マリン郡にて

Steele, Brett D. "Muskets and Pendulums: Benjamin Robins, Leonhard Euler, and the Ballistics Revolution." *Technology and Culture* 35, no. 2 (1994), 348–82.

Stern, Philip J. *The Company-State: Corporate Sovereignty and the Early Modern Foundations of the British Empire in India*. Oxford: Oxford University Press, 2012.

———. "'A Politie of Civill & Military Power': Political Thought and the Late Seventeenth-Century Foundations of the East India Company-State." *Journal of British Studies* 47, no. 2 (2008), 253–83.

Subrahmanyam, Sanjay. "Persians, Pilgrims and Portuguese: The Travails of Masulipatnam Shipping in the Western Indian Ocean, 1590–1665." *Modern Asian Studies* 22, no. 3 (1988), 503.

The Trials of Joseph Dawson, William Bishop, Edward Forseth, James Lewis, William May, and John Sparkes for Several Piracies and Robberies by Them Committed. London: John Everingham, 1696.

Thomas, James H. "Merchants and Maritime Marauders." *The Great Circle* 36, no. 1 (2014), 83–107.

Truschke, Audrey. *Aurangzeb: The Life and Legacy of India's Most Controversial King*. Stanford, CA: Stanford University Press, 2017.

Turley, Hans. *Rum, Sodomy, and the Lash: Piracy, Sexuality, and Masculine Identity*. New York: New York University Press, 1999. Kindle Edition.

Van Broeck, Adrian. *The Life and Adventures of Captain John Avery*. Los Angeles: The Augustan Reprint Society, 1980.

Various. *Privateering and Piracy in the Colonial Period: Illustrative Documents*, 2019. Kindle Edition.

Woodard, Colin. *The Republic of Pirates: Being the True and Surprising Story of the Caribbean Pirates and the Man Who Brought Them Down*. New York: Houghton Mifflin Harcourt, 2007. Kindle Edition.

Wright, Arnold. *Annesley of Surat and His Times*. London: Melrose, 1918.

Yafa, Stephen. *Cotton: The Biography of a Revolutionary Fiber*. New York: Penguin, 2006.

Zacks, Richard. *The Pirate Hunter: The True Story of Captain Kidd*. New York: Hachette Books, 2003.

新・人類進化史』大田直子訳、朝日新聞出版）
Keay, John. *India: A History*. New York: HarperCollins Publishers, 2010. Kindle Edition.
———. *The Honourable Company: A History of the English East India Company*. New York: Harper Collins, 2014. Kindle Edition.
Khan, Iftikhar Ahmad. "The Indian Ship-Owners of Surat in the Seventeenth Century." *Journal of the Pakistan Historical Society* 61, no. 2 (April 2013).
Konstam, Angus. *Pirates: The Complete History from 1300 BC to the Present Day*. Guilford, CT: Lyons Press, 2008. Kindle Edition.
Lane, Kris. *Pillaging the Empire: Global Piracy on the High Seas, 1500–1750*. London: Routledge, 1998. Kindle Edition.
Leeson, Peter T. *The Invisible Hook: The Hidden Economics of Pirates*. Princeton, NJ: Princeton University Press, 2009. Kindle Edition.（ピーター・T・リーソン『海賊の経済学——見えざるフックの秘密』山形浩生訳、NTT出版）
Maddison, Angus. *Class Structure and Economic Growth: India and Pakistan Since the Moghuls*. London: Routledge, 2013.
———. *Contours of the World Economy 1–2030 AD: Essays in Macro-Economic History*. Oxford, UK: Oxford University Press, 2007. Kindle Edition.（アンガス・マディソン『世界経済史概観——紀元1年–2030年』政治経済研究所監訳、岩波書店）
Mukherjee, Soma. *Royal Mughal Ladies: And Their Contribution*. New Delhi: Gyan Publishing House, 2011. Kindle Edition.
Narrative of Philip Middleton, 4 August 1696, TNA/PRO/CO, CO323/3 f. 114.
Nutting, P. Bradley. "The Madagascar Connection: Parliament and Piracy, 1690–1701." *American Journal of Legal History* 22, no. 202 (1978).
O'Malley, Gregory. *Final Passages: The Intercolonial Slave Trade of British America, 1619–1807*. Chapel Hill: University of North Carolina Press, 2011. Kindle Edition.
Parker, Barry. *The Physics of War: From Arrows to Atoms*. Amherst, NY: Prometheus Books, 2014. Kindle Edition.（バリー・パーカー『戦争の物理学——弓矢から水爆まで兵器はいかに生みだされたか』藤原多伽夫訳、白揚社）
Preston, Diana. *A Pirate of Exquisite Mind: The Life of William Dampier: Explorer, Naturalist, and Buccaneer*. New York: Berkley, 2005.
Qaisar, Ahsan J. *The Indian Response to European Technology and Culture (A.D. 1498–1707)*. New York: Oxford University Press, 1982.（A・J・カイサル『インドの伝統技術と西欧文明』多田博一／篠田隆／片岡弘次訳、平凡社）
Rediker, Marcus. *Between the Devil and the Deep Blue Sea: Merchant Seamen, Pirates and the Anglo-American Maritime World, 1700–1750*. Cambridge: Cambridge University Press, 1989.
Robins, Nick. *The Corporation That Changed the World: How the East India Company Shaped the Modern Multinational*. London: Pluto Press, 2012. Kindle Edition.
Rodger, N. A. *The Command of the Ocean: A Naval History of Britain, 1649–1815*. New York: W. W. Norton & Company, 2005.

Captain Avery, the Mock King of Madagascar, 2016. Kindle Edition.

Earle, Peter. *The Pirate Wars*. New York: Macmillan, 2013.

Edgerton, William F., and John A. Wilson. *Historical Records of Ramses III: The Texts in Medinet Habu, volumes I and II*. Chicago: University of Chicago Press, 1936.

Elliot, H. M. *The History of India, as Told by Its Own Historians. The Muhammadan Period, Vol. 7*. London: Trübner & Co., 1871.

Emsley, Clive, et al. "Historical Background—History of The Old Bailey Courthouse." Old Bailey Proceedings Online, www.oldbaileyonline.org.

Examination of John Dann, 10 August 1696, The National Archives (TNA): Public Record Office (PRO) Colonial Office (CO) 323/2/24.

Findly, Ellison B. "The Capture of Maryam-uz-Zamānī's Ship: Mughal Women and European Traders." *Journal of the American Oriental Society* 108, no. 2 (Apr.–Jun. 1988), 227–38.

Fortescue, J. W., ed. *Calendar of State Papers, Colonial Series*. London: Mackie and Co., 1905.

Foster, William, Sir. *Early Travels in India, 1583–1619*. London: Oxford University Press, 1921.

Gopalakrishnan, Vrindavanam S. "Crossing the Ocean." *Hinduism Today*. July 2008. https://www.hinduismtoday.com/modules/smartsection/item.php?itemid=3065.

Gosse, Philip. *The History of Piracy*. Mineola, NY: Dover Maritime, 2012. Kindle Edition.（フィリップ・ゴス『海賊の世界史　上・下』朝比奈一郎訳、中公文庫）

Govil, Aditi. "Mughal Perception of English Piracy: Khafi Khan's Account of the Plunder of 'Ganj-i-Sawai' and the Negotiations at Bombay." *Proceedings of the Indian History Congress* 61, Part One: Millennium (2000–2001), 407–12.

Grey, Charles. *Pirates of the Eastern Seas*. London: S. Low, Marston, and Co., 1933.

Hanna, Mark G. *Pirate Nests and the Rise of the British Empire, 1570–1740*. Chapel Hill: Omohundro Institute and University of North Carolina Press, 2017. Kindle Edition.

Hitchcock, Louise and Maeir, Aren. "Yo-ho, yo-ho, a seren's life for me!" *World Archaeology* 46, no. 4 (June 2014), 624–64.

Houblon, Lady Alice Archer. *The Houblon Family: Its Story and Times*. London: Archibald Constable and Company, 1907.

John, Ian S. *The Making of the Raj: India Under the East India Company*. Santa Barbara: ABC-CLIO, 2012.

Johnson, Charles. *A General History of the Pyrates*. Manuel Schonhorn, ed. Mineola, NY: Dover, 1999.（チャールズ・ジョンソン『海賊列伝――歴史を駆け抜けた海の冒険者たち　上・下』朝比奈一郎訳、中公文庫）

Johnson, Steven. *Wonderland: How Play Made the Modern World*. New York: Riverhead, 2016.（スティーブン・ジョンソン『世界を変えた6つの「気晴らし」の物語

参考文献

Al-Biruni. *India*. New Delhi: National Book Trust, 2015.

Anonymous (著者不詳), "The Bolan Pass." *The Journal of the Royal Geographical Society of London* 12 (1842), 109–12.

Baer, Joel. *Pirates of the British Isles*. Stroud UK: Tempus, 2005.

———. "Bold Captain Avery in the Privy Council: Early Variants of a Broadside Ballad from the Pepys Collection." *Folk Music Journal* 7, no. 1 (1995), 4–26.

———. "William Dampier at the Crossroads." *International Journal of Maritime History* VIII, no. 2 (December 1996), 97–117.

Baladouni, Vahé. "Accounting in the Early Years of the East India Company." *The Accounting Historians Journal* 10, no. 2 (Fall 1983), 64–68.

Bernier, François. *Travels in the Mogul Empire AD 1656–1668*. New Delhi: Oriental Books Reprint Corporation, 1983.（ベルニエ『ムガル帝国誌　1-2』関美奈子／倉田信子訳、岩波文庫）

Best, Thomas. *The Voyage of Thomas Best to the East Indies (1612–1614)*. William Foster, ed. London: The Hakluyt Society, 1934.

Bialuschewski, Arne. "Black People under the Black Flag: Piracy and the Slave Trade on the West Coast of Africa, 1718–1723." *Slavery and Abolition* 29, no. 4, 461–75.

Braudel, Fernand. *A History of Civilizations*. New York: Penguin, 1988.（フェルナン・ブローデル『文明の文法I——世界史講義』松本雅弘訳、みすず書房）

Burgess Jr., Douglas R. "Piracy in the Public Sphere: The Henry Every Trials and the Battle for Meaning in Seventeenth-Century Print Culture." *Journal of British Studies* 48, no. 4 (Oct. 2009), 887–913.

———. *The Pirates' Pact: The Secret Alliances Between History's Most Notorious Buccaneers and Colonial America*. New York: McGraw-Hill Education, 2008. Kindle Edition.

Casey, Lee A. "Pirate Constitutionalism: An Essay in Self-Government." *Journal of Law and Politics* 8 (1992), 477.

Charles River Editors. *Legendary Pirates: The Life and Legacy of Henry Every*. Charles River Editors, 2012. Kindle Edition.

Cordingly, David. *Under the Black Flag: The Romance and the Reality of Life Among the Pirates*. New York: Random House, 2013.

D'Amato, Raffaele and Andrea Salimbeti. *Sea Peoples of the Bronze Age Mediterranean c.1400 BC–1000 BC*. London: Bloomsbury Publishing, 2015. Kindle Edition.

Dean, Mitchell. *The Constitution of Poverty: Towards a Genealogy of Liberal Governance*. London: Routledge, 2013.

Defoe, Daniel. *The Anatomy of Exchange-Alley: or A System of Stock-Jobbing*. London: E. Smith, 1719.

———. *The King of Pirates: Being an Account of the Famous Enterprises of*

286　「ヘンリー・エヴリー船長は、現在ブリッジマンと呼ばれています」　Blackbourne to Chester, IOR H/36 f. 195–96.
287　特別委員会は　Stern, *The Company-State*, pp. 138–39.
287　裁判にできるだけ衆目を集められるよう　Court Minutes, 19 IOR B/41 ff. 86, 97, 252.

28　海賊国家

292　「国王と商務庁は」　Burgess, p. 894.
295　その後東インド館で書かれた　Court Minutes, IOR B/41f. 105, 143.

29　幽霊裁判

302　それからニュートンは　ニュートンの冒頭陳述は熟読に値する。「そして終わり方が終わり方なら、始まり方も始まり方だった。被告人らはまず自らの同胞、イングランド人に対し、続いて外国人に対し犯罪をなした。この海賊行為がなされた場所はイングランド船で、チャールズ2世号といい、この街の貿易商数人が所有していた。同船舶は別の目的のため、まったく異なる航海のために設計されたものであるが、この犯罪者らはエヴリーなる彼らの船長の助けを得、まことにけしからぬことに1694年5月にスペインのグロインにてこれを強取した。また同地では暴力をもってギブソン船長を陸に送り返し、強取した船を用いて数年にわたり、地図上のほとんどの場所で（のちに証拠で示すように）おびただしい大規模な海賊行為を、国籍や宗教を問わずあらゆる人に対し無差別に働いた」
303　「海賊行為は……陸上での」　裁判記録からの引用は、すべてエヴリー一味の処刑（1696年冬）からほどなくエヴァリンハムが刊行した資料より。読みやすさを考え、原文の綴りや構文の一部を現代風に変えた。

30　これを証拠と言わずしてなんと言うのか

308　「法的こじつけという離れわざ」　Burgess, p. 901.

エピローグ：リベルタリア

335　「翌日、入植地の」　Johnson, *A General History of the Pyrates*, p. 432.
335　「彼らは海賊などではなく」　同上, p. 389.
344　ジョンソン版の物語では　「この脅しを恐れたからか、自分を知る者を見かけたからかはわからないが、エヴリーはほどなくアイルランドに戻り、必死になって商人たちに請求書を送った。だがなんの手応えも得られず、エヴリーは物乞いをするまでになった。極度の貧困に陥った彼は、のるかそるか、ふたたび商人たちに会って話をする腹を決めた。沿岸貿易船に乗り組んでプリマスに行き、そこから歩いてバイドフォードを目指した。ところがバイドフォードに着いて数日もしないうちに病に倒れ、命を落とした。自分のひつぎの代金も払えないありさまだった」。Johnson, *A General History of the Pyrates*, p. 15.

216 ムスリム聖職者の前で結婚した　ファン・ブルックはさらに、ほかの乗組員も騎士道精神を発揮したことを力説している。「残りの乗組員は皇女の召使いのなかから相手を決めようとくじを引いたうえ、指揮官を見習って、この神官が祝福の言葉を述べるまで欲望を抑えた」。Van Broeck, p. 29.

216 「これほどの麗しさと」 Defoe, *The King of Pirates*, loc. 723–726.

216 「女官のなかに」 同上, loc. 733–737.

217 「良家の若いムスリム女性を」 Wright, p. 160.

217 「もう一方の船の乗組員と」 Defoe, *The King of Pirates*, loc. 912–914.

20　対抗するストーリー

227 「たしかなのは」 Charles River Editors, loc. 311-316.

228 「人の道に外れた仕打ち」 以下に引用あり。Grey, p. 45.

21　復讐

236 「この街の受けた汚辱は」 Stern, *The Company-State*, p. 134.

236 「ペンとインクを自由に使うこと」 同上, p. 135.

237 「わざわざ書くまでもありませんが」 Keay, *The Honourable Company*, loc. 3485.

237 「これまでの九年間」 以下に引用あり。Wright, p. 168.

238 「ボンベイのおもな収入源は」 Elliot, p. 354.

238 「この狂信的で傲慢な」 Wright, p. 174.

22　戦場の東インド会社

244 「東インド会社船が」 以下に引用あり。Robins, p. 55.

252 ヘンリー・エヴリーにとって何より重要なこと　Proclamation for apprehending pirates, July 17, 1696, H/36 ff. 201–3.

23　高飛び

258 エヴリーはベンジャミン・ブリッジマンという　Baer, p. 103.

260 「あの人たちはイングランドに」 Narrative of Philip Middleton, TNA/CO 323/3.

260 「でも船長は」 Examination of John Dann, TNA/CO 323/2/24.

25　推測は何も証明しない

272 「そんなこと、わかるはずないでしょう」 Fortescue, p. 507.

26　海上ファウジュダール

274 「海にはびこる海賊を探し出すか」 Govil, p. 410.

275 「陸上のファウジュダールが」 Wright, p. 178.

278 「ふたたび銃火を交えれば」 同上, p. 176.

27　帰郷

283 「一六九七年はじめのこと」 Burgess, p. 911.

285 「エヴリーはスコットランドの」ダンの供述書の主語は三人称になっているが、わかりやすくするために一人称に変えた。Examination of John Dann, TNA/CO 323/2/24.

これが俺の進む道。
背信の同胞よ、聞くがよい。
俺は潔白、とがめるなかれ。
命ある限り、俺は剣に守られる。

12 サー・ジョサイアは売るか、買うか

149 妻らによると　Baer, "Bold Captain Avery," p. 12.
153 一七世紀における富の創造は　Robins, pp. 48–49.
153 「目玉は東インド会社株」　Defoe, *Anatomy of Exchange Alley*, p. 14.
157 「造幣所はそこにあったし」　Wright, p. 38.
157 「大理石の大邸宅」　同上, p. 101.
158 「海賊のことがなければ」　同上, p. 112.
158 「我々の仕事は」　以下に引用あり。 Keay, *The Honourable Company*, loc. 2627–2629.
158 「人の生命器官を襲い」　Wright, p. 103.
159 「以後はいっさい」　Keay, *The Honourable Company*, loc. 2713.
159 「明らかになったことがらは」　Robins, p. 54.

13 西風海流

171 「四〇ポンド分の砂金」　Baer, *Pirates of the British Isles*, pp. 86–97.

15 帰って来たアミティ号

185 「海賊の黄金時代と言われる」　Leeson, p. 9.

16 後続船に頓着なく

188 「閣下の船隊は」　以下に引用あり。Earle, p. 129.
190 「ファンシー号の行動を」　Baer, *Pirates of the British Isles*, p. 98.

17 プリンセス

196 「気の毒な愛人は」　Bernier, pp. 13–14.
196 「気晴らしのため」　Mukherjee, p. 19.
197 「このレディたちは」　同上, p. 1.

18 ファテー・ムハンマディ号

205 「イギリス東インド会社と同じ規模の貿易を」　Charles River Editors, loc. 280–284.
211 そしてついに、けたはずれの財宝　ファン・ブルックはエヴリーの大胆な行動を色っぽく美化している。「勝利の報酬は、東洋が我々に提示しうるなかでもっとも魅力的な女性であること、お金に代えられないいっさいのうちで筆頭に来るものであることを、前もってわかっていたかのように、彼は勇気を振り絞った」。Van Broeck, p. 29.

19 けたはずれの財宝

214 「東洋の人々が旅をするときに」　Johnson, *A General History of the Pyrates*, p. 12.

かつてそのほぼ一帯を、俺は分かちもっていた
だがいまは家を追われた身
イングランドをあとにして、我が運命に従おう

そして俺がこの暖かい土地を離れ
灼熱の場所に去ったと、人はうわさに聞くだろう。
従えるのは百五十の若い猛者。
敵と戦う覚悟は十分。

北の土地は俺を富ませはしない。
上を目指す俺の姿を見せてやろう。
世界が知っても構わない。
南の海、そしてペルシャへと俺が向かうこと。

俺たちの名を、空に大きく映してみせる。
すごい土地をいくつも見つけてやろう。
フランス人も未踏の土地を。
負けん気強いオランダ人も未見の土地を。

俺の使命は壮大で、自分自身の決めたもの。
終えるときには、はるかに多くを残してやる。
驚くなかれ、コローナで決めたこの仕事
始まりは一六九三年、世の終わりまで続く。

俺は聖ジョージを敬い、その旗を身に着ける。
強い慈悲は与えるが、どの国の民であれひいきにしない。
世界は俺の望みに手を差し伸べよ。
金が足らねば世界に勘定をもたせる。

俺はいまここに堅く誓う。
聖ジョージ旗を見て帆をおろす者には旅させる。
拒む者はその瞬間目にするはず。
我がファンシー号の見慣れぬ旗がなびくを。

血染めの紋地に黄金色の山形紋《シェヴロン》四本
緑の縁取りある紋章がいまは俺の盾。
命乞いするなら、いまのうち。
さなくば血染めの旗を見せよう、それが俺たちの通告。

慈悲を乞うても与えはしない。
誰も生きて帰すことはない、もはや一巻の終わり。
俺たちはパンとワインで誓いを立てた仲。
どんな坊主より心は熱い。

111 「海陸を問わず」 Turley, p. 14.

9 飲んだくれ甲板長

118 「飲んだくれ甲板長は」 船上反乱に関する説明のうち、カギカッコでくくった発言はすべてエヴリー一味の裁判の資料から。資料は1696年エヴァリンハム刊のもの。

10 ファンシー号

133 「一、各人は」 Johnson, *A General History of the Pyrates*, p. 116.

135 「共同体のなかに至高の権力が根をおろし」 以下に引用あり。Leeson, p. 29.

136 「瑣末なもの」Johnson, *A General History of the Pyrates*, p. 213.

138 一八世紀の海賊・奴隷商人 Leeson, pp. 59–60.

138 海事史家のJ・S・ブロムリーも 以下に引用あり。Baer, "Bold Captain Avery," p. 13.

139 「海賊は主なき者の文化を」 Rediker, *Between the Devil and the Deep Blue Sea*, p. 286.

139 本国のどこにも見当たらないような こうした平等主義の価値観は、船上での日常生活にも行き渡っていた。ジョンソンの『海賊列伝』によると、「船員は誰でも……気持ちの成り行きで……［船長］室に入って船長をののしったり、食糧や酒のいくらかを頂戴したりできたし、船長はそのことで船員を責めることも、止めることもなかった」。 Johnson, *A General History of the Pyrates*, p. 180.

11 海賊の詩

143 「ジェイン・ルグラン夫人に対する」 この部分は "English Broadside Ballad" というアーカイヴからの引用。以下に保存されている。http://ebba.english.ucsb.edu. 本文中の「殺人者の嘆き」("Murderers Lamentation")については、原文では古い綴りの"Mutherers"になっているが、読みやすさを考えて、本文では現代の綴りに直した。

146 「俺たちの名を」 このバラッドの全編は以下のとおり。

勇敢なる若者よ、勇気凜々たる者よ、いざ集え。
この冒険に加われば、金を山ほど与えよう。
コローナへと急げば、きっと船が見えるだろう。
その名はファンシー号。君の心をつかむはず。

エヴリー船長は待っている。すでに船は掌中に。
やがて海原を走りゆく。若者よ、彼の成し遂げたことたるや。
フランス人やスペイン人、ポルトガル人を叩きしうえ、
異教徒とも干戈を交え、命を賭して戦った。

船は意のまま、風のごとく走る。
装置も設備も巧みに施され
優れた利器はみな船長のため。
神の恵みあれ、ファンシー号に。貧しい船は富源を目指す。

さらば美しいプリマス、キャットダウンには呪いを

4 全人類の敵

69　ファン・ブルックの説明によると　Van Broeck, pp. 3–4.

73　「こうした法的保護の見返りに」　Konstam, loc. 553–558.

73　「戦時の私掠船は」Johnson, *A General History of the Pyrates*, p. 2.（チャールズ・ジョンソン『海賊列伝——歴史を駆け抜けた海の冒険者たち　上・下』朝比奈一郎訳、中公文庫）

74　「正当な貿易と積極的な商活動」　Burgess, pp. 21–22.

74　「大成功を収めたおかげで」　同上, pp. 27–28.

5 二種類の富

77　「一定の安全と利益が得られるよう」　Foster, p. 61.

77　「スーラトに商館を構えることが」　同上, p. 82.

80　「玉座は五脚あって」　同上, p. 102.

81　「王はダイヤモンドなどの」　同上, p. 104.

83　「インドは長いこと」　Keay, loc. 6673–6684.

85　「伯爵や公爵」　Baladouni, p. 66.

6 スペイン遠征社

90　「ここのニグロほど」　以下に引用あり。 Charles River Editors, loc. 28.

93　一六九三年八月　スペイン遠征隊がイギリスを発ったのがいつで、どこからなのかについて、史料からは正確なことがわからない。たとえば歴史家のアンガス・コンスタムは、ロンドンから8月に発ったのではなくブリストルから6月に出発したのだと述べている。以下参照。Konstam, loc. 4290–4291.

94　若い世代では　「マーカス・レディカーが標本として集めた18世紀前半期の海賊169人の情報によると、平均年齢は28.2歳だった。そのなかでもっとも若い海賊はわずか14歳で、最高齢は50歳——18世紀の船乗りの基準からすると老いぼれだ。けれどほとんどの海賊は20代半ばだった。レディカーの標本では、57パーセントが20歳から30歳のあいだだった。このデータから、若者の多い海賊社会がかいま見える。そこに高齢で賢い（であればいいのだが）メンバーと、子どもと言っていいようなメンバーが数人混じっていた。また、海賊社会は非常に若いだけでなく、男社会でもあった。18世紀に活動していた海賊のなかで、女性は4人しか知られていない」。 Leeson, p. 10.

7 世界の征服者

100　「国の統治が混乱」　Keay, p. 214.

101　「ヒンドゥーの性格は」　J. F. Richards, *The Mughal Empire*, p. 152.

101　ハーンの記述によると　同上, p. 223.

102　「自軍が算を乱して」　同上, p. 224.

103　「山のような問題が」　同上, p. 244.

8 足止めされて

109　「ずっと尿を飲んでいた」　Turley, p. 16.

109　「アイルランド産牛肉が」　同上, pp. 17–18.

111　「固ゆで卵を用意する」　以下に引用あり。 Preston, pp. 29–30.

3　ムガル帝国の台頭

57　「標高の高い場所に雨が降ると」　著者不詳, “The Bolan Pass,” pp. 109–12.

59　紀元一年から一五〇〇年にかけての　Maddison, loc. 7583–7584.

60　「ウールの一種」　以下に引用あり。Yafa.

60　インド木綿のユニークさは　染色布が世界史に残した影響や、その美しさ自体に価値があったことについて、詳しくは以下を参照。Johnson, *Wonderland*, pp. 17-30.（スティーブン・ジョンソン『世界を変えた6つの「気晴らし」の物語　新・人類進化史』大田直子訳、朝日新聞出版）

61　これで、さまざまな色に染まり　Yafa, p. 28.

61　「インドには何房ものウールを」インドに関するストラボンの記述は、以下に引用されている。https://www.ibiblio.org/britishraj/Jackson9/chapter01.html.〈訳注：引用部分はストラボンの記述とアッリアノスの記述が入り混じっている。詳細については次の日本語訳を参照。アッリアノス『アレクサンドロス大王東征記　下』大牟田章訳、岩波書店、262ページ;ストラボン『ギリシア・ローマ世界地誌　2』飯尾都人訳、龍溪書舎、398ページ〉

62　歴史家ストラボンの記録によれば　「ワインや青銅、錫、金などさまざまな製品が、ナイル川を通ってコプトスへと、さらに陸路でミュオスホルモスやベレニスなど紅海沿岸の港へと運ばれた。エジプト系ギリシャ人を乗せた船はアデン湾を経由してインドに向かった。航路はおもに2本で、北進してグジャラートを回り、南西岸のケーララにいたるものと、さらに南のセイロンにいたるものとがあった（Casson 1989を参照）。船がもち帰ったのはコショウその他のスパイス、宝石、綿製品。彼らは中国の絹や鏡など、インドにもち込まれたいろいろな品を買い求めることができた。インド貿易の資金は、かなりの部分が金銀の輸出によってまかなわれた。インドで発見されるローマ貨幣の量と発行時期は、交易の場所や密度を物語っている」。Maddison, loc. 3884–3891.

63　「四度の食事はすべて少量にとどめ」　以下に引用あり。Gopalakrishnan, 2008.

64　「自分たちの国は別格で」　Al-Biruni, pp. 10–11.

64　マフムードは三年後に　「1012年に彼はデリーの真北に位置するターネーサル、つまりハルシャ王が最初に都していた場所に進軍。アーナンダパーラ王は――もはや王土を東パンジャーブの片隅に保つだけで、ガズニー朝の諸侯とたいして変わらない立場にあったが――仲裁を試みた。ゾウや宝石、年貢でマフムードを買収しようとしたのだ。だが提案は拒まれ、ターネーサルは陥落。そして『スルターンは枚挙にいとまないほどの掠奪品とともに帰還した』。『神をほめたたえよ。世界の守り主がイスラームとムスリムに与えたもうた栄光を』と、ウトビは書き残している」。Keay, loc. 4472–4476.

64　マフムードは強欲なだけでなく　1018年、マフムード軍はマトゥーラの聖寺院に到達するやいなや、これを「石油で火攻めにし、灰燼に変えた」。サウラーシュトラ半島の海岸に近いソムナート寺院は、さらなる非運に見舞われた。歴史家のジョン・キーによると、マフムードは「寺院の金を剝がすと自分の『剣』で――剣というより大槌のようなものだったはずだ――叩き壊した。それから金の破片をガズナにもち帰らせ、新しいジャーマ・マスジド（金曜モスク）の階段に施した。信仰に厚いムスリムにいつまでも踏みつけられ、汚されるように」。Keay, loc. 4456.

65　「イスラム教徒は……もっぱら徹底的な」　Braudel, p. 232.（フェルナン・ブローデル『文明の文法I――世界史講義』松本雅弘訳、みすず書房）

原注

＊左端にある数字は本文のページ番号をあらわす。

はじめに

24　爆発を起こす方法　Parker, p. 63.
26　微分方程式の基本定理の一部　Steele, p. 360.
〈訳注：宝物船襲撃事件の起きた日については諸説ある〉

1　生い立ち

35　「一隻の警備艇にたいていは」　Turley, p. 23.
37　「物乞い浮浪学生」　以下に引用あり。Dean, p. 60.
40　これが自伝に見せかけたフィクション　Defoe, *The King of Pirates*, loc. 65–67.

2　テロの行使

47　「一味の船を引いて」　D'Amato, loc. 1095–1097.
47　「陛下は一味のほうへと」　Edgerton and Wilson, plates 37–39, lines 8–23.
49　海の民は陸地の敵とは違い　海の民と「黄金時代」の海賊を丹念に比較したものとして以下を参照。Hitchcock and Maeir.
49　「王政でなくテロリズム」　以下に引用あり。https://founders.archives.gov/documents/Jefferson/01-28-02-0305.
49　モンローの書簡のわずか数週間後には　テロリズムの変化について、詳しくは以下を参照。https://www.merriam-webster.com/words-at-play/history-of-the-word-terrorism.
53　たとえばフランソワ・ロロネという　Leeson, pp. 113–14.
54　後年に書かれた別バージョン　同上, p. 112.
54　『比類ない残酷さ』　ここに一字一句を引用すべきだろう。不当な暴力の行使には長い歴史があることを、現代の読者に伝えるだけでも意味がある。「[船長は少年を] むち打つと、塩水につけた。九日九晩にわたって主檣に縛りつけた。手足はぎりぎりまで伸ばしたままで。船長はそれでも飽き足らず、少年のいましめを解くと渡り板に寝かせて踏みつけた。乗組員にもそうさせようとしたが、断られた。すると、もっともなことだが、乗組員たちが少年に同情しているのだと考えて激怒し、横たわったまま立ち上がれない少年に蹴りを浴びせ、胸のところを激しく踏みつけたので大便が飛び出した。船長はそれを手に取ると、少年の喉に何度も突っ込んだ。この哀れな人間は、瀕死の状態で18日間おかれた。生かしたまま拷問を加え続けることができるほどに食糧を与えられた。連日激しくむち打たれたが、とくに死の当日には断末魔の苦しみで話すこともできず、冷酷な主人に18回打たれた。まさに命が尽きようとしているとき、少年は指を口のところにもっていった。飲むものを求める仕草と受け取った人でなしは、最後の最後まで非人間的な振る舞いを続けるべく、船長室に行ってグラスを取ってくるとそのなかに排尿し、気つけとして飲ませた。ごく少量が、少年の喉を通ったとみられる。彼はなんとかグラスを押しのけるや、その瞬間に最後の息を引き取った。神は慈悲深くも彼の苦しみに終止符を打ち、船長の心のなかに不安をもたらした。もはやそれ以上続けることができないように」。以下に引用あり。Turley, pp. 10–11.
55　「捕虜たちが」　Leeson, pp. 111–12.（ピーター・T・リーソン『海賊の経済学――見えざるフックの秘密』山形浩生訳、NTT出版）

著者 **スティーブン・ジョンソン** Steven Johnson
How We Got to Now（2014）（『世界をつくった6つの革命の物語—— 新・人類進化史』2016年）、*Wonderland*（2016）（『世界を変えた6つの「気晴らし」の物語—— 新・人類進化史』2017年）、*Farsighted*（2018）（『世界が動いた「決断」の物語—— 新・人類進化史』2019年）（以上、日本語版はすべて大田直子訳、朝日新聞出版）、*The Ghost Map*（2006）（『感染地図—— 歴史を変えた未知の病原体』（矢野真千子訳、河出書房新社、単行本2007年、文庫版2017年）、*Where Good Ideas Come From*（2010）（『イノベーションのアイデアを生み出す七つの法則』松浦俊輔訳、日経BP社、2013年）、*The Invention of Air*（2008）、*Everything Bad Is Good For You*（2006）（以上、原書はすべてRiverhead Books）などベストセラーを多数執筆。また、影響力のあるさまざまなウェブサイトを立ち上げ、PBSとBBCのテレビシリーズ *How We Got to Now* の共同制作者・司会としても知られる。妻と3人の息子とともに、カリフォルニア州マリン郡とニューヨーク市ブルックリンで暮らしている。

訳者 **山岡由美** Yamaoka Yumi
津田塾大学学芸学部国際関係学科卒業。出版社勤務を経て翻訳業に従事。訳書に『鉄道への夢が日本人を作った』（朝日新聞出版）、『「招待所」という名の収容所』（柏書房）、『アメリカ経済 成長の終焉』（共訳・日経BP社）、『ノモンハン1939』『日本の長い戦後』『中国経済史』『アメリカの世紀と日本』（以上、みすず書房）など。

世界《せかい》を変《か》えた「海賊《かいぞく》」の物語《ものがたり》

海賊王《かいぞくおう》ヘンリー・エヴリーとグローバル資本主義《しほんしゅぎ》の誕生《たんじょう》

2021年7月30日　第1刷発行

著者　スティーブン・ジョンソン
訳者　山岡由美
発行者　三宮博信
発行所　朝日新聞出版
〒104-8011 東京都中央区築地5-3-2
電話 03-5541-8814［編集］ 03-5540-7793［営業］
印刷所　大日本印刷株式会社

Published in Japan by Asahi Shimbun Publications Inc.
ISBN 978-4-02-331956-1